IBAES Vol. XI

Internet-Beiträge zur Ägyptologie und Sudanarchäologie
Studies from the Internet on Egyptology and Sudanarchaeology

Petra Andrássy

Untersuchungen zum ägyptischen Staat des Alten Reiches und seinen Institutionen

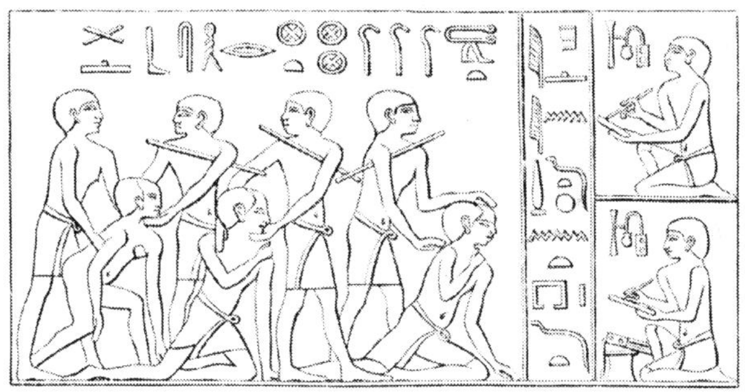

Publiziert unter folgender WWW-Adresse (URL):
http://www2.rz.hu-berlin.de/nilus/net-publications/ibaes11
Webdesign und Interneted von Steffen Kirchner

Berlin / London 2008

Title published by
Golden House Publications
London 2008
GoldenHouse100@aol.com

Der vorliegende Band enthält die Textfassung der im Internet veröffentlichten Arbeit von Petra András „Untersuchungen zum ägyptischen Staat des Alten Reiches und seinen Institutionen". Die aus dem Form PDF gedruckte Textfassung entspricht der im Internet unter der Adresse abrufbaren Originalfassung. Bei Zitierung der Arbeit ist bitte immer die URL der Originalfassung anzugeben (zum Zitieren von Internetpublikationen allgemein siehe das Vorwort von IBAES I):

> Andrássy, Petra, Untersuchungen zum ägyptischen Staat des Alten Reiches und seinen Institutionen, IBAES XI, Internetfassung: URL: http://www2.rz.hu-berlin.de/nilus/net-publications/ibaes11, Berlin, 2009, Printfassung: GHP, London, 2009

Abbildung auf der Titelseite:
„Herbeiführung der Ortsvorsteher zur Abschätzung"
(aus: Georg Ebers : Aegypten in Bild und Word, Erster Band, Stuttgart/Leipzig 1879, S. 186)

Printed in the United Kingdom

ISBN 978-1-906137-08-3

IBAES Vol. XI

Internet-Beiträge zur Ägyptologie und Sudanarchäologie
Studies from the Internet on Egyptology and Sudanarchaeology
Herausgegeben von Martin Fitzenreiter, Steffen Kirchner und Olaf Kriseleit

Petra Andrássy

Untersuchungen zum ägyptischen Staatdes Alten Reiches und seinen Institutionen

Berlin / London 2008

Inhalt

Vorwort des Herausgebers

Eine Bemerkung zur Ägyptologie in der DDR und eine Bemerkung zur Formationstheorie

1.

Im Qualifizierungssystem der Gesellschaftswissenschaften der DDR war die Publikation der Dissertation nicht vorgesehen. Begründet u.a. durch die Knappheit an Druckkapazitäten wurden entsprechende Qualifizierungsarbeiten (Diplomarbeiten, Dissertation A, Dissertation B) nur in einer geringen Anzahl vervielfältigt und in wenige Bibliotheken eingestellt. Meist wurden Zusammenfassungen der Arbeit in Fachzeitschriften veröffentlicht; die Gesamtarbeiten sind aber zum größten Teil unpubliziert geblieben.

Das trifft auch für die Dissertationen in der Ägyptologie zu, die seit den sechziger Jahren am Institut für Ägyptologie bzw. am Institut für Ägyptologie und Sudanarchäologie der Humboldt-Universität zu Berlin und an der Arbeitstelle „Altägyptisches Wörterbuch" der Akademie der Wissenschaften der DDR verteidigt wurden. Abgesehen von der Dissertation B von Steffen Wenig, die als Teil des Textbandes zum Löwentempel veröffentlicht wurde, und der Dissertation A von Adelheid Burkard, *Ägypter und Meroiten im Dodekaschoinos*, die als Band 8 der Reihe *Meroitica* erschien, liegen von sämtlichen Qualifizierungsarbeiten nur Zusammenfassungen in der *Zeitschrift für ägyptische Sprache und Altertumskunde* (ZÄS), den *Mitteilungen des Orient-Institutes* (MIO), den *Altorientalischen Forschungen* (AOF) und der *Archäologisch-Ethnographischen Zeitschrift* (EAZ) vor.

Die Herausgeber der Internet-Beiträge zur Ägyptologie und Sudanarchäologie haben sich nun vorgenommen, bisher unpublizierte Qualifizierungsarbeiten der „Berliner Schule" der DDR-Ägyptologie zu publizieren, sofern die Autoren dazu ihr Einverständnis geben. Damit werden drei Ziele verfolgt:

- Die ausgewählten Arbeiten behandeln ihr Thema auf eine Art und Weise, die nach wie vor von wissenschaftlichem Interesse ist. Oft zirkulieren Kopien der Arbeiten, deren Benutzbarkeit und Zitierbarkeit jedoch stark eingeschränkt ist. Andere Arbeiten wurden außerhalb engster Interes-

sentenkreise kaum wahrgenommen. Durch die Publikation soll so ein nicht unerhebliches Segment ägyptologischer Arbeit einem breiten Fachpublikum zugänglich gemacht werden.
- Im Wissenschaftsbetrieb der BRD ist die Publikation der Dissertation Pflicht und Voraussetzung für eine wissenschaftliche Karriere. Die Unzugänglichkeit der Qualifikationsarbeiten von Ägyptologen der ehemaligen DDR hat dazu geführt, dass dieser Zweig der ägyptologischen Wissenschaftsgeschichte und ihre Protagonisten viel zu wenig wahrgenommen wird. In einem relativ kleinen Fach wie der Ägyptologie ist im engeren Fachkreis die Existenz der Arbeiten dem engeren Fachkreis zwar bekannt, aber selbst für diesen nur schwer zugänglich. Im weiteren Rahmen äußert sich das in der fehlenden Zitierung entsprechender Arbeiten der Autoren, selbst wenn sie als Artikel gedruckt vorliegen, da die entsprechenden Namen meist nicht durch ein *opus magnum* als wissenschaftlich relevant ausgewiesen sind. Durch das Publikationsprojekt soll die wissenschaftliche Leistung der Wissenschaftler, aber auch die Bedeutung der ägyptologischen Institutionen der ehemaligen DDR deutlich gemacht werden.
- Durch die Publikation der entsprechenden Arbeiten soll schließlich die Möglichkeit gegeben werden, die Ägyptologie der DDR in ihren Schwerpunkten, Leistungen und ihrer Begrenztheit wahrzunehmen und als eine „Schule“ zu beurteilen. Dabei geht der Interessentenkreis über den engeren Rahmen der Ägyptologen hinaus. Die Ägyptologie der DDR als ein sehr kleines Fach, in dem sich alle Protagonisten persönlich kannten und das Zeit seines Bestehens durch zwei Wissenschaftlerpersönlichkeiten – Fritz Hintze in Berlin und der früh verstorbene Siegfried Morenz in Leipzig – und ihre Schüler praktisch dominiert wurde, stellt fallstudienartig die Wechselwirkung von ideologischem Umfeld und persönlichem Forschungsinteresse dar, wie sie die Wissenschaftslandschaft der DDR prägte.

Die Forscher, die bisher ihre Zusage zur Veröffentlichung ihrer Arbeiten im Rahmen dieses Projektes gegeben haben, repräsentieren zwei Generationen von Gesellschaftswissenschaftlern der DDR, die alle dem Berliner Zweig unter Fritz Hintze angehören. Die Anfang der 60iger Jahre des letzten Jahrhunderts promovierte Gruppe der „ersten Studenten“ der Ägyptologie in der DDR (in der Person von Mohamed Bakr mit dem interessanten Fall eines ägyptischen Wissenschaftlers, der u.a. 1993-95 als Chef der ägyptischen Antikenbehörde amtierte) übernahm das noch aus der klassischen „Berliner Schule“ stammende ägyptologische Rüstzeug ihres Lehrers und führte diese Tradition an den verschiedenen ägyptologischen Institutionen in Berlin fort (Humboldt-Universität, Akademie der Wissenschaften, Ägyptisches Museum). Die Gruppe der in den späten 80iger erarbeiteten – und z.T. erst nach der Wiedervereinigung vollendeten – Arbeiten der „zweiten Generation“ war ebenfalls noch durch die Persönlichkeit Fritz Hintzes geprägt.

Nachdem gewissermaßen als Pilotprojekt die bereits digitalisiert vorliegende Dissertation A von Jochen Hallof, *Die Baustufen I-IV der Großen Anlage von Musawwarat es Sufra*, als Band VIII der IBAES publiziert wurde, zeichnet sich mittlerweile ab, dass auch die z.T. recht komplizierte Digitalisierung weiterer Qualifikationsarbeiten vorangeht. Das lässt hoffen, dass die Unternehmung tatsächlich mit einem gewissen Ertrag vorangetrieben werden kann. Mein Dank gilt an dieser Stelle bereits allen Autoren, die sich bereit gefunden haben, ihre z.T. bereits vor längerer Zeit verfassten Arbeiten zur Verfügung zu stellen, auch wenn ihnen selbst die zugrundeliegende Fragestellung oder Vorgehensweise heute mitunter problematisch erscheint, ganz zu schweigen von den Bedenken, Arbeiten zu veröffentlichen, deren Beleggrundlage heute bereits veraltet ist. Ebenso gilt mein Dank all jenen, die sich der nicht unbedingt angenehmen Mühe unterziehen, die in oft nur sehr ausgeblichenen Kopien vorliegenden Arbeiten zu digitalisieren.

2.

Das Phänomen, dass die ägyptologischen Arbeiten aus der DDR nur einen begrenzten oder wenn, dann eher selektiven Rezeptionsradius außerhalb ihrer eigenen, gewissermaßen durch die regelmäßigen Colloquia der „Neuen Forschungen“ gesetzten diskursiven Grenzen hatten, wurde bereits angesprochen. Eine Folge davon ist, dass der DDR-Ägyptologie implizit oder explizit – durchaus mit gewissem Bedauern – unterstellt wird, sie habe keine eigene methodische Paradigmatik und damit Originalität besessen. Insbesondere das Fehlen offensiv marxistischer Ansätze wird diagnostiziert oder es wird konstatiert, man habe im Prinzip nur die Vorgaben einer erstarrten und dogmatischen Direktive gesellschaftswissenschaftlichen Forschens am ägyptischen Material exerziert. Diese merkwürdige Sicht auf die DDR-Gesellschaftswissenschaften ist dem derzeitigen Diskurs über das „DDR-Erbe“ insgesamt eigen. Wir haben es dabei also eher mit einem Phänomen des gesellschaftlichen Habitus der anhaltenden Nach-Wende-Zeit überhaupt zu tun, der sich überleben wird. Dennoch erscheint es mir sinnvoll, an dieser Stelle deutlich zu machen – und die hier publizierte Arbeit von Petra Andrássy *Untersuchungen zum altägyptischen Staat des Alten Reiches und seinen Institutionen* eignet sich natürlich dazu – dass die historischen Gesellschaftswissenschaften der DDR in den Achtziger Jahren durchaus und intensiv an einem methodischem Paradigma arbeiteten: dem der sogenannten *Formationstheorie*.

Der Begriff der Formationstheorie ist in der deutschsprachigen Wissenschaft außerhalb der DDR wenig gebräuchlich. Wenn er verwendet wird, dann werden darunter vor allem Ansätze der marxistischen Forschung verstanden, wie sie in der Nachkriegszeit in Westeuropa und Nordamerika entwickelt wurden. Auf die Auseinandersetzung mit diesem Begriff in den Gesellschaftswissenschaften der sozialistischen Länder wurde und wird kaum eingegangen, da man ihnen offenbar keine besondere Originalität zuerkennt bzw. sie nicht wahrnimmt oder – aus oben angeführten Gründen – nicht wahrnehmen konnte. Da umgekehrt auf östlicher Seite die Diskussion im Westen sowohl aus materiellen (Devisenknappheit) als auch aus ideologischen Gründen nur ausschnitthaft rezipiert wurde, entwickelten sich zwei in etlichen Punkten voneinander abweichende Stränge der historischen Gesellschaftswissenschaften, die heute meist undifferenziert als „Marxismus der Nachkriegszeit" o.ä. eingestuft werden. Nur wenige Übersichtswerke differenzieren dabei zwischen der Paradigmatik, d.h. den Fragestellungen und Lösungsansätzen, in der west- und der osteuropäischen marxistischen Forschung.[1]

Dass bei der Beschreibung und Deutung gesellschaftlicher Phänomene von unterschiedlichen Fragestellungen ausgegangen und – oft aufgrund der jeweils herangezogenen Belege – auf unterschiedliche Erzählmodi zurückgegriffen wird, ist mittlerweile ein Gemeinplatz.[2] Da das Paradigma

---

1 Eine wohltuende Ausnahme ist G. Trigger, *A history of archaeological thought*, Cambridge: University Press, 1989, der sehr wohl zwischen der archäologischen Paradigmatik z.B. in der Sowjetunion und der im Westen zu unterscheiden weiß. Zum Fehlen einer Vorstellung von der Formationstheorie siehe z.B. G. Kneer / A. Nassehi / M. Schroer (Hg.), *Klassische Gesellschaftsbegriffe der Soziologie*, UTB 2210, München: Fink, 2001, wo zwar auch marxistisch inspirierte Modelle behandelt werden (*Klassengesellschaft*), die Vorstellung sozialökonomisch definierter Formationen aber nicht auftaucht. D. Franke, *Ein Beitrag zur Diskussion über die asiatische Produktionsweise*, GM 5, 1973, 63-72 referiert einige Vorstellungen der Formationstheorie wie sie im Euromarxismus der 70iger umging. Der Ansatz ist aber in der deutschsprachigen ägyptologischen Forschung weitgehend folgenlos geblieben, auch in Frankes eigenen Arbeiten.

der Formationstheorie etwas in Vergessenheit geraten zu sein scheint (auch Forscher aus der DDR scheinen entsprechende Ansätze momentan eher zu meiden), soll es hier der Einfachheit halber noch einmal referiert werden.[3]

a Der Formationstheorie liegt die Vorstellung zugrunde, dass bestimmte Stufen der Entwicklung der Produktivkräfte (Stand der Technologie usw.) einhergehen mit bestimmten Stufen der Entwicklung sozialer Systeme. So beeinflusst z.B. der aufgrund eines bestimmten technologischen Standes mögliche und/oder notwendige Grad der gesellschaftlichen Arbeitsteilung die Organisation des menschlichen Zusammenlebens: die Arbeitsteilung zwischen Männern und Frauen, Kindern, Erwachsenen und Alten, zwischen verschiedenen Produzentengruppen, denen, die Arbeit organisieren und denen, die sie durchführen usw. Da beide Faktoren – der *Grad der Produktivkraftentwicklung* und die in Formen sozialer Organisation real werdenden *Produktionsverhältnisse* – einander bedingen und beeinflussen, bilden sie eine sozialökonomische *Formation.* Diese Formationen werden durch den Stand der Produktivkraftentwicklung *und* den Stand der sozialen Organisation definiert. Beide zusammen bilden eine *Basis*, die einen kulturellen *Überbau* zu schaffen vermag, in dem diese Basis ihre Existenzform in konkreten Phänomenen findet, also z.B. einem Gefüge aus Ämtern und Berufen, aus einem System von Verwandtschaftsvorstellungen und solcher sozialer Abgrenzung, einem System von Rechten und Pflichten, aus Vorstellungen über die Welt und aus vielen anderen Formen kultu-

2 Siehe H. White, *Metahistory. The Historical Imagination in Nineteenth-Century Europe,* Baltimore/London: Johns Hopkins University Press, 1973, der den marxistischen Erzählmodus in seine Analyse einbezieht. In der neueren Geschichtsschreibung hat sich z.B. der Erzählmodus der *annales*-Schule als sehr leistungsfähig erwiesen. Da er weitaus stärker Phänomene wie Mentalität und Individualität zu berücksichtigen vermag, ist er der marxistischen Formationstheorie insbesondere unter dem Aspekt einer guten Lesbarkeit und damit Rezeption deutlich überlegen.

3 Ich werde hier keinen wissenschaftshistorischen Abriss zur Formationstheorie versuchen. Die früheste Formulierung der Theorie erfolgte durch Karl Marx und Friedrich Engels, *Zur Kritik der politischen Ökonomie*, Berlin, 1859 (Marx/Engels Werke Band 13, Berlin 1961, 8f). Eine gute Einführung aus altertumswissenschaftlicher Perspektive gibt Joachim Herrmann, Produktivkräfte und Gesellschaftsformationen, in: Joachim Herrmann u. Irmgard Sellnow (Hrsg.), *Produktivkräfte und Gesellschaftsformationen in vorkapitalistischer Zeit*, Veröffentlichungen des Zentralinstituts für Alte Geschichte und Archäologie der Akademie der Wissenschaften Band 12, Berlin: Akademie-Verlage, 1982, 11-52.

rellen Ausdrucks. Aufgrund seiner kulturellen Realität ist dieser Überbau aber kein bloßes Akzidenz der Basis, sondern wirkt aktiv auf diese zurück. Im Überbau findet die in der Basis nur abstrakt vorliegende Gesellschaftsformation außerdem ihren konkreten, historisch und lokal spezifischen Ausdruck. Während Überbauphänomene kulturell spezifisch sind, sind Gesellschaften auf der Ebene der Basis vergleichbar und können so bestimmten allgemeinen Formationen der gesellschaftlichen Entwicklung zugeordnet werden.

b Bestimmte Stufen der Produktivkraftentwicklung ermöglichen und erfordern die Etablierung von sozialen Gruppen, die sich in der Art des Erwerbs und in der Größe ihres Anteils am gesellschaftlichen Gesamtprodukt (in materieller wie kultureller Art) unterscheiden. Solche Gruppen können, wenn sie zu stabilen Erscheinungen werden, als *soziale Klassen* bezeichnet werden. Die bei der Verteilung des gesellschaftlichen Gesamtproduktes Privilegien genießende Gruppe ist bestrebt, das gesamte soziale System in einem Apparat zu organisieren, der diese Privilegien dauerhaft garantiert. Dieser Apparat – ein Phänomen des Überbaus – kann als *Staat* bezeichnet werden. Dabei wird/werden die keine oder weniger Privilegien genießende/n Gruppe/n nach Möglichkeiten suchen, den Apparat zu boykottieren oder selbst zu übernehmen; die Privilegien genießende Gruppe wird diese verteidigen. Diesen Zustand kann man, die Existenz von *Klassen* vorausgesetzt, als *Klassenkampf* bezeichnen. Derartige Klassenkämpfe, die auf immer vorhandenen Widersprüchen in der Basis beruhen (d.h. Widersprüchen zwischen dem gesamtgesellschaftlichen Charakter der Produktion und dem sozial fragmentierten Charakter der Aneignung des Produzierten), treiben die Veränderung des Überbaus voran und stimulieren so kulturelle und schließlich auch sozialökonomische Veränderungen.

c Bei den beschriebenen Beziehungen und Vorgängen handelt es sich nicht um subjektives Wollen oder Leistungen einzelner Agenten, sondern um objektive Bedingungen: um *Gesetze der gesellschaftlichen Entwicklung*.

Mit der Formulierung dieser Grundsätze verfolgt die Formationstheorie drei Ziele:

a) Die diversen Interdependenzen von ökonomischen, sozialen, kulturelle, politischen usw. Faktoren, die in einer Gesellschaft vorliegen, sollen in einen logischen Zusammenhang gebracht werden (Basisphänomen vs. Überbauphänomene usw.). Auf diese Weise lassen sich komplexe gesellschaftliche Phänomene dialektisch, d.h. als eine Einheit von Widersprüchen, beschreiben, ohne dass auf der einen Seite an bestimmten Erscheinungen gehangen und diese verabsolutiert werden, noch dass andererseits in einen strukturellen Determinismus jeglicher Art – sei er ökonomistischer, sozialer oder kultureller Art – verfallen wird.

b) Gesellschaftsformen sollen in internationaler Perspektive auf einer theoretischen Ebene vergleichbar gemacht werden. So wird es möglich, gesellschaftliche Phänomene in diachroner und synchroner Perspektive in Beziehungen zu setzen und allgemeine Charakteristika der Existenz und Bewegung von sozialen Systemen zu erfassen.

c) Letzten Endes soll durch die Beschreibung von Gesellschaften als dynamische, sich bewegende und auch in „Sprüngen" (über die „Formationsgrenzen" hinweg) entwickelnde Systeme die den Gesellschaftswissenschaftler immer bewegende Frage geklärt werden, worin bestimmte gesellschaftliche Phänomene ihre Ursachen haben und wohin sich Gesellschaften entwickeln werden oder können.

Der unkonkrete und für die Deutung individueller Befunde wenig hilfreiche Charakter der Formationstheorie ist viel kritisiert worden. Daran trägt die oft einseitige Betonung des ökonomischen Charakters der Produktionsverhältnisse in der marxistischen Gesellschaftsbeschreibung einige Schuld, die die Potenzen der Dialektik von Überbau und Basis übersieht.[4] Auch werden die Formationen traditionell als evolutionär auseinander hervorgehend angesehen und noch traditioneller mit einer von Karl Marx und Friedrich Engels am europäischen Modell erstellten Nomenklatur von Urgesellschaft, Sklavereigesellschaft, Feudalismus, Kapitalismus und schließlich Sozialismus bezeichnet. Abgesehen davon, dass in ideologischen Auseinandersetzungen so die Formationstheorie zu einer teleologisch verklärten Heilslehre deformiert wurde, war auch im „wissenschaftlichen" Gebrauch die simple Zuordnung von diversen Ge-

4 Siehe den meist verwendeten Terminus „ökonomische Gesellschaftsformation", der die ökonomischen Gegebenheiten deutlich hervorhebt. Diesem Begriffsgebrauch liegt letztendlich das teleologische Dogma zugrunde, dass bestimmte ökonomische Verhältnisse neue Gesellschaftsordnungen erzwingen: das kollektive Eigentum an Produktionsmittel nämlich den Sozialismus, der im Moment der Kollektivierung also irreversibel und gesetzmäßig sei. So recht deutlich nachzulesen z.B. in: Wolfgang Eichhorn I, Formationsfolge und Produktivkräfteentwicklung. Philosophische Betrachtungen zur Dialektik in der Geschichte, in: Herrmann u. Sellnow, *op. cit.*, 53-65, bes. 64f. Daß dieser Glaube ein Irrglaube war, ist durch die historische Entwicklung bewiesen.

sellschaften zu den inzwischen als eurozentristisch erkannten Formationen unhaltbar geworden.
Genau diese Nomenklatur aufzubrechen war allerdings das Ziel der gesellschaftswissenschaftlichen Diskussion um die Formationstheorie in der DDR in den Achtzigern.[5] Wie sehr dabei das Bemühen, einerseits die konkreten Befunde adäquat zu interpretieren, andererseits den ideologischen Vorgaben eines gesellschaftswissenschaftlichen Habitus zu genügen Hand in Hand gingen, machen Arbeiten wie die von Petra Andrássy deutlich.

Allerdings ist dazu eines notwendig: die für gesellschaftswissenschaftliche Fächer der DDR übliche, oft genug schwülstige Begrifflichkeit darf nicht den Blick auf die tatsächliche Forscherleistung versperren. Wissenschaftlicher Jargon – hüben wie drüben – bildet ein habituelles Feld, das oft genug exklusiv sein will. Die Verwendung festgelegter Worthülsen ist innerhalb einer Diskursgruppe ein die Diskussion förderndes Ritual; von außen gesehen wirken solche Übungen oft ermüdend. Will man dem Jargon mit etwas Abstand begegnen, dann bietet sich durchaus die Reflektion derzeit gängiger Formulierungsmuster im wissenschaftlichen Austausch wie auch der Antragspoesie an...

3.

Der Dank der Herausgeber geht an Marc Loth, der den nur in Schreibmaschinenkopie vorliegenden Text für die Digitalisierung abgeschrieben hat, und an Petra Andrássy, die dem Vorhaben nicht nur zustimmte, sondern auch die letztliche Erstellung der Druckvorlage übernahm.

Martin Fitzenreiter, Berlin im Juli 2008

---

5 Um einen Eindruck von der Diskussion unter den Altertumswissenschaftlern zu gewinnen, eignet sich Heft I von Band 24 / 1983 der EAZ mit Beiträgen, die aus Anlass des 100. Todestages von Karl Marx zusammengestellt wurden. Die Sammlung macht den exegetischen und über weite Strecken selbstreferentiellen Charakter des Diskurses deutlich, zeugt aber ebenso von dem Bemühen, sowohl die sowjetische/osteuropäische als auch die westliche Forschung adäquat zu rezipieren. Siehe auch die divergierenden Beiträge in dem umfänglichen Band Herrmann u. Sellnow, *op. cit.*. Dabei entwickelte sich die Auseinandersetzung zum einen um das Problem, ob man an der vom Marx und Engels skizzierten Abfolge vorkapitalistischer Gesellschaftsformen festhalten oder besser von einer großen, in sich allerdings differenzierten vorkapitalistischen Formation ausgehen sollte, zum anderen, ob „Mischformationen" an den Übergangsstellen zwischen ‚großen' Gesellschaftsformationen auftreten.

Vorwort

Mit dem vorliegenden Buch wird meine ägyptologische Dissertationsschrift nachträglich publiziert, die bereits im Juni 1987 von der Gesellschaftswissenschaftlichen Fakultät der Humboldt-Universität zu Berlin angenommen und im Februar 1988 im Rahmen einer öffentlichen Disputation verteidigt wurde.

Die Betreuung der Arbeit hatte dankenswerterweise Erika Endesfelder übernommen, die auch als Erstgutachterin fungierte. Die weiteren Gutachter waren Walter Friedrich Reineke und Elke Blumenthal.

Nach Abschluß meines Studiums der Ägyptologie, Vorderasiatischen Altertumskunde und Sudanarchäologie bei Fritz Hintze, Erika Endesfelder, Karl-Heinz Priese, Steffen Wenig, Elke Blumenthal, Horst Klengel u.a. konnte ich im Rahmen einer dreijährigen Forschungsassistenz am Institut für Ägyptologie und Sudanarchäologie/Meroitistik der Humboldt-Universität einen Großteil meiner Zeit der Arbeit an der Dissertation widmen. Die Arbeit stellte einen Beitrag aus ägyptologischer Sicht zur damaligen Diskussion der DDR-Altertumswissenschaft um die Gesellschaftsformation der „Altorientalischen Klassengesellschaft" dar (siehe dazu auch das „Vorwort des Herausgebers").

In der DDR war es, auch aus Gründen der Papierknappheit, nicht üblich, Dissertationen und andere wissenschaftliche Qualifizierungsarbeiten zu drucken. In der Regel wurden höchstens zusammenfassende Aufsätze in Fachzeitschriften veröffentlicht.[6]

Eine Dissertation so viele Jahre nach ihrer eigentlichen Fertigstellung noch zu publizieren, ist sicher ungewöhnlich – zumal der damalige Diskussionszusammenhang nicht mehr existiert. Die Initiative dazu ging von Martin Fitzenreiter aus, der sich der Bewahrung und allgemeinen Zugänglichmachung von Dissertationen verschrieben hat, die im Rahmen der DDR-Ägyptologie entstanden sind (siehe „Vorwort des Herausge-

6 Zu dieser Arbeit sind von der Autorin folgende Aufsätze erschienen:
- Zum Prozeß der Klassenentstehung im alten Ägypten. In: Soziale Differenzierung in vorkapitalistischen Gesellschaften, Beiträge des 3. Kolloquiums junger Wissenschaftler ur- und frühgeschichtlicher und altertumswissenschaftlicher Disziplinen der DDR (Bad Stuer 7.-10.12. 1987), Hrsg. Zentralinstitut für Alte Geschichte und Archäologie der Akademie der Wissenschaften der DDR, Berlin 1988: 66-75.
- Zur Verwaltung des Alten Reiches, In: D. Apelt (Hrsg.), Studia in honorem Fritz Hintze, Meroitica 12 (1990) 13-21, Berlin
- Untersuchungen zum ägyptischen Staat des Alten Reiches und seinen Institutionen, EAZ 32 (1991) 109-116
- Zur Struktur der Verwaltung des Alten Reiches, *ZÄS* 118 (1991) 1-10..

bers“). Seiner Arbeit und seinem unermüdlichen Einsatz ist es maßgeblich zu danken, daß dieses Buch – allen anfänglichen Bedenken zum Trotz – schließlich fertiggestellt wurde. Für die Aufnahme des Bandes in seine Reihe IBAES (Internetbeiträge zur Ägyptologie und Sudanarchäologie) und die Übernahme der Internetpublikation bin ich ihm darüber hinaus zu Dank verpflichtet.
Mein Dank gilt auch Mark Loth, der sich der Mühe unterzogen hat, die mittlerweile nur noch schwer lesbare Vorlage abzuschreiben.
Die eigentlichen Druckvorlage wurde von mir selbst erstellt. Dem Projektziel entsprechend, die unveröffentlichten Dissertationen der DDR-Ägyptologie einem größeren wissenschaftlichen Fachpublikum zugänglich zu machen, sind an der Arbeit nur Änderungen eher redaktioneller Art vorgenommen worden, die die Verständlichkeit und Handhabbarkeit des Textes fördern sollen. In inhaltlicher Hinsicht, d.h. auch was die verarbeitete Literatur anbelangt, entspricht das Buch dem Stand von 1987. Das Interesse an der gesellschaftlichen Entwicklung des Alten Ägypten, seiner Verwaltung, seiner Sozialstruktur und der Eigentumsverhältnisse hat mich allerdings seitdem nicht wieder losgelassen, so daß an dieser Stelle noch auf einige nachfolgende Aufsätze hingewiesen werden soll, die seither von mir zu diesem Themenkreis erschienen sind.[7]
Last not least gilt mein herzlicher Dank Wolfram Grajetzki, der die gedruckte Ausgabe des Buches ermöglicht und sie in das Programm von „Golden House Publications“ aufgenommen hat.

Petra Andrássy Berlin, im November 2008

---

7 Vgl. Andrassy, P.:
- Das *pr-šnꜥ* im Alten Reich, SAK 20 (1993) 17-35
- Die *ḫntjw-š* im Alten Reich, In: R. Gundlach (Hrsg.), Ägyptische Tempel — Struktur, Funktion und Programm; Akten der Ägyptologischen Tempeltagungen in Gosen 1990 und in Mainz 1992, HÄB 37 (1994) 3-12.
- Überlegungen zum Boden-Eigentum und zur Acker-Verwaltung im Alten Reich, In: S. Allam (Hrsg.), Grund und Boden in Altägypten (rechtliche und sozio-ökonomische Verhältnisse); Akten des internationalen Symposions Tübingen 18. - 20. Juni 1990; Untersuchungen zum Rechtsleben im Alten Ägypten 2, Tübingen, 1994: 341-349.
- Überlegungen zur Bezeichnung *s n njwt tn* – „Mann dieser Stadt“ und zur Sozialstruktur des Mittleren Reiches, In: C.J. Eyre (ed.), Proceedings of the seventh International Congress of Egyptologists, Cambridge, 3-9 September 1995, OLA 82 (1998) 49-58.
- *ḫntjw-š* und kein Ende, In: C.-B. Arnst (Hrsg.), Begegnungen — Antike Kulturen im Niltal; Festgabe für Erika Endesfelder, Karl-Heinz Priese, Walter Friedrich Reineke, Steffen Wenig, Berlin, 2001: 1-18.
- Die *mrt*-Leute: Überlegungen zur Sozialstruktur des Alten Reiches, In: S.J. Seidlmayer (Hrsg.), Texte und Denkmäler des ägyptischen Alten Reiches; Akten der Tagung „Texte und Denkmäler des ägyptischen Alten Reiches" (Schloss Blankensee bei Berlin, 1. - 4. Februar 2001), Thesaurus Linguae Aegyptiae 3, Berlin, 2005: 27-68.

I. Einleitung

1 Zur Wahl des Themas

Im Rahmen der Theoriediskussion nahmen in den vergangenen drei Jahrzehnten nicht nur unter den marxistischen Altertumswissenschaftlern Fragen nach:

- den Bedingungen und Triebkräften für den Übergang zur Klassengesellschaft und zum Staat,
- den konkreten Formen dieses Überganges und
- den Kriterien für die Abgrenzung zur vorstaatlichen Phase

einen breiten Raum ein.

Im Zusammenhang damit stehen Probleme des Charakters, der Merkmale und der universalhistorischen Einordnung jener gesellschaftlichen Verhältnisse, die sich im Zusammenhang mit frühen Staatenbildungen herausbildeten.

Vor der marxistischen Altertumswissenschaft stand und steht die Aufgabe, *Allgemeines* und *Besonderes* beim Übergang zur Klassengesellschaft, einschließlich der frühen Klassengesellschaft im Alten Orient, als Beitrag zur Weiterentwicklung des historischen Materialismus herauszuarbeiten.

Einen Höhepunkt und gewissen Abschluß erreichte die Diskussion innerhalb der Altertumswissenschaft der DDR mit der Herausarbeitung einer Epoche der „Altorientalischen Klassengesellschaft" als eigenständige Gesellschaftsformation von universalhistorischem Charakter, die die im Zerfall begriffene Urgesellschaft ablöste und durch folgende wesentliche Merkmale bestimmt wird:

- Die „Altorientalische Klassengesellschaft" beruhte auf der Ausbeutung des Menschen durch den Menschen.
- In ihr standen sich antagonistische Klassen gegenüber.
- Die unmittelbaren Produzenten waren in überwiegender Zahl persönlich freie Bauern, die nicht von Grund und Boden getrennt und in vielen Fällen in Dorfgemeinschaften organisiert waren.
- Ihnen stand eine ebenfalls kollektiv organisierte soziale Oberschicht gegenüber, die bestrebt war, das von den bäuerlichen Produzenten erzeugte Mehrprodukt in Form von Natural- und Arbeitsleistungen abzuschöpfen.

- Die herrschende Klasse schuf sich im Staat ein Machtinstrument, das ihr die Aneignung des größten Teiles des gesellschaftlichen Mehrproduktes sichern sollte.
- Typische Staatsform war die Orientalische Despotie.
- Es herrschte eine Form von Staatseigentum an Grund und Boden, dessen Nutzung durch das Ablassen des obersten Herrschers als Repräsentanten des ganzen Gemeinwesens vermittelt erschien.
- Königs- bzw. Tempelwirtschaften, in denen die handwerkliche Produktion konzentriert war, entstanden neben den Dorfgemeinschaften als Produktionseinheiten.
- Das private Grundeigentum setzte sich erst gegen Ende der „Altorientalischen Klassengesellschaft" durch.
- Innerhalb der herrschenden Klasse erwuchsen Widersprüche aus den Versuchen, jeweils den größten Anteil am Mehrprodukt zu erlangen und die übertragenen Befugnisse in dauerhaftes Eigentum zu überführen.
- In der Auseinandersetzung zwischen herrschender und unterdrückter Klasse ging es um die jeweiligen Anteile am Mehrprodukt und seine Verwendung.
- Die Notwendigkeit eines kollektiven Zusammenwirkens zahlreicher Menschen unter einheitlicher Leitung (wobei besonders die Bedeutung der „großen Kooperation" für die Organisation eines großangelegten Bewässerungssystems betont wird) und die Zählebigkeit urgesellschaftlicher Traditionen waren die Ursache für sich nur äußerst langsam vollziehende innere Zerfallsprozesse dieser Gesellschaften (vgl. dazu Sellnow et al. 1978: 141–143; 266–271).

Die Erarbeitung dieser Merkmale enthebt uns jedoch nicht der Aufgabe, den Grad ihrer Allgemeingültigkeit anhand regionaler und themenspezifischer Detailuntersuchungen zu überprüfen, zu untermauern oder gegebenenfalls zu korrigieren, tiefer in konkret historische Erscheinungsformen einzudringen und diese Ergebnisse in interdisziplinärer Zusammenarbeit in die übergreifende Theoriebildung einzubringen.

Daß ich mir als Untersuchungsschwerpunkt einer solchen ägyptenbezogenen Detailuntersuchung gerade den Staat in der Periode des Alten Reiches gewählt habe, hat mehrere Gründe. Der Staat als wichtigstes Element des gesellschaftlichen Überbaus weist zwar eine relative Selbständigkeit auf, existiert aber nicht losgelöst von der gesellschaftlichen Basis der Gesellschaft. Er spiegelt letztere durch seine Form und Funktionsweise wider und wirkt auf sie zurück, so daß „die Analyse sowohl der Struktur als auch der Funktion und der Entwicklung gesellschaftlicher

Einheiten als methodische Voraussetzung für eine komplexe Rekonstruktion von Stadien der Gesellschaftsentwicklung“ (Treide 1983: 128) angesehen werden muß.
Gerade des Alte Reich ist besonders interessant, da es die früheste Periode einer primären, d.h. nicht durch äußere Einflüsse initiierten, Staatsbildung verkörpert. Hier können sowohl der Übergang zur Klassengesellschaft konkret untersucht werden als auch die Besonderheiten einer Anfangsphase mit ausgeprägtem Übergangscharakter.
Bei der Erforschung des Alten Ägypten haben wir dabei das Glück, uns auch auf zeitgenössische Schriftquellen stützen zu können. Nicht zuletzt durch den überwiegend funerären Charakter der Schriftzeugnisse wird allerdings dabei weit häufiger die Sphäre des gesellschaftlichen Überbaues als die der Basis widergespiegelt.

2 Die Quellenlage

Die Allgegenwärtigkeit von Titeln ist geradezu ein charakteristisches Phänomen der altägyptischen Gesellschaft. Titel spiegelten die gesellschaftliche Stellung ihres Trägers wider, oftmals sein Verhältnis zum Pharao, und damit verbunden seine materielle Sicherstellung.
Eine große Anzahl der Titel kennzeichnet eine reale administrative Funktion, so daß wir von daher einen recht guten Einblick in die Struktur der Verwaltung gewinnen können. Dabei läßt sich allerdings nicht übersehen, daß allein die Vielzahl der belegten Titel, ihre Nennung in den kürzeren und längeren Titelreihungen der Grabinschriften, noch keine hinreichende Quellengrundlage für eine weitergehende Durchdringung der Struktur, der Aufgaben und der Wirkungsweise der Einzelinstitutionen und ihr Zusammenspiel innerhalb der Gesamtadministration darstellt. Die Struktur und die Aussagekraft der Primärquellen macht es erforderlich, zum einen das gesamte verfügbare Inschriftenmaterial wie Briefe, Tempelakten, private Rechtsinschriften, Expeditionsinschriften, Siegel- und Gefäßinschriften, Biographien und insbesondere die königlichen Dekrete zum Untersuchungsgegenstand zu machen, zum anderen auch die bildlichen Darstellungen in den Gräbern sowie archäologische Funde und Befunde in die Betrachtung einzubeziehen. Staat als „sehr komplexe Realität“ (Mamut 1982: 7) ist ja nicht gleichzusetzen mit der Summe administrativer Institutionen (vgl. Mamut 1982: 22) und durchdringt mit seinem Wirken alle Sphären der Gesellschaft.

Grundlage dieser Arbeit sind grundsätzlich bereits veröffentlichte Quellen, die im Sinne der komplexen Fragestellung neu zusammengestellt werden und gegebenenfalls eine neue oder modifizierte Deutung bzw. Wertung erfahren.
Qualität und Quantität der Quellen setzten der Erkenntnismöglichkeit oftmals enge Grenzen. Viele Befunde sind mehrdeutig interpretierbar, so daß man sich darauf beschränken muß, Für und Wider abzuwägen. In einigen Fällen kann man gar nur persönliche Auffassungen äußern, ohne in der Lage zu sein, ihre Stichhaltigkeit wirklich zu beweisen. All dieser objektiven Schwierigkeiten und Grenzen muß man sich zwar bewußt sein, von unserem Wunsch, den Verlauf der Geschichte besser zu erkennen und in deren Gesetzmäßigkeiten tiefer einzudringen, sollten wir uns aber dadurch nicht abbringen lassen. In diesem Sinne möchte ich diese Arbeit als einen Beitrag zur Diskussion verstanden wissen.

3 Das Anliegen der Arbeit

Innerhalb der ägyptologischen Literatur und darüber hinaus wird eigentlich an keiner Stelle bezweifelt, daß die gesellschaftliche Organisationsform des Alten Reiches als „Staat" zu bezeichnen ist. Dabei gehen die Meinungen über den Inhalt des Begriffes „Staat" und damit verbunden über den Charakter der gesellschaftlichen Verhältnisse im Alten Reich allerdings auseinander. Bei aller wissenschaftlichen Objektivität wirken sich natürlich die jeweiligen weltanschaulichen Grundpositionen, die den Arbeiten zugrunde liegen, auf die Auswahl der Gesichtspunkte, nach denen das Material befragt wird, und die Interpretation der Ergebnisse aus.
Von einigen nichtmarxistischen Wissenschaftlern[8] wird gerade das ägyptische Alte Reich zur Stützung der These von der Existenz eines „frühen Staates" ohne Klassencharakter und Unterdrückungsfunktion herangezogen, dessen Existenz sich aus der Entwicklung der Produktivkräfte, der gesellschaftlichen Arbeitsteilung und der erforderlichen Lenkung und Leitung der Arbeiten ableitet (vgl. z.B. Helck 1986: 19f.), der gleichmäßig den Interessen aller Bürger diente und durch Umverteilung der Produkte die ausreichende Versorgung aller Mitglieder der Gesellschaft gewährleistete (vgl. Service 1977: 291).

---

8 Vgl. insbes. Service (1977); Claessen & Skalnik (1978); einen guten zusammenfassenden Überblick bietet Sellnow (1981 u. 1983: 35-39).

Ganz davon abgesehen, daß eine entsprechende Interpretation der ägyptischen Verhältnisse fragwürdig ist (vgl. auch Sellnow 1981: 447), geht mit der Negierung des Klassenwesens des Staates das Kriterium verloren, daß es uns gestattet, die vorstaatliche Phase der Gesellschaftsentwicklung gegenüber der staatlichen abzugrenzen.

Aber auch bei einem Staatsverständnis im Sinne des dialektischen und historischen Materialismus[9] bleiben, wie schon oben angedeutet (vgl. I.1), noch viele Fragen offen sowohl was die konkreten historischen Triebkräfte für den Übergang zur Klassengesellschaft und zum Staat anbetrifft als auch seine jeweilige zeitliche Ansetzung, die konkreten Aufgaben des Staates und die Art und Weise ihrer Realisierung (vgl. z.B. Sellnow 1983: 39-47).

Deshalb halte ich die erneute Untersuchung des Materials hinsichtlich einer komplexen Problemstellung für nötig, die zwei Schwerpunkte umfaßt:

I. Den Versuch einer Darstellung der Entwicklung, der Funktionen, der Struktur und, wo möglich, auch der Wirkungsweise der einzelnen gesell-

---

9 „Der Staat ist mit der Spaltung der Gesellschaft in einander unversöhnlich feindlich gegenüberstehende Klassen entstanden, von denen die eine, die Eigentümer der entscheidenden Produktionsmittel ist, sich die Arbeit der anderen aneignet.“... Der Staat „hat stets auch gewisse gesamtgesellschaftliche (zum Beispiel ökonomische) Funktionen zu erfüllen...Die Notwendigkeit des Staates ergibt sich jedoch keineswegs...aus der Notwendigkeit, die „gemeinsamen Geschäfte“ zu verrichten, die aus der „Natur“ aller Gemeinwesen hervorgehen [s. Marx 1963: 397], sondern aus der Notwendigkeit, die spezifischen Funktionen zu verrichten, und insofern der Ausbeuterstaat die gemeinsamen Geschäfte führt, geschieht auch das im Interesse der herrschenden Klasse....
Der Staat ist durch drei Hauptmerkmale charakterisiert:
Es existiert eine besondere öffentliche Gewalt, ein spezieller Zwangsapparat...Im Unterschied von der Urgesellschaft, in der die bewaffnete Gewalt mit der Bewaffnung der gesamten wehrfähigen Bevölkerung identisch war, zeichnet sich der Staat durch die Existenz besonderer bewaffneter Formationen aus..., die im Auftrag der herrschenden Klasse handeln und über die nötigen materiellen Machtmittel (Waffen, Gerichte, Gefängnisse und ähnliches) verfügen. Außerdem besteht eine besondere Gruppe von Personen, die speziell dafür geschult sind, andere Menschen zu regieren, und die eine besondere, privilegierte Stellung einnehmen (Beamte)...
Zur Finanzierung dieser besonderen bewaffneten Formationen und des bürokratischen Beamtenapparates, die sich im Verlaufe der Entwicklung...ständig erweitern, erhebt der Staat von allen Staatsbürgern Steuern.
Die Staatsmacht bezieht sich immer auf ein bestimmtes, gegenüber anderen Staaten abgegrenztes Territorium und dessen Bevölkerung“ (o.A. 1976: 478-480).

schaftlichen Institutionen sowie, darauf aufbauend, der Gesamtadministration während des ägyptischen Alten Reiches.

II. Aufbauend auf diese Untersuchung soll der Frage nachgegangen werden, ob die gesellschaftliche Organisationsform des Alten Reiches als „Staat" in dialektisch-historischer Sicht, d.h. als Organisationsform einer klassengespaltenen Gesellschaft, anzusehen ist oder als vorstaatliche Phase?

Im Zusammenhang damit sind folgende Fragen zu erörtern:

- Welche Faktoren wirkten als Voraussetzungen bzw. als Triebkräfte der Staatsentstehung?
- Wie gestaltete sich der Zusammenhang von Klassen- und Staatsentstehung?
- Wo lagen die Schwerpunkte staatlicher Tätigkeit?
- Wie stellt sich in der Tätigkeit des Staates die Dialektik von „Verrichtung der gemeinsamen Geschäfte, die aus der Natur aller Gemeinwesen hervorgehen" und der „spezifischen Funktionen, die aus dem Gegensatz der Regierung zu den Volksmassen entspringen" (Marx 1963: 397) dar?
- Worin besteht die neue Qualität der gesellschaftlichen Organisationsform des Alten Reiches?
- Worin äußert sich der archaische Charakter des Staates dieser Periode?

Da die Verhältnisse des Alten Reiches nicht allein aus sich selbst heraus erklärbar sind und die Staatsentstehung einen Qualitätssprung[10] darstellte, dessen Voraussetzungen sich in der Frühzeit und davor herausbildeten, wird es notwendig sein, wenigstens überblicksartig der Entwicklung der Institutionen und ihrer Aufgaben vom Anfang der schriftlichen Überlieferung her nachzugehen. Besondere Bedeutung kommt dabei der Institution des „Horus"-Königtums zu, da ihre Spezifika die Herausbildung des altägyptischen Staates und seine konkrete Form in hohem Maße prägten. Wegen des stark zentralistischen Aufbaues der altägyptischen Gesellschaft muß zunächst die zentrale Ebene der Verwaltung im Mittelpunkt der Untersuchung stehen. Da staatliche Institutionen jedoch auf allen administrativen Ebenen tätig waren, die Provinzialverwaltung, Distriktsverwaltung und zumindest ein großer Teil der örtlichen Verwaltung als untere

---

10 „Sprung" hier als philosophische Kategorie verstanden, von daher relativ und im gegebenen Fall eine Jahre bzw. Jahrzehnte umfassende Entwicklung darstellend.

Glieder der Zentralverwaltung anzusehen sind, ist für eine Einschätzung des gesellschaftlichen Überbaus auch ihre Betrachtung erforderlich.
Der Versuch einer ausführlichen Behandlung aller Institutionen würde den Rahmen dieser Arbeit allerdings sprengen, zumal für viele Institutionen bzw. Ämter bereits die Materialbasis für eine gesonderte Behandlung unzureichend ist. Deshalb werde ich mich hinsichtlich der zentralen Verwaltungsebene in der Residenz auf das Wesirat konzentrieren, da in diesem Amt die Fäden aller Hauptverwaltungsressorts zusammenliefen – was wichtig für die Bestimmung der Aufgabenbereiche des Staates ist – sowie auf die Aktenverwaltung und die Verwaltung der materiellen Ressourcen bzw. menschlichen Arbeitskraft. Auf diesen Gebieten ist aus ägyptologischer Sicht eine neue, systematische Betrachtung von Nutzen. Zugleich kommt hier der Charakter des altägyptischen Staates am konzentriertesten zum Ausdruck.
Das Ressort der öffentlichen Arbeiten hängt zwar ebenfalls mit der Verwaltung der menschlichen Arbeitskraft zusammen – was die Künstlichkeit einer von uns nachträglich vorgenommenen Ressorteinteilung sofort verdeutlicht – dennoch hat jeder der großen Aufgabenbereiche auch genügend Spezifika, so daß eine formale Trennung gerechtfertigt und im Interesse einer Systematisierung sogar notwendig ist.
Aufgrund der notwendigen Beschränkung sollen deshalb das Ressort der öffentlichen Arbeiten wie auch das der Rechtsprechung als selbständige Untersuchungsschwerpunkte ausgeklammert bleiben. Für beide möchte ich auf die 1985 erschienene Arbeit von N. Strudwick: „The Administration of Egypt in the Old Kingdom“ verweisen.
Beim Nachzeichnen der Tätigkeit der Residenzinstitutionen kann es nicht ausbleiben, daß die Tätigkeit ihrer Ableger in der Provinz gleich mit untersucht wird. Dennoch möchte ich im Interesse einer systematischen Betrachtung der staatlichen Strukturen die Entwicklung der Provinzadministration und, soweit wie möglich, auch der örtlichen Verwaltung außerdem noch gesondert abhandeln. Angeschlossen wird darüber hinaus ein Abschnitt, in dem angestrebt wird, die Veränderungen auf allen Verwaltungsebenen miteinander und mit der Weiterentwicklung der Gesellschaft als Ganzes in Beziehung zu setzen.
In den einzelnen Kapiteln ist eine Vollständigkeit der Belege bezüglich der behandelten Institutionen nur soweit angestrebt wie nötig, um alle inhaltlichen Aspekte und insbesondere den Belegzeitraum zu erfassen.
Für die Datierung habe ich mich im wesentlichen auf die von N. Strudwick (1985) erarbeitete gestützt. Die übliche Dynastieneinteilung wurde als formales Gliederungssystem beibehalten, wissend, daß zwischen dem Wechsel der Dynastien und Wandlungsperioden innerhalb der Administra-

tion weder ein unmittelbarer äußerlicher noch ein ursächlicher Zusammenhang bestand.

Begriffe wie Thinitenzeit/Frühzeit, Provinzial-/Gau-/Distriktsverwaltung, Residenz-/Zentralverwaltung werden synonym gebraucht.

II. Die historische Ausgangsposition – Rückblick auf die Frühzeit

1 Die Qualität des frühzeitlichen Herrschers

Mit dem Aufkommen der Schrift tritt uns „aus der Anonymität der schriftlosen, prädynastischen Zeit“ (Endesfelder 1982: 7) eine sich mit dem Falkengott Horus identifizierende Herrscherpersönlichkeit von überregionaler kultisch-magischer Bedeutung entgegen. Diese kultisch-magische Mächtigkeit erlaubt es dem „Horus“-Herrscher, als Mittler zwischen irdischer und überirdischer Sphäre zu wirken und z.B. durch Fruchtbarkeitsriten (Aussaatzeremonien, Apislauf) den Bestand der Gemeinschaft ideell – für die damaligen Menschen jedoch höchst real – zu sichern. Die ihm zugeschriebenen Fähigkeiten prädestinierten ihn auch als Repräsentanten der Gesellschaft nach außen und zwar sowohl in militärischer Hinsicht als auch als Träger der Außenhandelsaktivitäten, belegbar z.B. an den zahlreichen Funden von Gefäßscherben mit Horus-Serech-Symbol in den nordöstlichen Nachbargebieten und der Menge verwendeter Importrohstoffe und -produkte in den Herrscher- und Würdenträgergräbern.
Die Herausbildung des Königsdogmas, das den Herrscher als Herrn der Welt, d.h. der Ägypter und ihrer feindlichen Nachbarn, setzt, läßt sich u.a. an den in den Herrschergräbern der 1. Dynastie gefundenen Ölgefäßen mit symbolischen Aufschriften verfolgen: *ỉwt-mḥw* – „Lieferung von Unterägypten“ (Emery 1939: Tf. 20), *ỉp-šmꜥ* – „Gezähltes von Oberägypten“ (Kaplony 1963: 994) oder *ỉn-sṯt* – „Abgaben von Asien“ (Kaplony 1968: Nr. 18), worunter wohl auch die später gern als Abgaben qualifizierten Handelsgüter der nordöstlichen Nachbarn zu verstehen sind.
Ab *Dn* tritt der *nswt-bỉtj* Titel als wichtigster Bestandteil der Königstitulatur, das „Herrscheramt schlechthin“(Goedicke 1960: 89) bezeichnend, zum Horustitel hinzu.
Die Existenz und Wirksamkeit des Herrschers erschien als Voraussetzung des Lebens und der natürlichen Umwelt. Durch seine Tätigkeit hatte er die gerechte Weltordnung „*mꜣꜥt*“ durchzusetzen, nach der sich traditionsgemäß das Zusammenleben der Menschen gestalten sollte. Hier liegen die Wurzeln der Rolle des Herrschers als oberste Rechtsinstanz.

Aus der Bedeutung, die der „Horus"-Herrscher für die ethnische Gemeinschaft besaß, ergab sich seine Verfügungsgewalt über den Boden, die natürlichen Ressourcen und die Menschen selbst.[11] Er war berechtigt, eines überdurchschnittlich großen Anteils am gesellschaftlichen Mehrprodukt teilhaftig zu werden. Dieser bestand in Abgaben und Arbeitsleistungen, die die zunächst noch in Dorfgemeinschaften lebenden bäuerlichen Produzenten ihm mehr oder weniger freiwillig leisteten. Der Dienst für den Herrscher stellte sich den Menschen als eine in ihrem unmittelbaren Interesse liegende und durch die Tradition längst zur Selbstverständlichkeit gewordene Einrichtung dar.
Abgaben und Arbeitsleistungen der Bevölkerung, ergänzt durch die Einkünfte aus Außenhandel und militärischen Aktivitäten, untermauerten die gesellschaftliche Stellung des Herrschers mehr und mehr auch ökonomisch.

2 Die Anfänge staatlicher Institutionen

Bereits seit *ꜥḥꜣ* ist auf dem „Palermostein" das sog. „Horusgeleit" (*šms-Ḥr*) als wichtiges Ereignis verzeichnet.[12] Es erfolgte regelmäßig alle zwei Jahre und ist als Schiffsreise des Horus-Herrschers zu denken, die als kultisches Fest inszeniert wurde und durch die der Horus-Herrscher seine Präsenz im Lande sicherstellte. Möglicherweise wurden die Stationen der Reise auch für die Sammlung von wehrfähigen Männern und Rechtsprechung genutzt, sicher aber für die Einziehung von Abgaben, da es wieder eine Form der Abgabeneinziehung war, die sog. Zählung", durch die das „Horusgeleit" in der 2. Dynastie zunächst ergänzt und in der 3. Dynastie dann ganz abgelöst wurde.[13] Da das „Horusgeleit" allerdings nur alle zwei

11 Diese Verhältnisse bezeichnet Marx in den „Grundrissen" als „erste Form" des Grundeigentums (vgl. Marx 1953: 375) und charakterisiert sie wie folgt: „... die zusammenfassende Einheit, die über allen diesen kleinen Gemeinwesen steht, (erscheint) als der einzige Eigentümer ..., die wirklichen Gemeinden daher nur als erbliche Besitzer (Marx 1953: 376)" ... „Ein Teil ihrer Surplusarbeiten gehört der höheren Gemeinschaft, die zuletzt als Person existiert, und diese Surplusarbeit macht sich geltend sowohl im Tribut etc. wie in gemeinsamen Arbeiten zur Verherrlichung der Einheit ... Die gemeinschaftlichen Bedingungen der wirklichen Aneignung durch die Arbeit, Wasserleitungen, sehr wichtig bei den asiatischen Völkern, Kommunikationsmittel etc. erscheinen dann als Werk der höheren Einheit ..." (Marx 1953: 377).

12 Vgl. Schäfer 1902: Fragment P, Zeile 2.

Jahre durchgeführt wurde, können die bei dieser Gelegenheit erhobenen Abgaben nicht die einzige Quelle gewesen sein, aus der Herrscher und Hofstaat ihren Lebensunterhalt bestritten.

Seit *Nʿr-mr* ist eine weitere Institution bekannt, die sog. Zeltverwaltung, die mit der Einziehung und Verwaltung von Abgaben für den Herrscher in Verbindung zu bringen ist.[14] Symbol der „Zeltverwaltung" ist der liegende Löwe, in dessen Rücken bis zu drei gekrümmte Stäbe stecken, vor einem in Mattenarchitektur ausgeführten Gebäude. Siegel der „Zeltverwaltung" wurden zum Verschließen unterschiedlicher Gefäßtypen verwendet, die zur Aufbewahrung von Lebensmitteln dienten und die unter den Beigaben der Gräber von Abydos, Sakkara und unter *ʿḥꜣ* auch in den großen Negade-Mastabas gefunden wurden (Endesfelder 1980: 144-147).

Die übergeordnete Instanz der „Zeltverwaltung" ist sicher in den seit *Nʿr-mr* belegten „Palästen" zu sehen, dargestellt als hohe Rechtecke mit eingeschriebenem Namen, wohl einen umfriedeten Bezirk mit Gebäuden symbolisierend. Der „Palast" des regierenden Herrschers wird auch als „*ḥwt-nswt*" bezeichnet.

Auf der Stele des *St-kꜣ* (Zeit *Ḏt*) (Petrie 1900b: Taf. 33, 8) ist erstmals das „*pr-nswt*" belegt, das zur übergreifenden Instanz der „Herrscherpaläste" wurde. Das *pr-nswt* stellt die höchste Verwaltungsinstanz dar, wobei ich in ihm eher eine Abstraktion als eine bestimmte Ortsbezeichnung erblicken möchte. So wie das *pr-ḏt* des Würdenträgers sowohl verwaltungstechnischer Begriff ist, das administrative Zentrum der ihm unterstellten Ländereien bezeichnend, als auch Benennung für die „Gesamtheit des Besitzes" (Gödecken 1976: 10), ist das *pr-nswt* Verwaltungszentrum der dem Herrscher in seiner Eigenschaft als *nswt* unterstehenden Ländereien, theoretisch also des ganzen Landes. Über seine Lokalisierung ist damit noch nichts gesagt. Aber es ist sehr wahrscheinlich, daß der „offizielle Herrscherpalast", wie Endesfelder (1980: 160) annimmt, im Raum Memphis zu lokalisieren und mit dem *ḥwt 'p-ḥr-msn'* identisch ist. Diese Palastanlage ist nicht zuletzt wegen ihres langen Belegzeitraumes (*ʿḏ-ib* bis *Ḫʿ-sḫmwj*) als bedeutendste einzustufen. Die zweite bedeutende Anlage, weil ebenfalls über einen längeren Zeitraum belegbar, ist *ḥwt 'sꜣ-ḥꜣ-nb'*. Sie erscheint zwar ebenfalls mit dem qualifizierenden Zusatz „*pr-nswt*" (Petrie 1900b: Taf. 31, 48), aber nie als *ḥwt* des *nswt-bjtj*, also des Herrschers selbst, wie im Falle des *ḥwt 'p-ḥr-msn'* (Kaplony 1963: Abb. 246, 250).

---

13 Vgl. Helck 1950; v. Beckerath 1956; Kaiser 1959, 1960; Endesfelder 1980: 217-218.

14 Vgl. Kaplony 1963: Abb. 137-174; Helck 1975a: 26; Endesfelder 1980: 147.

Das erstmalige Auftreten des *pr-nswt* fällt sicher nicht zufällig in eine Periode der qualitativen und quantitativen Veränderungen in der Organisation der Verwaltung, die sich während der Regierungszeit des *Ḏr*, *Ḏt* und *Dn* abzeichnet. Die „Zeltverwaltung" kommt allmählich außer Gebrauch und wird durch zwei andere Institutionen ersetzt. Für die Ausstattung der Herrschergräber und die der hohen Würdenträger wird eine spezielle Institution geschaffen, die sog. „Domäne" – symbolisiert durch ein von einem Mauerring umgrenztes Oval mit eingeschriebenem Namen, der speziell auf den Horus-Aspekt des Herrschers Bezug nimmt. Die „Domäne" ist erstmals für *Ḏr* belegt. Während bis einschließlich Regierungszeit des *Dn* mehrere „Domänen" nebeneinander existierten – die Domänen der Vorgänger also weiter bestehen und ebenfalls zur Ausstattung des Grabes des amtierenden Herrschers beitragen – ist das später nicht mehr nachweisbar. Bemerkenswerterweise existierte die „Domäne" *'ḥr-sbꜣ-ẖt'* des *ꜥḏ-ỉb* offensichtlich bereits zur Zeit seines Vorgängers *Dn*, denn Emery (1949: 95, 98) hat im Magazinraum A der unterirdischen Kammer des Grabes 3111 in Saqqara u.a. 71 verschlossene Keramikgefäße gefunden, die das Siegel des '*ꜥḏ-mr Zꜣb*' der Domäne '*ḥr-sbꜣ-ẖt*' zusammen mit dem Siegel des *Dn* zeigen. *Zꜣb* ist der auch unter *ꜥḏ-ỉb* einzig belegbaren Verwalters von '*ḥr-sbꜣ-ẖt*'. (vgl. Endesfelder 1980: 172). Erklärbar wäre dieser Sachverhalt durch eine Koregenz, die die Gründung einer „Domäne" im Zusammenhang mit dem Beginn des Grabbaus für den designierten Nachfolger und Mitregenten notwendig machte, deren Produkte bei Tod des alten Herrschers auch dessen Grab zugute kamen.

Unter *Dn* kommt es zu einer Umstrukturierung und tieferen Gliederung der „Domänen"verwaltung. Während die „Domäne" in der Periode von *Ḏr* bis *Dn* nach Aussage der Siegelabrollungen eine selbständige Rolle zu spielen scheint, wird sie unter *ꜥḏ-ỉb* dem Schatzhaus (*pr-ḥḏ* bzw. *pr-dšr*) untergeordnet. Das „Schatzhaus" ist seit *Ḏt* als *pr-ḥḏ* belegbar und war dem *pr-nswt* unterstellt. In ihm können wir die „oberste Verwaltungsinstanz für die Einkünfte des Herrschers" vermuten (Endesfelder 1980: 163). Daß die „Domäne" dem Schatzhaus unterstellt war, bedeutete dabei nicht, daß die „Domäne" das Schatzhaus oder den Palast belieferte. Sie blieb offenbar Spezialinstanz für die Ausstattung des Herrschergrabes und der Gräber hochgestellter Würdenträger. Die Unterordnung ist nur an der Ergänzung einiger Domänen-Amtssiegel durch den Vermerk „Schatzhaus" zu erkennen. Während mit den „Domänensiegeln" Gefäße für die Gräber versiegelt wurden, die Lebensmittel enthielten, scheint eine Verbindung mit dem *iz-ḏfꜣ*, dem „Lebensmittelmagazin" des Schatzhauses nicht bestanden zu haben (Endesfelder 1980: 184).

Seit der Regierungszeit des *Dn* zeichnet sich eine weitergehende Strukturierung des Schatzhauses durch Bildung von Unterabteilungen ab. Zu belegen ist nun ein „Krugmagazin", seit *ꜥḏ-ib* Weingärten und unter *Nj-nṯr* kommt das bereits erwähnte „Lebensmittelmagazin" (*iz-ḏfꜣ*) hinzu. Endesfelder (1980: 168) möchte dies in den Zusammenhang mit der Neuregelung der Abgaben als „Zählung" stellen.
Während die Bedeutung des Schatzhauses zunahm und sich seine innere Struktur vervollkommnet, verlor die „Domäne" im Verlauf der 2. Dynastie immer mehr an Bedeutung und verschwand nach *Ḏsr*. Der Titel des Vorstehers der „Domäne" des *Ḏsr – ꜥḏ-mr 'dwꜣ-ḥr-ḫntj-pt'* wurde nur noch als Hofrang- oder Ehrentitel weitergeführt.
Das scheint mir ein wichtiges Argument gegen die Annahme zu sein, bei der „Domäne" handele es sich um eine Wirtschaftsanlage mit Feldern – also um eine frühe Form von privatem, königlichen Bodeneigentum – die die Versorgung des Hofes mit Agrarprodukten sicherte (vgl. Helck 1975a: 26, 30). Endesfelder (1980: 218) sieht die „Domäne" als „zweckgebundene Abgabenverwaltung", eine Einrichtung, „die mit der Bereitstellung von Agrarprodukten für den Bau, für die Ausstattung und wahrscheinlich auch für die späteren Totenopfer des Herrschergrabes befaßt war", und verweist darauf, daß die „Domäne" „empfangende Instanz für die Produkte anderer Instanzen bzw. anderer geographischer Einheiten (Ansiedlungen)" (1980: 185) war. Das läßt sich durch die gemeinsame Abrollung eines Siegels des *ꜥḏ-mr ḥwt-iḥt ꜥmkꜣ* und des *ḫrp ḥrj-ib* Amtssiegels der „Domäne" des Den auf Verschlüssen im Grab der *Mrt-njt* belegen (vgl. Kaplony 1963: 91, Abb. 118, 198). Gegen die Auffassung von der „Domäne" als „profaner Wirtschaftsanlage des Palastes" spricht nach der Meinung von E. Endesfelder ebenfalls, „daß die höchsten Würdenträger des Landes an ihr tätig waren und an ihren Einkünften in Form von Beiträgen für ihr eigenes Begräbnis partizipierten" (1980: 185) sowie die für einfache Wirtschaftsanlagen zu großartigen Eigennamen, „die sich, mit Ausnahme der Anlagen des *Pr-ib.sn* (der anstatt des Horusnamens einen Sethnamen führt) alle auf die göttlichen Qualitäten des Herrschers als Horus beziehen" (1980: 183). Das möchte ich unterstreichen. Die sinkende Bedeutung der „Domäne" und ihr schließliches Verschwinden ließe sich meiner Meinung nach sowohl aus der Entwicklung des Schatzhauses zur zentralen Instanz der Abgabenerfassung als auch aus Wandlungen im königlichen Totenkult erklären. Wandlungen im königlichen Totenkult hängen aller Wahrscheinlichkeit nach mit sich verändernden Vorstellungen um den Herrscher zusammen, welche sicher nicht losgelöst von seiner wirtschaftlichen Position zu betrachten sind und umgekehrt auch auf die ökonomischen Grundlagen des Kultes zurückwirkten. Ein äußeres Merkmal dieser Wandlungen

stellen die veränderten Namensformen der Einrichtungen dar, die mit dem Herrscher in Verbindung standen. Während für die „Domänen" der 1. bis 3. Dynastie Namen gewählt wurden, die auf den Horusaspekt des Herrschers Bezug nahmen, spielt bei den Namen der Pyramidenkomplexe der 4. Dynastie der *nswt-bjtj* Name des Herrschers diese Rolle. Der *nswt-bjtj*-Aspekt des Herrschers trat offensichtlich gegenüber dem Horus-Aspekt in den Vordergrund.

Möglicherweise verbergen sich hinter den in den frühzeitlichen Schriftzeugnissen genannten „Domänen" der Thinitenzeit die sog. Grabpaläste des Königsfriedhofes von Abydos; vom eigentlichen Grab separierte, am Rande des Fruchtlandes gelegene Baukomplexe, die von einer nischengegliederten Umfassungsmauer umgeben waren (vgl. Kemp 1966: 15 und das Symbol der „Domäne"). In den „Grabpalästen" könnte man die Vorläufer der Totentempel des Alten Reiches als kultische und wirtschaftliche Zentren der königlichen Grabkomplexe erblicken. Die Praxis der Weiterexistenz der Totenkultanlagen der Amtsvorgänger ebenso wie deren Belieferung durch verschiedene Versorgungsinstanzen ist aus dem Alten Reich gut bekannt. Die Einbeziehung der Tempel in die Gesamtwirtschaft und die enge Verquickung von kultischen und wirtschaftlichen Belangen im Tempelalltag ist nicht nur für das Ägypten des Alten Reiches geradezu charakteristisch. Auch die Übernahme von Ämtern innerhalb des königlichen Totenkultes durch höchste Beamte kann mit Blick auf die spätere Zeit nicht verwundern. Das Fehlen von Priestertiteln für den Königskult vor der 4. Dynastie und die Benennung des Vorstehers der „Domäne" (=„Grabpalast") mit demselben Titel, wie ihn auch der Vorsteher einer *ḥwt*-Anlage trug (*ˁḏ-mr*), könnte auf das Überwiegen wirtschaftlicher Aufgaben der „Grabpaläste" im Rahmen des Totenkultes zurückzuführen sein. Andererseits wissen wir nichts Sicheres über die konkreten Funktionen, die sich hinter den Titeln verbargen, die im Zusammenhang mit diesen Anlagen vorkommen. Ihre geringe Zahl läßt auf wenig permanentes Personal schließen. Aber auch die Zahl der Angestellten an den Pyramidentempeln des Alten Reiches ist ja nicht allzu hoch anzusetzen.

Zumindest nach dem äußeren Erscheinungsbild ist sicher auch das sogenannte Fort der 2. Dynastie in Hierakonpolis zur Gruppe der „Grabpaläste" zu rechnen, was wiederum gegen eine zu enge Interpretation dieser Anlagen als „Totentempel" sprechen würde.[15]

Über die Art der Einkünfte des Herrschers und die Herkunft der Lieferungen für seine Grabausstattung wissen wir wenig Genaues. Daß die „Do-

15 Vgl. auch die Diskussion bei Helck 1972.

mänen“, bzw. die „Grabpaläste“, zumindest teilweise von *ḥwt*-Anlagen beliefert wurden, bezeugt das oben genannte Beispiel der Abrollung eines Grabpalastsiegels und eines *ḥwt*-Anlagen Siegels auf ein und demselben Gefäß im Grab der *Mrt-njt* (vgl. Kaplony 1963: 91).
Auch bei den *ḥwt*-Anlagen, die alle durch das Rechteck mit eingeschriebenem Namen symbolisiert werden und sich so äußerlich wenig von den sog. „Palästen“ und ihren Unterabteilungen unterscheiden, kann es sich kaum um königliche Güter gehandelt haben, deren landwirtschaftliche Produktion die Versorgung des Hofes sichern sollte. Ihr erstes Auftreten unter *Ḏr* fällt mit dem der „Grabpaläste“ („Domäne“) zusammen, so daß ihr Zusammenhang mit der ökonomischen Basis des Herrschertums zwar augenscheinlich ist, der *ʿḏ-mr* Titel, der ebenso in der Verwaltung der „Grabpaläste“ („Domäne“) wie in der Wüstenverwaltung (*ʿḏ-mr zmjt*) zu finden ist, stellt sich aber eher als ein Verwaltertitel begrenzter administrativer Einheiten dar, denn als spezieller Güterverwaltertitel mit vorrangig landwirtschaftlichen Kompetenzen. Solche Beamten lassen sich seit der 3. Dynastie unter den Trägern der mit *ḥḳꜣ* – „Herrscher“ gebildeten Titelverbindungen vermuten, von denen sich wenigstens einige klar auf landwirtschaftlichen Einheiten unterschiedlicher Art und Größe beziehen: *ḥḳꜣ pr*, *ḥḳꜣ ḥwt*, *ḥḳꜣ ḥwt-ʿꜣt*, *ḥḳꜣ nswt*, *ḥḳꜣ ʿḥt*, *ḥḳꜣ spꜣt* (vgl. Urk. I. 1-6). Unklar ist, ob man den bereits unter *Dn* auf einem Siegelmuster des *St-kꜣ* erstmals belegten *ḥḳꜣ*-Titel ohne weiteren Zusatz (Kaplony 1963: Abb. 184) bereits solch eine spezifische Bedeutung beimessen muß.
Dagegen, dass der bereits in der 2. Dynastie als „Domänen“leitertitel belegte *ʿḏ-mr* als funktioneller Vorläufer zu bewerten ist, spricht u.a., daß der Beamte *Mṯn* am Beginn der 4. Dynastie neben dem Titel *ʿḏ-mr* von *ḥwt-iḥt* auch noch den *ḥḳꜣ ḥwt-ʿꜣt* Titel von *ḥwt-iḥt* führte. Dieselbe Kompetenzteilung spiegeln seine Titel *ʿḏ-mr dp* und *ḥḳꜣ ḥwt-ʿꜣt dp* wider (Urk. I. 6, 8).
Helck (1975a: 35) vermutet in den *ḥwt*-Anlagen der Frühzeit Zentren der Abgabenerfassung eines bestimmten Gebietes und sieht in ihnen Vorläufer der unter *Ḏsr* im ganzen Lande angelegten Güter, die „gleichzeitig als Verwaltungszentren für ein bestimmtes Gebiet gelten konnten“ und aus deren Einzugsgebieten die Gaue entstanden.
Daß es sich bei den *ḥwt*-Anlagen der Frühzeit um Zentren der Abgabenerfassung handelte, ist sehr wahrscheinlich. Die geringe Anzahl belegter *ḥwt*-Anlagen für diese Periode spricht dabei für eine noch recht grobmaschige Struktur.
Ḥwt-Anlagen konnten sich durchaus zu Gauzentren entwickeln, was sich zumindest im Falle von *ḥwt-iḥt*, dem späteren Hauptort des 3. unterägyptischen Gaues verfolgen läßt (vgl. Helck 1974: 153-154). Sie aber als *die*

Vorläufer der Gaue anzusehen, halte ich für verfehlt (vgl. auch Martin-Pardey 1976: 31-33). Das Vorhandensein einer historisch bedingten Untergliederung des Landes zeigen schon die Gaustandarten auf der Narmerpalette. Seit *Ḏr* ist auf Siegelmustern das rechteckige, mit einer gitterförmigen Innenstruktur versehene Zeichen belegt (Kaplony 1963: Abb. 148, 238, 239), das später den Gau (*spꜣt*) bezeichnet. Ob wir bereits hier den allgemeinen Begriff für die durch Standarten bezeichneten Gaue vor uns haben oder ob sich dahinter kleinere Einheiten verbargen, die sich möglicherweise nur auf die landwirtschaftliche Nutzfläche eines Gaues bezogen, ist unklar.

Für letztere Möglichkeit könnten zwei Belege aus späterer Zeit sprechen. Sie nennen den Titel: *ḥḳꜣ ḥwt snt niwwt spꜣwt ẖrjwt mdw* – „Verwalter der Anlage 'Snt', der Ortschaften und *spꜣt*-Distrikte, die sich 'unter dem Amtsstab' befinden“ (Urk. I 3, 11) bzw. „die große Zählung der *spꜣwt* des Hasengaues“ (Newberry 1894: 18).

In der 2. Dynastie, unter *Nj-nṯr*, wurde, wie bereits erwähnt, eine neue Form der Steuererhebung, die sogenannte „Zählung“, eingeführt, die das „Horusgeleit“ zuerst ergänzte und es während der 3. Dynastie ersetzte. Die Einführung der „Zählung“ in der 2. Dynastie stellt nach der Schaffung der Grabpalastverwaltung, des Schatzhauses und der *ḥwt*-Anlagen in der Mitte der 1. Dynastie eine weitere, qualitativ neue Stufe der Abgabenerhebung dar. Eine Entwicklung, die in dialektischem Wechselverhältnis zur Vergrößerung der Beamtenschaft stand.

Hauptaufgabe der Verwaltung war die Sicherung der Existenz und Wirksamkeit des Herrschers, wozu auch die Gewährleistung seines Weiterlebens nach dem Tode zu rechnen ist. Um dieser Aufgabe in wachsendem Maße gerecht zu werden, bedurfte es eines immer effektiveren Systems der Abgabeneinziehung und -verwendung. Dazu wiederum war eine immer größer werdende Beamtenschaft vonnöten, die ihrerseits einen wachsenden Anteil am gesellschaftlichen Reichtum für ihren Unterhalt beanspruchte, ohne in der materiellen Produktion tätig zu sein oder in ihr Leitungsaufgaben wahrzunehmen. Eine Wechselwirkung war entstanden, die die Triebkraft für die folgenden tiefgreifenden gesellschaftlichen Veränderungen bildete.

III. Die staatlichen Institutionen des Alten Reiches

1 Das Königtum

Anliegen dieses Kapitels soll und kann es nicht sein, das äußerst vielschichtige und komplexe Phänomen des ägyptischen Königtums mit all seinen religiösen und rituellen Implikationen darzustellen. Interessieren sollen in unserem Zusammenhang vor allem die konkreten Aufgaben und Tätigkeiten des Herrschers nach den Belegen des Alten Reiches. Diese leiten sich unmittelbar aus den Vorstellungen vom Königtum ab, basieren auf dem Königsdogma wie es sich, anknüpfend an die Anschauungen der prädynastischen Zeit, während der Thinitenzeit herausgebildet hatte (s. o. S. 9f.). Dabei ist es nicht leicht zu entscheiden, ob der Übergang zu den monumentalen königlichen Totenkultanlagen der 3. Dynastie und die Veränderungen innerhalb der Basis der Gesellschaft, auf denen er beruhte, einer neuen Entwicklungsstufe der Vorstellungen um den Herrscher geschuldet waren oder, ob die Herausbildung des Königsdogmas bereits im Verlauf der 1. Dynastie abgeschlossen war und seine Entstehung nur die Geburt eines qualitativ neuen gesellschaftlichen Überbaus initiiert hatte, der im folgenden ein eigene Dynamik bei der Veränderung der Basis der Gesellschaft entwickelte und eigenen, inneren Gesetzmäßigkeiten folgte. Der letzteren Variante möchte ich den Vorzug geben, da während der ganzen Frühzeit, in Abhängigkeit von den materiellen Ressourcen des Herrschers, das Wachstum seiner Grabanlage und ihres Ausstattungsgrades zu beobachten ist.

Nun, in der 3. Dynastie, war die Zeit reif für einen Qualitätssprung, der, ideologisch und organisatorisch über lange Zeit vorbereitet, die Intensivierung der Mehrproduktabschöpfung in Form von Steuern und Arbeitsleistungen ergänzte durch die direkte Ausübung der Verfügungsgewalt über das Hauptproduktionsmittel Boden seitens des Herrschers. Das Königsdogma blieb über diesen Qualitätssprung in der gesellschaftlichen Entwicklung hinaus eigentlich während der gesamten pharaonischen Geschichte unverändert, zumindest was die in ihm verankerte Stellung des Herrschers innerhalb der menschlichen Gesellschaft und seine allgemeinen Aufgaben anbetrifft. Was sich aber wandelte, waren die gesellschaftlichen Rahmenbedingungen und, eng damit verknüpft, die materiellen Ressourcen, über die Pharao zur Erfüllung seiner Rolle verfü-

gen konnte, so daß die allgemeinen Funktionen neue konkrete Inhalte annahmen.
Die wichtigste Aufgabe Pharaos: das Geschehen der *mꜣꜥt* zu garantieren und seine Herrschaft entsprechend zu gestalten, war nur erfüllbar, wenn es im Laufe der Jahrhunderte zur Modifizierung dessen gekommen ist, was unter „*mꜣꜥt*" zu verstehen war. Das war um so eher möglich, als eine feste „Definition" des Begriffes *mꜣꜥt* sicher nie existiert hat. Die Bindung der Herrschaft Pharaos an die *mꜣꜥt* ist jedoch ein wichtiger Beleg dafür, daß absolute Herrschaft nicht identisch war mit Willkür, sondern sie sich durchaus an gesellschaftlichen Normen zu orientieren hatte. Wenn bei Anerkennung des starken Beharrungsvermögens der Tradition auch zu bedenken ist, daß die Anschauungen der verschiedenen Bevölkerungsschichten lange nicht mehr in gleichem Maße in die Bildung gesellschaftlicher Normen einflossen.
Aus der Rolle als Garant der Weltordnung leiteten sich für die Pharaonen des AR eine Vielzahl von Aufgaben und schließlich auch Rechten ab. Damit die Gemeinschaft existieren konnte, mußte:

– die Existenz und Wirksamkeit des Herrschers im Leben und nach dem Tode durch Bereitstellung von Mitteln in einem Maße gesichert werden, wie es seiner überragenden gesellschaftlichen Stellung entsprach – Pharao war oberste Verwaltungsinstanz;
– die Einhaltung der Normen des Zusammenlebens im Lande überwacht und gewährleistet werden – Pharao war oberste Rechtsinstanz und als einziger befugt, Weisungen mit Gesetzescharakter zu erlassen;
– das Wohlwollen der Götter und die Wirksamkeit der Naturkräfte gesichert sein – Pharao war, zumindest der Theorie nach, oberster Priester aller Götter;
– das Land gegenüber dem *eo ipso* als feindlich betrachteten Ausland vertreten werden – Pharao war der Repräsentant der Gemeinschaft nach außen und oberster Feldherr.

Diese überragende gesellschaftliche Stellung, bei der die Existenz der Welt abgeleitet erschien von der Existenz des Königtums, machte Pharao zum alleinigen und eigentlichen Eigentümer der materiellen Ressourcen des Landes und der angrenzenden Gebiete, des Bodens selbst und der Arbeitskraft der Menschen.
Das Dogma sieht Pharao als weisen „Plänemacher", nach dessen Wunsch und Willen sich alles vollzieht; was er ausspricht, geschieht sogleich (vgl. Urk. I 39, 13-14) und keiner seiner Berater kann sich auch nur im entferntesten mit ihm messen. Dieses Bild war sicher, je nach persönlicher Begabung des Herrschers, von der Realität mal mehr und mal we-

niger weit entfernt. Es jedoch als völlig realitätsfremd abzustempeln, und im Pharao nur eine Marionette der Beamtenschaft, „... eine auf die rituellen Bereiche beschränkte Figur ..." (Helck 1986: 24) zu sehen, halte ich für übertrieben. Und das nicht allein wegen des Dekretformulars: „Befehl des Königs ... geschrieben in Gegenwart des Königs selbst".
Bei all unseren Überlegungen zu den Aufgaben des Pharao müssen wir uns natürlich bewußt sein, daß die vorgenommene Unterteilung in verschiedene Tätigkeitsbereiche eine künstliche ist, die Aufgabengebiete miteinander verknüpft waren und im Grunde genommen alle insgesamt Elemente der Verwaltung des altägyptischen Gemeinwesens darstellten.

1.1 Pharao als oberste Verwaltungsinstanz

Da ein Mensch allein, selbst wenn ihm göttliche Qualitäten beigemessen wurden, all diese Aufgaben nicht persönlich erfüllen konnte, behielt sich der Herrscher selbst nur die Oberaufsicht und die Möglichkeit vor, dort einzugreifen, wo es ihm notwendig oder persönlich wünschenswert erschien. Z.B. gewinnt man aus den Quellen den Eindruck, daß die großen Bauvorhaben immer Gegenstand eines unmittelbaren, persönlichen Interesses Pharaos gewesen sind. So befiehlt Seine Majestät die Ausführung von Tempel-, Pyramiden-, Palast- und Grabbauten, beauftragt Beamte mit der Bauausführung (vgl. Urk. I 215-221), nimmt selbst Einblick in die Baupläne (vgl. Urk. I 60-63), sendet Expeditionen zur Baumaterialbeschaffung aus und Arbeitskräfte zur Bauausführung, kontrolliert zumindest bei den wichtigsten Bauvorhaben persönlich den Fortgang der Arbeiten. Seine Wünsche als die des „Generalauftraggebers" fließen in die Bauausführungen ein (vgl. Urk. I 38-39). Selbst kleineren Handwerksarbeiten in seinem persönlichen Umfeld widmet er seine Aufmerksamkeit, wie die Inschrift des königlichen Sandalenmachers *Wtꜣ* (Urk. I 22) zeigt (siehe Drenkhahn 1976: 146).
Die so oft postulierte Aufgabe Pharaos, für die Bewässerung und Landgewinnung durch Entwässerung zu sorgen (vgl. z.B. Saweljewa 1962: 47; Schenkel 1978), spielt in den Quellen des Alten Reiches wenn überhaupt, dann eine untergeordnete Rolle. Aus der Inschrift des *Wnj* (Urk. I 108, 14-16) erfahren wir, daß die im Auftrage seiner Majestät gegrabenen 5 Kanäle nicht der Bewässerung dienten, sondern Transportschiffen die Überwindung des Kataraktengebietes ermöglichen sollten. In der weiteren Quelle, in der vom Graben von Kanälen die Rede ist, nämlich der Inschrift des

Nḫbw, ist zur Zweckbestimmung der von ihm angelegten Kanäle leider nichts erwähnt (Urk. I 220, 14-18).

Zur konkreten Ausführung der vielgestaltigen Aufgaben mußte Pharao Teile seiner Macht an eine Gruppe von Personen delegieren, die in besonders engem persönlichen, anfangs sicherlich sogar verwandtschaftlichem Verhältnis zu ihm standen.

Allein er war befugt, Beamte zu ernennen, konnte sie zu Sonderaufträgen einsetzen und ihnen bei Verstoß gegen die königlichen Weisungen, je nach Schwere des Vergehens, zumindest Amt und dazugehöriges amtsgebundenes Vermögen entziehen (siehe u. S. 22).

Übernahm ein neuer Herrscher die Regierungsgeschäfte, lag es in seinem Ermessen, ob er die Beamten seines Amtsvorgängers im Amt bestätigte oder nicht. Die Weitergabe des Amtes an einen Sohn mußte vom Pharao bestätigt werden, wobei die Kinder der Würdenträger langfristig auf die Amtsübernahme vorbereitet wurden, dem Vater als „Stab des Alters" dienten und teilweise, wie der Biographie des *Ḳꜣr* von Edfu zu entnehmen ist (Urk. I 254, 1), von Pharao selbst zur Erziehung „unter den Kindern der Oberhäupter" geholt wurden.

Sicherte er durch seine kultisch-magische Aktivität die Existenz des Landes insgesamt, so hatte er den Bestand dieser Schicht von Beamten auf viel direktere Weise, durch die Bestreitung ihres Lebensunterhaltes und die Sicherung eines standesgemäßen Begräbnisses zu gewährleisten. Damit war die Bereitstellung ihres Lebensunterhaltes von dem des Pharao nicht mehr zu trennen, erschien ebenso natürlich wie notwendig. So erhielt die Aufgabe des Herrschers, oberste Verwaltungsinstanz zu sein, zumindest vom Umfang her, einen immer größeren Stellenwert. Die Erhöhung der Staatseinkünfte erforderte erhöhten organisatorischen Aufwand, damit eine erhöhte Beamtenzahl, zu deren Versorgung wiederum mehr Mittel nötig wurden.

Nicht nur dem Charakter der Quellen wird es anzulasten sein, daß die persönliche administrative Tätigkeit Pharaos vor allem in der Dekretierung von materiellen Vergünstigungen für Tempel und Beamte bestanden zu haben scheint. Die Hauptaufgabe der Verwaltung bestand in der Konzentrierung eines maximalen Anteils am gesellschaftlichen Reichtum und seiner der Rangordnung entsprechenden Umverteilung innerhalb der herrschenden Klasse, einschließlich der mit ihr verbundenen Schicht der „kleinen Spezialisten" in Handwerk und Dienstleistung.

Grundlage der Tätigkeit war die Nutzung der Verfügungsgewalt Pharaos über die materiellen und menschlichen Ressourcen des Landes. Pharao als Obereigentümer des Bodens war berechtigt, für die Nutzung von Akkerland Abgaben zu erheben.

Nur ausdrückliche königliche Befehle konnten von dieser allgemeingültigen Pflicht befreien. Wie eingeschränkt die Macht Pharaos als Einzelperson in der Praxis durch die einmal in Gang gesetzte Staatsmaschinerie war, lassen die offenbar häufigen Verletzungen der Befreiungsdekrete erkennen. Neben den üblichen Abgaben behielt sich der Herrscher vor, jederzeit Sonderleistungen abverlangen zu können. So beauftragte *Ppj* II. alle am Reiseweg liegenden *ḥwwt* des *pr-šnʿ* und Tempel mit der Lieferung von Lebensmitteln zur Versorgung des aus Nubien beschafften Zwerges (Urk. I 131, 4-6).
Zur materiellen Sicherstellung von Tempeln und Beamten vergab Pharao Land bzw. die aus diesem erwachsenden Einkünfte. Die Nutzung von Teilen des amtsgebundenen Besitzes über den Tod des jeweiligen Beamten hinaus zur Absicherung eines Totenopfers und die Weitergabe von Totenstiftungsland bedurften ausdrücklicher königlicher Erlaubnis. Dabei war es üblich, daß die Beamten mit Bitten an ihren obersten Herrn herantraten (vgl. Verfügung des *Ṯntj:* Urk. I 163, 14-164, 1).
Auch die Verleihung von Ämtern bzw. von Hofrangtiteln mit den dazugehörigen Pfründen war ein Mittel der Verteilung gesellschaftlichen Reichtums unter den Mitgliedern der herrschenden Klasse. So verlieh beispielsweise *Ppj* II. den Titel eines *ḥ3tj-ʿ* als „königlichen Gunsterweis" (*ḥtp-dj-nswt*) an *Ḏʿw* von Deir el-Gebrawi (Urk. I 147, 13-15).
Die theoretisch in Bezug auf alle Ägypter gleichermaßen gegebene freie Verfügbarkeit für Pharao äußerte sich bei der höheren Beamtenschaft in der Zuteilung von Ämtern und der Übertragung von Sonderaufgaben, für die mittleren und vor allem unteren Gesellschaftsschichten in ihrer beliebigen Versetzbarkeit, Zuteilung zu verschiedenen Institutionen und in der Pflicht zur Erfüllung staatlicher Arbeitsauflagen, wobei Pharao auch hier für eine „standesgemäße" Versorgung verantwortlich war. Großartige Belohnungen oder gar die Zuweisung kostbarer Grabausrüstungen und Begräbnisstätten innerhalb der königlichen Nekropole, wie sie für höhere Beamte üblich waren, werden aber kaum dazu gehört haben.

1.2 Pharao als oberste Rechtsinstanz

Auf die Verpflichtung Pharaos, die *m3ʿt* genannte, gerechte Weltordnung aufrechtzuerhalten, wurde bereits hingewiesen. Untrennbarer Bestandteil dieser Aufgabe war es, die Einhaltung der Normen des Zusammenlebens im Lande zu überwachen und letztlich auch zu gewährleisten. Auf kodifiziertes Recht konnte er dabei allem Anschein nach nicht zurückgreifen.

Den Weisungen Pharaos, als *wḏ-nswt* – „Königsbefehl" bezeichnet, kam Gesetzescharakter zu. Sie galten theoretisch ewig, waren nicht an die Regierungszeit des sie erlassenden Königs gebunden, wurden aber im Laufe der Zeit meist unterlaufen bzw. durch anders lautende Befehle des jeweils regierenden Pharao außer Kraft gesetzt. Ihre Einhaltung konnte jedoch „erneut befohlen" werden (vgl. Goedicke 1967: Koptos C – Urk. I 284, 10-13).

Sicher trugen vom König behandelte Rechtsfälle Präzedenzcharakter und modifizierten gegebenenfalls altes Gewohnheitsrecht oder hoben es sogar auf. Durch den im Königsdogma gegebenen Zusammenhang von Königtum und *mꜣꜥt* entsprachen Entscheidungen des Pharao der *mꜣꜥt* und waren hinsichtlich ihrer Rechtmäßigkeit über jeden Zweifel erhaben. Pharao anzurufen, auf dessen Weisheit man vertraute und gegen dessen Urteil es keinen Einspruch mehr geben konnte, stand jedem Ägypter, selbstverständlich bei Einhaltung des „Dienstweges", frei, wie wir der „Geschichte des beredten Bauern" entnehmen können. In den Quellen tritt jedoch vornehmlich die Aburteilung unbotmäßiger Beamter hervor.

Durch die Königsbefehle übertrug bzw. bestätigte Pharao Besitzansprüche seiner Beamten (vgl. z.B. Urk. I, 230, 14) und nahm Befreiungen von staatlichen Auflagen vor. Hierbei kam es zu einer engen Verflechtung mit der allgemeinen Staatsverwaltung.

Königsbefehle besaßen gegenüber den Verwaltungsverfügungen oberste Priorität, so daß letztere gegebenenfalls abgeändert werden mußten.

Als höchster Gerichtshof, dessen Namen auf die persönliche Anwesenheit und richterliche Tätigkeit Pharaos hinweist, läßt sich die „Halle des Horus" (*sẖw/wsẖt (nt) Ḥr*) fassen (vgl. Goedicke 1967: 109).

Daß dem König bei der Entscheidungsfindung ein ganzes Kollegium von erfahrenen Beamten zur Seite stand, läßt sich dem Titel *imj-rꜣ ḏꜣḏꜣt nswt nt wḏꜥ-mdw nb* – etwa „Vorsteher des königlichen Kollegiums jeglichen Richtens" (*ꜥnḫ-ir.s,* vgl. PM III^2, 452) entnehmen.

In die Königsdekrete sind Klauseln für den Fall ihrer Nichteinhaltung eingefügt, die uns Hinweise darüber geben, welche Machtmittel Pharao zur Durchsetzung des durch seinen Befehl gesetzten Rechtes besaß. Für schwere Vergehen behielt sich der Herrscher persönliches Eingreifen vor, wobei er entweder persönlich zum Ort des Geschehens eilte (Urk. I 306, 4) oder der Delinquent wurde – was sicher gewöhnlich der Fall gewesen sein wird – der „Halle des Horus" (*sẖw-Ḥr*) überstellt, wo er dem Richterspruch des Königs verfiel, sein Amt, seinen Besitz (sowohl Amts- als auch ererbten Besitz) verlor sowie sein Recht auf ein standesgemäßes Begräbnis (Urk. I, 305, 5-6), von der Teilnahme am Kult im Pyramidentempel seines Herrn ausgeschlossen wurde (Urk. I 287, 17), ja sogar zu

Zwangsarbeit verurteilt werden konnte (wenn der stark zerstörte Kontext eine solche Deutung rechtfertigt) (vgl. Goedicke 1967: 24, VI).
Aus den seit der Mitte der 5. Dynastie in den Grabinschriften auftauchenden Drohungen gegen Grabräuber ist zu entnehmen, daß Gerichtsinstanzen bis hin zum König selbst auch für den Schutz privater Eigentumsansprüche zuständig waren (vgl. Kees 1977a: 274). Sehr effektiv kann dieser Schutz allerdings nicht gewesen sein, da es die Grabherren in der Folgezeit nicht versäumten, mit ihrem persönlichen Eingreifen und ihren Zauberkräften zu drohen (vgl. Urk. I 195, 15-18, Kees 1977b: 100). Spätestens mit der Herausbildung der Idee vom Totengericht in der 6. Dynastie war ein wichtiges Druckmittel gegeben, das zur Einhaltung der Rechtsnormen anhielt. Die Sphäre der Auseinandersetzung lag dabei aber in der jenseitigen Welt.

1.3 Pharao als Mittler zwischen Menschen und Göttern

Die göttliche Natur Pharaos befähigte ihn, als Mittler zwischen menschlicher und göttlicher Sphäre zu wirken. Der Theorie nach war er oberster Priester aller Götter, ohne jedoch selbst Priestertitel zu tragen oder sich „Diener des Gottes" (*ḥm-nṯr*) zu nennen, wie die, an die er seine Aufgaben im täglichen Kultvollzug delegierte, denn er war selbst von göttlicher Natur und Verwandter der Götter, seine Tätigkeit im Kult also von ganz anderer Qualität.
Um das Wohlwollen der Götter und das günstige Wirken der Naturkräfte hervorzurufen, hatte der Herrscher persönlich wichtige Funktionen im Kultvollzug zu erfüllen und durch Stiftungen und Schutzerlasse das Florieren der Kulte zu gewährleisten.
Zu den bedeutendsten Riten wird die Ausführung der *ḥb-sd* Zeremonien zu zählen sein. Hier stand die Person des Herrschers, der Erhalt ihrer göttlichen Wirksamkeit selbst im Mittelpunkt.
Dem Erhalt dieser Wirksamkeit wurde über den Tod des Herrschers hinaus eine große Bedeutung beigemessen, was sich nicht zuletzt in der Förderung der Kulte verstorbener Herrscher ausdrückt. Dabei wurden, wie bei der Förderung bestimmter Götterkulte, offenbar Prioritäten gesetzt, deren tiefere politische Ursachen für uns heute nur schwer durchschaubar sind. Die Eintragungen auf dem „Annalenstein" (vgl. Urk. I 240-255) sprechen von der Einrichtung von Tempeln, der Zuweisung von Ackerland und Opferrationen durch den König. Dabei erfahren nicht nur die großen Kulte Unterstützung. Auch Kulte von Ortsgottheiten werden, ohne daß es sich

dabei unbedingt um die Neugründung eines Kultes gehandelt haben muß, durch die Zuweisung von Ackerland mit ständigen festen Einkünften ausgestattet, die die Grundlage für eine kontinuierliche Kultausübung bildeten. Wir wissen z.B. aus der Verfügung des *Nj-k3j-ʿnḫ* von Tehne, daß *Mn-k3w-Rʿ* 2 Aruren für den Kult der Hathor von *R3-ỉnt* gestiftet hatte (vgl. Urk. I 25-26). In den königlichen Dekreten spielt die Befreiung von Tempeln und Totenkultanlagen verstorbener Könige bzw. deren Personals von verschiedenen Arbeits- und Steuerauflagen des Staates eine große Rolle.

1.4 Der Herrscher als Repräsentant der Gemeinschaft nach außen und als oberster Kriegsherr

Die zum Topos gewordene Darstellung des die Feinde erschlagenden Herrschers ist beredtes Zeugnis für seine dogmatische Rolle als stets jugendlicher, siegreicher Feldherr und Beschützer Ägyptens vor äußeren Feinden. Die Entwicklung dieses Motives und der mit ihm zusammenhängenden Vorstellungen läßt sich bis zum Beginn der 1. Dynastie zurückverfolgen. Es findet sich auf der Narmerpalette, auf dem Thron des *Ḫʿ-sḫmwj* und ging schließlich in das Bildprogramm der königlichen Totentempel des Alten Reiches ein. Diese Darstellungen, welche u.a. auch zum Schutz der Minengebiete des Westsinai in den Fels gemeißelt wurden, hatten die Aufgabe, den Sieg Pharaos über die Feinde auf magische Weise immer wieder zur Realität werden zu lassen, ohne daß damit unbedingt reale Kämpfe unter seiner persönlichen Führung verbunden gewesen sein müssen.

Beamtenbiographien lassen erkennen, daß der Herrscher, zumindest bei den weniger bedeutenden Kriegszügen gegen die nomadisierenden Stämme der angrenzenden Gebiete, auf die sich die kriegerischen Aktionen während des Alten Reiches beschränkten, Beamte seines Vertrauens mit der Führung des Heeres betraute. *Wnj* beschreibt in seiner Biographie (Urk. I 101-104), daß Seine Majestät die *ʿ3mw ḥrjw-šʿ* abwehrte, indem er ein zahlreiches Heer aufstellte. Dabei konnte er auch auf nubische und libysche Hilfstruppen zurückgreifen. Zum Heerführer berief er aber *Wnj*, der an der Spitze des Aufgebots zu mehrmaligen Befriedungsfeldzügen aufbrach. Pharao oblag es letztlich nur noch, *Wnj* für die erfolgreiche Ausführung des königlichen Auftrages zu loben, was, wie die Inschrift des *S3bnj* ausführlicher schildert (vgl. Urk. I 139), mit einer bedeutenden materiellen Anerkennung verbunden gewesen ist.

Dieselbe Konstellation findet sich auch in der Biographie des *Ppj-nḫt* (Urk. I 133, 9-13) wieder, der ebenfalls von „Seiner Majestät" ausgesandt wird, „um *W3w3t* und *ꜣIrṯt* zu zerhacken", und alles so tat, daß er von seinem Herrn gelobt wurde. Die genannten Berichte machen deutlich, welche Vorgänge sich hinter der lakonischen Notiz verbergen: „Zerhacken des Nubierlandes, Herbeibringen von 7000 männlichen und weiblichen Gefangenen, 100000 Rindern und 100000 Stück Kleinvieh", die für *Snfrw* auf dem „Annalenstein" vermerkt ist (Urk. I 236, 10).
Sowohl die Beute aus den Kriegszügen als auch die Erlöse aus den allein von der Zentralgewalt initiierten Fernhandelsexpeditionen gingen in den Staatsschatz ein und standen somit in unmittelbarer Verfügungsgewalt Pharaos (vgl. Urk. I 123, 17-124, 1).
Die überragende gesellschaftliche Stellung Pharaos machte ihn auch für die benachbarten Völkerschaften *eo ipso* zum Repräsentanten des Landes und Bezugspunkt. Über den Empfang von Gesandtschaften oder eine diplomatische Korrespondenz hat sich aus dem Alten Reich keine Kunde erhalten. Daß Pharao mit Ausländern konfrontiert war, zeigen aber Darstellungen von Syrern im Grabdenkmal des *S3ḥw-rꜤ* (Borchardt 1913: Tf. 12-13), welche, von Ägyptern per Schiff herbeigebracht, mit erhobenen Armen Pharao huldigen. Die aktualisierte Wiederaufnahme dieses Motivs am Aufweg der Pyramide des *Wnỉs* zeugt sowohl von der Aktualität der Kontakte als auch davon, daß sie ihren Platz im kanonischen Bildprogramm der Herrschergräber eingenommen hatten und somit auch unter den Vorstellungen von der Rolle des Herrschers.
Pharao als Vater auch der in Not geratenen Nachbarn soll wohl das an gleicher Stelle befindliche „Hungersnotrelief" symbolisieren. Es zeigt wie bis zum Skelett abgemagerte Menschen, die Schott (1965: 7-13) für einen von einer Hungersnot heimgesuchten Stamm von der Südgrenze Ägyptens hält, Pharao vorgeführt werden, wohl damit er sie vor dem Verhungern rette.
Von den Bemühungen, die die ägyptischen Pharaonen des Alten Reiches unternahmen, um ihren Einfluß in Byblos und die freundschaftlichen Beziehungen zu diesem wichtigsten syrischen Handelspartner aufrechtzuerhalten, zeugt die im Verlaufe des Alten Reiches wachsende Zahl von Weihgeschenken, die im Tempel der dortigen Stadtgottheit niedergelegt wurden (vgl. Chèhab 1969). Es handelt sich dabei hauptsächlich um mit Königsnamen versehene Stein- und Alabastergefäße. Die typische Stiftungsformel tritt zwar in keinem Falle auf, die Inschriften bestehen aber aus Königsnamen, die durch *ḥb-sd* Notizen oder Epitheta ergänzt werden. Letztere nehmen auf einheimische Gottheiten Bezug, wobei diese mit ägyptischen geglichen oder deren Namen ins Ägyptische übertragen wur-

den. In den Gefäßen selbst die Gegenwerte für bezogene Handelsgüter zu sehen, wäre verfehlt. Vielmehr können sie dazu gedient haben, das Wohlwollen der einheimischen Götter und Herrscher und damit einen gedeihlichen Handel zu sichern.

2 Die Residenz und ihre Institutionen

2.1 *pr-nswt – ẖnw – pr-ꜥꜣ*

Aus der Rolle Pharaos als oberste Verwaltungsinstanz ergibt sich natürlicherweise eine enge Verbindung von königlichem Wohnsitz und Verwaltungszentrale. Im Verlaufe der Frühzeit konnten wir beobachten, wie sich die Instanzen zur Sicherung der Versorgung des Herrschers im Zusammenhang mit der Intensivierung der Abgabenerfassung mehr und mehr von Organen der Palastverwaltung zu übergreifenden Institutionen der Staatsverwaltung entwickelten, sich der Umfang der Einflußnahme des Herrschers auf das gesellschaftliche Leben steigerte.
Oberste Verwaltungsinstanz war das *pr-nswt*, Verwaltungszentrale sowohl des Hausstandes des Pharao als auch der ihm in seiner Funktion als *nswt* unterstehenden Ländereien (s. o. S. 11).
Im Verlaufe des Alten Reiches treten in Bezug auf die höchste Verwaltungszentrale zum Begriff *pr-nswt* noch zwei weitere hinzu, über deren Bedeutung und Verhältnis zueinander unterschiedliche Auffassungen bestehen. Dabei handelt es sich zum einen um „*ẖnw*", wörtlich „das Innere", eine spätestens seit der 5. Dynastie aufkommende Bezeichnung für die Residenz als ständiger Sitz der obersten Verwaltungszentrale und Wohnort des Herrschers, zum zweiten um „*pr-ꜥꜣ*", wörtlich „großes Haus", im Neuen Reich zum Synonym für den Herrscher selbst geworden. Laut WB I, 516 ist *pr-ꜥꜣ* eine Bezeichnung sowohl des Königspalastes als auch seiner Bewohner. Drenkhahn (1976: 143) folgt dieser Deutung im wesentlichen und faßt *pr-ꜥꜣ* als „verwaltungstechnischen Begriff für 'Hof-Staat', zu dem ebenfalls das königliche Palastgebäude gehört", dessen „organisatorische Zentralisierung" in der Residenz (*ẖnw*) zu vermuten ist. An anderer Stelle interpretiert sie *pr-nswt* als „königlichen Besitz(stand)" und bestimmt dessen Verhältnis zu *pr-ꜥꜣ* in der Weise, „daß *pr-nswt* das Privatvermögen („Schatulle") des lebenden Herrschers bezeichnet, das seinerseits abzugrenzen ist von dem Staatshaushalt oder Staatsvermögen (*pr-ꜥꜣ*)" (Drenk-

hahn 1976: 145). Es ergäbe sich daraus eine Trennung und Entgegensetzung von *pr-nswt* auf der einen und *ḫnw* mit Unterabteilung *pr-ꜥꜣ* auf der anderen Seite bzw. von Privatvermögen des Herrschers und Staatsvermögen.

Kaplony (1963: 1776) identifiziert *pr-nswt*, *pr-ꜥꜣ* und *ḫnw* (und schließt dabei auch noch den *ꜥḥ*-Palast ein), indem er sie als verschiedene Ausdrükke für dieselbe Instanz, „den Königshof" bzw. „Residenzort oder der dem König nachfolgende Haushalt", betrachtet, wobei seiner Ansicht nach *pr-ꜥꜣ* vom frühen Alten Reich an *pr-nswt* ersetzt (Kaplony 1963: 364).

Goedicke (1960: 29, Anm. 63) stellt *pr-ꜥꜣ* als „königlichen Grabbau mit seiner Verwaltung" dem *pr-nswt* als „irdische Verwaltung" gegenüber.

Helck (1975: 96) schließlich betrachtet, ohne auf *pr-ꜥꜣ* einzugehen, *ḫnw* in Übereinstimmung mit dem Vorhergenannten als „Residenz mit ihrer Verwaltung", die eine vom „königlichen Wohnpalast" *ꜥḥ* geschiedene, eigene Versorgung besitzt und der das *pr-nswt* als „Liegenschaftsverwaltung der 'staatlichen' Felder" untergeordnet ist.

Keiner der aufgeführten Meinungen kann ich mich vorbehaltlos anschließen. Weder eine Entgegensetzung von *pr-nswt* und *ḫnw* noch von Privatvermögen des Herrschers und Staatsvermögen läßt sich m.E. vertreten. *Pr-nswt* und *ḫnw* werden mit dem Aufkommen des letzteren Begriffes spätestens zu Beginn der 5. Dynastie im großen und ganzen synonym gebraucht, und zwar im Sinne von Residenz als Wohnsitz des Herrschers, um den sowohl die Institutionen der allgemeinen Landesverwaltung als auch die der Verwaltung des königlichen Haushaltes angesiedelt sind. Wie sich im folgenden zeigen wird, besteht zwischen beiden durchaus nicht immer eine Trennung. Während *ḫnw* sich ausschließlich auf einen Ort, nämlich den Sitz der Verwaltung selbst bezieht, wird *pr-nswt* auch noch in einem umfassenderen Sinne, nämlich als Bezeichnung des Besitzstandes des Königs, also der Ländereien selbst, verwendet.

Wenn es nach Aussage der Titel „Vorsteher der königlichen Scheunen" (PM III^2, 137, 449), „Siegler der Scheune des Königs" (PM III^2, 295), „Vorsteher des *pr-šnꜥ* der königlichen Mahlzeit" (PM III^2, 214, 280, 295, 447) und „*nḫt-ḫrw* der Scheune der Residenz" (PM III^2, 61) auch untergeordnete Speicher und Lebensmittelwerkstätten gegeben haben wird, deren Produkte speziell dem König und seiner unmittelbaren Umgebung vorbehalten gewesen sein werden, bzw. solche, die für den Unterhalt der anderen Residenzangehörigen lieferten, so zeigt sich insbesondere in der Art und Weise der Erfassung von Abgaben und Arbeitsleistungen die Verquickung von Staatshaushalt und königlichem Vermögen.

Aus der äquivalenten Verwendung von „*kꜣt nt nswt*" (vgl. Goedicke 1967: Koptos C – Urk. I 281, 16) und „*kꜣt nbt nt pr-nswt*" (vgl. Goedicke 1967:

Koptos B – Urk. I 281, 9) geht hervor, daß Leistungen für den König dem *pr-nswt* zugute kamen. „*K3t*" und „*mḏd*" können laut Dekret Koptos C Elemente der „*h3 n k3t nt nswt*" genannten Auflagen sein (Goedicke 1967: 118 [XI]; vgl. Urk. I 281, 8-15). Diese werden von der Residenz (*ẖnw*) erhoben (Goedicke 1967: Koptos D, Abb. 11, Fragm. C; vgl. Urk. I 289, 6). *Wnwt*-Dienstleistungen und *mḏd*-Abgaben werden durch dieselben Beamten und Residenzbüros sowohl für *ẖnw* als auch für *pr-nswt* eingezogen. So berichtet *Wnj*, daß er in seiner Eigenschaft als „Vorsteher von Oberägypten" jede *wnwt*-Dienstleistung, die man für die Residenz (*ẖnw*) zählt, zweimal zählte (Urk. I 106, 8). Der „Vorsteher von Oberägypten" ist aber auch Adressat des Dekretes Koptos B (Goedicke 1967: 87 [II]; Urk. I 280, 16), welches den Min-Tempel von Leistungen, welche für das *pr n nswt* „gezählt" werden, befreit. Die an gleicher Stelle als verantwortlich benannten Büros der Zentralverwaltung sind zweifellos mit den ansonsten summarisch als „alle Stellen der Residenz" (*st nb nt ẖnw*), an die die *mḏd*-Abgaben zu entrichten sind, identisch (vgl. Urk. I 210, 4) bzw. mit den „*st nb n wnwt nt ẖnw*", die in einer Funktionsbezeichnung des Wesirs *K3(.j)-gm.n.j* vorkommen (Edel 1953: B2).

Daß es sich bei *wnwt*-Dienstleistungen und *mḏd*-Abgaben für *ẖnw* bzw. *pr-nswt* nicht um zwei verschiedene Sachverhalte gehandelt hat, wird auch anhand der Dekrete Koptos B und C ersichtlich (vgl. Goedicke 1967: Abb. 8 und 9; vgl. Urk. I 281, 2-4; 284, 8-10). Per Dekret befreit der König die Angehörigen des Min-Tempels von Koptos hier „vom Gesetzt werden in die *ỉdrw nswt*" (also wirtschaftliche Einrichtungen des *pr-nswt*), „in die Rinder-, Esel- und Kleinviehweiden der Hirtenverwaltung (*pr-z3w*)" und verallgemeinernd „von jeder *wnwt*-Dienstleistung und jeder *mḏd*-Abgabe, die vom *pr-nswt* gezählt wird". Der Titel *jmj-r3 ỉw3(w) n pr-z3w ẖnw* (Budge 1911: Nr. 1223) – „Vorsteher der Rinder der Hirtenverwaltung der Residenz" weist dabei das *pr-z3w* – die „Hirtenverwaltung" an anderer Stelle als Institution der Residenz (*ẖnw*) aus.

Ein weiteres Indiz für die Identität von *ẖnw* und *pr-nswt* ist das Fehlen spezieller Einrichtungen zur Verwaltung der Einkünfte des *pr-nswt*. Das Totenopfer, das der König seinen Beamten gewährt, wird gewöhnlich aus „den beiden Schatzhäusern", „den beiden Scheunen" und „den beiden Kammern der Kostbarkeiten des Königs" geliefert, wobei die Verwendung des Duals auf die obersten Instanzen der betreffenden Verwaltungen Bezug nimmt.[16]

---

16 So Helck (1954: 58), nachdrücklich bestätigt durch die Untersuchungen von Strudwick (1985).

Als zusammenfassende Einheit der staatlichen Speicher und Magazine werden *pr-nswt* (vgl. Urk. I 163, 11; 164, 14; 175, 10-14; LD II 22 a, b) und *ẖnw* (vgl. Urk. I 177, 8-10, 14-16; 178, 5-6) abwechselnd genannt.

Was die Idee einer getrennten Existenz des königlichen Privatvermögens vom Staatsvermögen anbelangt, so kann ihr kaum entsprechen, daß wir neben der obersten Schatzhausinstanz „*prwj-ḥḏ*" zwar ein Schatzhaus der Residenz (*ẖnw*) durch den Titel eines *ỉmj-rȝ pr-ḥḏ ẖnw* (PM III², 455) belegt finden, aber nirgends ein „*Schatzhaus des Königs", des *pr-nswt* oder *pr-ꜥȝ* und, daß die „Kostbarkeiten des Königs" durch eine zentrale Instanz (*ỉzwj n ẖkr nswt*) verwaltet, aber durch den Herrscher in Form von Geschenken und Beiträgen zur Grabausstattung und Totenopfer an Beamte und Günstlinge vergeben wurden. Bezeichnenderweise trägt der Wesir *Ptḥ-ḥtp* den Titel eines „Vorstehers des gesamten Königsbesitzes" (*ỉmj-rȝ jẖt nbt nt nswt*) neben Titeln wie *ỉmj-rȝ prwj-ḥḏ* – „Vorsteher der beiden Schatzhäuser", *ỉmj-rȝ šnwtj* – „Vorsteher der beiden Scheunen", *ỉmj-rȝ prwj-nwb* – „Vorsteher der beiden Goldhäuser" und *ỉmj-rȝ ẖkr nswt* – „Vorsteher der Kostbarkeiten des Königs" (Strudwick 1985: 87, Nr. 49; PM III², 596-597).

Eine wirkliche Trennung von Staats- und Privatvermögen des Herrschers wäre den damaligen Zeitgenossen sicher absolut widersinnig erschienen, hatte doch Pharao die Oberaufsicht über alle staatlichen Instanzen und die Verfügungsgewalt über alle Ressourcen des Landes. Abgaben und Arbeitsleistungen standen ihm aufgrund seiner Funktion zu, die er für die Gesellschaft und in ihr ausübte. Die Institutionen, die mit ihrer Mobilisierung zu tun hatten, handelten als „verlängerter Arm" Pharaos, der aus den ihm zufließenden Einkünften auch den Beamtenapparat zu versorgen hatte.

Wenden wir uns nun der Begriffsbestimmung von *pr-ꜥȝ* zu. *Pr-ꜥȝ* ist seit der 4. Dynastie belegbar, wird aber weder als Synonym für „*pr-nswt*" noch für das jüngere „*ẖnw*" verwendet und kann demzufolge auch nicht das ältere „*pr-nswt*" verdrängt haben. Auch eine Deutung als Bezeichnung für „Staatshaushalt" verbietet sich, da *pr-ꜥȝ* nie in wirtschaftlichem Kontext erscheint, in seinem Namen nie Abgaben eingetrieben oder Zuwendungen verteilt werden und dem pr-aA auch keine Institutionen zugeordnet waren, die gewöhnlich mit derartigen Aufgaben befaßt waren.

Demgegenüber paßt die Wörterbuchdefinition: „'das große Haus' als Bez. des Königspalastes" bzw. „der Palast = die Bewohner des Palastes, d.h. der König und sein Hof" (vgl. WB I 516, 2 u. 4) besser in das Bild der Quellen, da die mit *pr-ꜥȝ* erweiterten Titel gut einer Palastverwaltung entsprechen mit eigenen Arbeitskräften, Verwaltern, Schreibern, Handwerkern, einem Schlacht- und Kühlhaus, Priestern, Ärzten, Sängern, Friseuren usw.

Dennoch fällt es schwer, in *pr-ꜥꜣ* den Königspalast zu sehen, da alle mit *pr-ꜥꜣ* erweiterten Titel auch ohne diesen Zusatz vorkommen und es schwer wäre zu erklären, welcher Institution diese zugeordnet waren. Andererseits bezeichnet *pr-ꜥꜣ* sicher eine bestimmte Institution, ist bedeutungsunterscheidendes Element, da z.B. die *ḫntjw-š* Titel in alternativer Weise entweder mit dem *pr-ꜥꜣ* Zusatz versehen oder durch einen Pyramidennamen näher bestimmt werden. In *pr-ꜥꜣ* einen Ranganzeiger zu sehen, wie es Drenkhahn (1976: 41) für möglich hält, möchte ich ausschließen. Ein *Kꜣḥj.f* zum Beispiel trug den Titel eines *sḥḏ ḫntjw-š* neben dem eines *sḥḏ ḫntjw-š pr-ꜥꜣ*, wobei er auf den erstgenannten größeren Wert zu legen schien, da dieser mehrfach allein vor dem Namen erscheint (vgl. Junker 1943: 95-97). Anhand mancher Grabinschriften läßt sich eine ganze Karriere innerhalb der *ḫntjw-š* Verwaltung verfolgen.[17] Nie aber wird eine Laufbahn als Pyramiden-*ḫntj-š* „gekrönt" durch einen mit *pr-ꜥꜣ* erweiterten *ḫntj-š* Titel.

Möglich wäre, daß es sich bei „*pr-ꜥꜣ*" um die Bezeichnung des auf dem königlichen Grabbezirk „*š n pr-ꜥꜣ*"[18] gelegenen Palastes handelt, der dem König als Unterkunft diente, wenn er sich zur Besichtigung des Fortganges der Arbeiten oder zur Wahrnehmung kultischer Obliegenheiten zu der dort befindlichen Pyramide, dem Sonnen- oder *mrt*-Heiligtum begab. So wäre auch die enge Verbindung von *pr-ꜥꜣ* und Grabverwaltung des regierenden Pharao in Form der dem *pr-ꜥꜣ* unterstehenden *ḫntjw-š* Verwaltung erklärlich sowie von *pr-ꜥꜣ* und der Verwaltung der Grabstiftungen, deren obersten Repräsentanten ich in dem bisher als „Vorsteher der staatlichen Webereiverwaltung" gedeuteten Titel *imj-rꜣ šwj pr-ꜥꜣ*[19] erblicken möchte.

Wirtschaftlich wird der *pr-ꜥꜣ* Palast von dem in der Residenz gelegenen ständigen Wohnsitz des Pharao (*ꜥḥ*) abhängig gewesen sein, da für das *pr-ꜥꜣ* nur eigene Kühl- und Schlachthäuser sowie ein Krugmagazin belegt sind und der *ꜥḥ*-Palast in den Abusirpapyri als Herkunftsort von Lebensmittellieferungen für den Totentempel des *Nfr-jr-kꜣ-rꜥ* genannt ist, das *pr-ꜥꜣ* hingegen nie in ähnlichem Kontext erscheint.

Fraglich bleibt die konkrete Lage der Residenz. R. Stadelmann (1981b: 77) hat sich gegen die Existenz eines festen Residenzortes für das Alte Reich ausgesprochen und möchte die Residenz mit der Pyramidenstadt des jeweils regierenden Herrschers identifizieren. Zweifellos stand es je-

---

17 Vgl. *ꜣImj-st-kꜣ(.j)* (Junker 1943: 208ff.); *Ḫnmw-ḥtp(w)* (LD II 88c); *ꜣIt-ij* (Junker 1943: 230; *Sšm-nfr* (Urk. I 193, 11-15).

18 Zum *š n pr-ꜥꜣ* als „Königsbezirk" „im Sinn einer Stiftung, der Grabbau, Tempel, Pyramidenstadt und Palast einschließt" vergleiche Stadelmann (1981: 158-159).

19 Vgl. Junker (1941: 55-57); Helck (1954: 63); Strudwick (1985: 289).

dem regierenden Herrscher frei, sich beliebig viele Paläste an ihm genehmen Orten oder für bestimmte Anlässe erbauen zu lassen.[20] So kann auch das *pr-ꜥꜣ* mit jedem neuen Pyramidenbau seinen Standort gewechselt haben. Eine ständige Umsetzung der Residenz (*ẖnw*) mit all ihren Speichern, Werkstätten und Archiven wäre sicher eine äußerst unbequeme und aufwendige Angelegenheit gewesen. Die sich schon in der Frühzeit mit dem langen Belegzeitraum des „*ḥwt nswt-bjtj 'p-ḥr-msn* (s. o. S. 11) andeutende Seßhaftigkeit der obersten Verwaltungszentrale und die Konzentration der Pyramidenanlagen im Raum Memphis, welche einen ständigen Residenzwechsel nicht erforderlich machte, sprechen m.E. eher für einen festen Standort der obersten Verwaltungsinstanz. In den Phrasen, die für den Regierungsantritt des neuen Regenten gebraucht werden (vgl.: *sḏꜣ n ḥm n Ttj ꜥnḫ ḏt r ẖnw* – „Die Majestät des *Ttj*, er lebe ewig, zog in die Residenz ein" [Urk. I 194, 12]) ist stets ist nur von *ẖnw* die Rede, nie findet man Spezifizierungen wie „seine" oder „die neue" Residenz.

Wir besitzen keinen Hinweis dafür, daß der von den Wesiren der 6. Dynastie häufig geführte Titel *ỉmj-rꜣ nỉwt mr* – „Vorsteher der Pyramidenstadt" (ohne beigefügten Pyramidennamen) mit dem Amt eines „Bürgermeisters der Hauptstadt" identisch war, wie wir es spätestens seit dem Mittleren Reich kennen, zumal es einen speziellen Titel „*ỉmj-rꜣ ẖnw*"[21] gibt. Bei dem Titel „*ỉmj-rꜣ nỉwt mr*" des Alten Reiches wird es sich vielmehr um eine abgekürzte Form, möglicherweise für den Vorsteher der Pyramidenstadt des regierenden Herrschers, gehandelt haben, wenn nicht gar um einen allgemeinen „Vorsteher der Pyramidenstadt" im Sinne einer Oberaufsichtsfunktion über alle existierenden Pyramidenstädte.

Zusammenfassend läßt sich sagen: *ẖnw* und *pr-nswt* werden im Alten Reich synonym für die Residenz als Hauptwohnsitz des Herrschers mit ihrer Verwaltung und Sitz der obersten Instanzen der verschiedenen Zweige der Landesverwaltung gebraucht. Dabei existierten Palast und Landesverwaltung in unmittelbarer räumlicher Verbindung. Der Wohnort des Herrschers (*ꜥḥ*) mit den königlichen Privatgemächern (*ẖnw-ꜥ*) ist in örtlicher Hinsicht Element der Residenz, wobei örtliche Zuordnung hier nicht gleichbedeutend sein muß mit organisatorischer Unterordnung. Vielmehr werden die verschiedenen Bestandteile der Residenz organisatorisch nebeneinander existiert haben, ohne strenge hierarchische Unterstellungsverhältnisse, manche enger, manche weniger eng miteinander verbunden. Örtlich von der Residenz geschieden, aber organisatorisch mit ihr

---

20 Strudwick (1985: 241) nennt bezugnehmend auf Urk. I 63, 1 „*ꜥḥ n nj-ḥb-sd-ỉzzj*".

21 Vgl. Firth/Gunn (1926: 151-164). Ein gewisser *Ṯtw* ist sowohl *ỉmj-rꜣ ẖnw* als auch *sḥḏ ḥmw-nṯr* und *ẖntj-š* der Pyramide *Ppj*s I. *'Mn-nfr-mrj-rꜥ'*.

verbunden als eine Art Außenstelle, war das *pr-ꜥꜣ*, in dem wir wahrscheinlich den Palast des Herrschers auf seinem Grabbezirk „*š n pr-ꜥꜣ*“ erkennen können, der insbesondere als Verwaltungszentrum des königlichen Grabkomplexes fungierte.

2.2 Das Wesirat

2.2.1 Von den Anfängen bis zur Regierungszeit des *Nfr-ỉr-kꜣ-rꜥ*

Die gewöhnlich mit „Wesir“ übersetzte Titelverbindung *tꜣjtj zꜣb ṯꜣtj* läßt sich bis in die 3. Dynastie zurückverfolgen (vgl. Lauer/Lacau 1965: pl. I). Über die Titelnennung hinausgehende Kenntnis erhalten wir jedoch erst mit Beginn der 4. Dynastie.
Die in der Übersetzung „Wesir“ implizierte Auffassung als „erster Minister“ mit umfassenden Kompetenzen, der die Oberaufsicht über alle Verwaltungsressorts innehatte, wird vor allem durch die auf die 13. Dynastie zurückgehende „Dienstanweisung für den Wesir“ (vgl. Helck 1975b: Sp. 1084) gestützt. Die Wesirstitulatur der 4. Dynastie ist in dieser Hinsicht noch wenig aussagekräftig. Am ehesten läßt sich die herausragende Rolle des Wesirs als Stellvertreter des Königs an der Verbindung seines Ranges *ỉrj-pꜥt* mit seiner Stellung als *zꜣ-nswt* erkennen.[22] Die ergänzenden Titel verweisen vor allem auf Funktionen im kultischen Bereich, beim Vollzug der Riten um den Herrscher und in der Hofverwaltung.
Der Titel eines „Hohepriesters“ des Weisheits- und Schreibergottes Thot (*wr* 5 *pr-ḏḥwtj* – „Großer der 5 im Hause des Thot“), der typisch für die Wesire der 4. Dynastie ist (Helck 1954: 57), könnte ursprünglich mit der Funktion als Ratgeber des Königs verbunden gewesen sein.
Eine Kopplung von ritueller Funktion (vgl. Helck 1954: 32), Amtstitel und Ranganzeiger läßt sich ebenso im Titel *ḫrp-ꜥḥ* – „Leiter des Palastes“ vermuten. In der 4. Dynastie auf Wesire und enge königliche Verwandte beschränkt, blieb er auch während der 5. Dynastie bis zum Beginn der 6. Dynastie hochrangigen persönlichen Bediensteten des Königs vorbehalten, scheint dann außer Gebrauch zu gekommen zu sein und wurde erst am Ende des Alten Reiches wieder aufgenommen (vgl. Baer 1960: 239).
Das, neben den Aufgaben im Kultvollzug und Hofdienst, dritte Tätigkeitsgebiet der Wesire der 4. Dynastie lag offenbar im Bereich der öffentlichen Arbeiten und hier wohl besonders in der organisatorischen Leitung des Pyramidenbaues (vgl. Arnold 1984). Erkennbar ist das an dem in der 1. Hälf-

te der 4. Dynastie nahezu regelmäßig auftretenden Titel eines „Vorstehers aller Arbeiten des Königs“ (*imj-r3 k3t nbt nt nswt*). Dieser verschwand in der 2. Hälfte der 4. Dynastie auffälligerweise aus den Wesirstitulaturen, um erst am Ende der Dynastie bei den ersten beiden Wesiren offenkundig nichtköniglicher Abstammung[23] wiederzuerscheinen (Strudwick 1985: 313). Ob wir das Verschwinden der echten Amtstitel, insbesondere das des *imj-r3 k3t nbt nt nswt*, aus den Titulaturen der Wesire mit der Regierungszeit des *Ḫʿ.f-rʿ* bereits als Ausdruck der Zurückdrängung der Wesire königlicher Abkunft auf den rituellen Bereich – also mit negativem Vorzeichen versehen – betrachten müssen, wage ich nicht zu entscheiden. Wissen wir doch nicht genau, in welchem Maße die Titulatur zu den

---

22 Ob die Bindung des Wesirates an den *z3-nswt* Titel während der 4. Dynastie frühere Verhältnisse reflektiert und die von W. Helck vertretene These der Identität von früher Beamtenschaft und Königsabkömmlingen stützt (zuletzt 1986: 14), ist nicht sicher zu entscheiden. Während Schmitz (1976: 9) der Helck'schen Auffassung prinzipiell folgt, lehnt sie die Extrapolierung der Verhältnisse der 4. Dynastie auf die Frühzeit ab. Römer (1977: 171) sieht die Bindung von Wesirat und *z3-nswt* Titel in der 4. Dynastie geradezu als Ergebnis einer späteren Entwicklung an.
Daß die Königsabkömmlinge durch ihre Herkunft von Anfang an zur Übernahme von Ämtern am frühzeitlichen Hof prädestiniert waren, scheint logisch, unwahrscheinlich hingegen schon aus zahlenmäßiger Sicht, eine absolute Identität von Königssöhnen und Beamtenschaft, durch die die Notwendigkeit entfallen sein soll, die Königskindschaft explizit zu erwähnen. Die frühesten *z3-nswt* Titel stammen erst aus der 3. Dynastie (vgl. Schmitz 1976: 13), so die Notwendigkeit anzeigend, Königssöhne gegenüber anderen Würdenträgern besonders zu kennzeichnen. Für die 4. Dynastie läßt sich dann die offensichtlich enge Bindung des höchsten Verwaltungsamtes Wesir an den *z3-nswt* Titel erkennen, wobei *z3-nswt* nicht von vorneherein leiblicher Sohn des regierenden Herrschers bedeuten mußte. Gegen Ende der 4. Dynastie bis zum Anfang der 5. Dynastie bestand diese Bindung noch fort. „*Z3-nswt* sein“ wurde noch als Voraussetzung für die Übernahme des Wesirates angesehen, konnte nun aber auch an Personen nachgewiesenermaßen nichtköniglicher Abstammung 'verliehen' werden. Dem „Königssohn“ wurden augenscheinlich besondere Fähigkeiten zugesprochen, ursprünglich aus der leiblichen Verwandtschaft mit Pharao erwachsend, konnten sie entsprechend der ägyptischen Vorstellung von der Macht des Wortes, insbesondere des geschriebenen, durch Zuerkennung der Bezeichnung Realität werden; wobei es Pharao nunmehr vorzog, ihm persönlich ergebene Personen mit den Kräften auszustatten, die einem Königssohn innewohnten. Dynastische Kämpfe könnten den Hintergrund für diese Wandlungen gebildet haben (so Strudwick 1985: 339). Ihren Endpunkt erreichte diese Entwicklung unter *S3ḥw-rʿ* mit der völligen Verdrängung der Prinzen aus den hohen Verwaltungsämtern (vgl. Strudwick 1985: 312-213).

verschiedenen Zeiten direkter Spiegel der Funktionen des Wesirs war und welche Kompetenzen dem Wesirstitel an sich innewohnten. Außerdem leitete sich die gesellschaftliche Stellung eines Würdenträgers in erster Linie aus seiner Stellung zu Pharao ab, so daß unsere Vorstellungen von den Quellen persönlicher Macht den altägyptischen Verhältnissen nicht adäquat sein müssen. Bezeichnenderweise war der Übergang zum Wesirat ohne *z3-nswt* Titel in der Regierungszeit von *S3ḥw-rˁ* bis *Nfr-ìr-k3-rˁ* zunächst mit einer durchgängigen Senkung des Ranges der Wesire verbunden, während der *ìrj-pˁt* Rang von hohen Persönlichkeiten ohne Verwaltungstitel, einige davon waren echte Königssöhne, geführt wurde (vgl. Strudwick 1985: 339).

Bemerkenswert ist auf jeden Fall, daß das Amt des „Vorstehers aller Arbeiten des Königs" (*ìmj-r3 k3t nbt nswt*) nach seinem Verschwinden aus der Wesirstitulatur auf Nichtwesire übergeht, dabei zunächst noch auf einen 'echten' Königssohn immerhin vom Range eines *ḥ3tj-ˁ* (*Ḏd.f-ḥr,* vgl. Strudwick 1985: Nr. 168). Dann entspricht aber die Entwicklung in Bezug auf den *z3-nswt* Titel der für das Wesirat skizzierten (vgl. Anm. 22).

Somit läßt sich zwar am Faktum der allmählichen Verdrängung der „Königssöhne" aus hohen Verwaltungsämtern nicht deuteln, parallel und möglicherweise unabhängig davon vollzieht sich jedoch eine zweite Entwicklung, nämlich die Entlastung des Wesirs von den täglichen Pflichten eines „Vorstehers aller Arbeiten des Königs" durch die Einführung eines seiner Kontrolle unterstehenden „hauptamtlichen" Trägers dieses Titels.[24] Derselbe Prozeß vollzog sich zur selben Zeit (*Ḫˁ.f-rˁ*) auch in einem anderen wichtigen Ressort, dem Schatzhaus, in dem das Amt eines „Vorstehers der beiden Schatzhäuser" (*ìmj-r3 prwj-ḥḏ*) ins Leben gerufen wurde, und damit eine Instanz der Oberaufsicht, die eine bessere Koordinierung der an dieses Ressort gestellten wachsenden Aufgaben ermöglichte.

Das Schatzhaus bildete somit offensichtlich eine selbständige, neben dem Wesirat bestehende Institution, was auch die Tatsache erklären kann, daß weder das seit Anfang der 4. Dynastie belegbare einfache Amt eines „Vorstehers des Schatzhauses" (*ìmj-r3 pr-ḥḏ*) noch das neu geschaffene eines „Vorstehers der beiden Schatzhäuser" (*ìmj-r3 prwj-ḥḏ*) vor den qualitati-

---

23 *Sš3t-ḥtp(w); htj* (PM III[2], 149-150); *B3-b3.f* (PM III[2], 155-157).

24 Auch nach Rückkehr des *ìmj-r3 k3t nbt nt nswt* Titel in die Wesirstitulatur blieb die Ämterteilung zwischen einem die Oberaufsicht führenden Wesir und einem für die täglichen Obliegenheiten zuständigen spezialisierten Ressortvorsteher erhalten, ohne daß sich die Kompetenzunterschiede in der Schreibung des Titels manifestieren (vgl. im Gegensatz dazu z.B. *ìmj-r3 pr-ḥḏ/ìmj-r3 prwj-ḥḏ*, Helck 1954: 58).

ven Neuerungen in der Mitte der 5. Dynastie in der Wesirstitulatur erscheint und die genannten Titel ausschließlich von Nichtwesiren getragen werden.

Titel aus anderen Verwaltungsressorts wie dem der Rechtssprechung, der Verwaltung der königlichen Kanzlei, der *pr ḥrj-wḏb* Verwaltung und der des königlichen Besitzes sind in einigen Wesirtitulaturen der 4. Dynastie zwar belegt, aber nur sehr sporadisch.[25] Bemerkenswerterweise kommen solche Verwaltungstitel vor wie *ḫrp wsḫt* – „Leiter der Breiten Halle", der aus späterer Zeit als juristischer Begleittitel bekannt ist, aber auch Verbindungen zum *pr ḥrj-wḏb* (Helck 1954: 74, Anm. 52) aufweist, und der *wḏ-mdw n ḥrj-wḏbw* Titel auch bei einem „echten Königssohn" vor,[26] der außer dem Wesirstitel keine anderen Verwaltungstitel führte und so eigentlich schon in die Kategorie der „von der Macht verdrängten Königssöhne" einzuordnen wäre. Will man diese untergeordneten Titel nicht einfach zu Ehrentiteln erklären, so könnte sich hinter den Anfängen der Verdrängung der Wesire königlichen Blutes von der Macht eine fortschreitende Spezialisierung der hohen Beamtenschaft zum Zwecke der besseren Bewältigung wachsender Anforderungen verbergen, in deren Rahmen sich der Wesir zunächst auf das juristische Ressort,[27] kultische und die Hofverwaltung betreffende Aufgaben konzentrierte, sicher ohne dabei den Überblick über die Vorgänge in der Verwaltung insgesamt und im Lande zu verlieren.

---

25 *ʿnḫ-ḥꜣ.f* (Strudwick 1985: Nr. 34) nennt sich *ỉmj-rꜣ ỉḫt nbt* – „Vorsteher jeglichen Besitzes" und *ỉmj-rꜣ wsḫt* – „Vorsteher der Breiten Halle". Diesen Titel führt ebenfalls ein namentlich nicht bekannter Wesir (Strudwick 1985: Nr. 170). *Ḥm-ỉwnw* (PM III^2, 122-123) und *Dwꜣ-n-rʿ* (Strudwick 1985: Nr. 161) sind beide *mḏḥ zš(w) nswt* – „Meister der Schreiber des Königs".

26 *Ḫʿ.f-ḫw.f.w(j) (I.)*, vgl. Strudwick 1985: Nr. 104, Zeit *Ḫʿ.f-rʿ*.

27 Traditionell wird die richterliche Funktion aus dem Element *zꜣb* der im Alten Reich eine untrennbare Einheit bildenden dreiteiligen Titelkombination abgeleitet, die wir gemeinhin als „Wesir" übersetzen (vgl. u.a. Meyer 1913: § 242; Pirenne 1934: 119; Helck 1954: 54; Strudwick 1985: 304). Wenn auch die einfache Gleichsetzung *zꜣb* = Richter oder Justizbeamter inzwischen abgelehnt wird (Gödecken 1976: 140), haben neuere Untersuchungen (Strudwick 1985: 329) die besonders enge Beziehung des Wesirates zum juristischen Bereich nachdrücklich bestätigt. Möglicherweise sollten wir diese, auch in Hinblick auf die aus dem mesopotamischen Kulturkreis gleichfalls bekannte Rolle des Tores als Stätte der Gerichtsbarkeit, mit dem Titelelement *tꜣjtj* – „der vom Torweg" verbinden.

2.2.2 Die Periode von Pharao *Nfr-ỉr-kȝ-rʿ* bis *Nj-wsr-rʿ*

Als Zäsur in der Entwicklung zeichnet sich, unbeeinflußt durch den Dynastienwechsel, die Periode von *Nfr-ỉr-kȝ-rʿ* bis *Nj-wsr-rʿ* ab, in der tiefgreifende Veränderungen innerhalb der Verwaltung durchgesetzt wurden. Der Prozeß der Verdrängung der „echten Königssöhne" aus den hohen Verwaltungsämtern bis hin zur Auflösung der Bindung dieser Ämter an den *zȝ-nswt* Titel war im großen und ganzen vollendet, abgesehen von wenigen Verleihungen des *zȝ-nswt* Titels als Gunstbeweis unter *Ḏd-kȝ-rʿ; ʾIzzj* und während der 6. Dynastie (vgl. Schmitz 1976: 85-86; Strudwick 1985: 313).
Die Rolle des Wesirs als amtierenden Chef der gesamten Verwaltung prägte sich stärker aus und wird nun auch besser an seiner Titulatur erkennbar.
Nachdem der *ỉmj-rȝ kȝt nbt nt nswt* Titel schon Ende der 4. Dynastie in die Wesirtitulatur zurückgekehrt ist (s.o. S. 34, Anm. 23) wird zunächst (unter *Nfr-ỉr-kȝ-rʿ*) das neugeschaffene Amt eines „Vorstehers der Schreiber der königlichen Dokumente" (*ỉmj-rȝ zš(w) ʿ-nswt*) an den Wesir übertragen[28] und somit die Oberaufsicht über den bürokratischen Apparat institutionalisiert, ohne den keine hochentwickelte Administration funktionieren kann. Neben der Aufsicht über die königliche Kanzlei war mit ihm sehr wahrscheinlich auch die Aufsicht über die um diese herum gruppierten Verwaltungsbüros *ỉz n pr-mḏȝt, ỉz n pr ḥrj-wḏb* und *ỉz n ḫrj-ḫtm(t)* verbunden (vgl. Helck 1954: 72; Strudwick 1985: 209, s. u. S. 46ff., s. u.).
Diesem Amt kommt von nun an eine Schlüsselstellung zu. Während wir im *ỉmj-rȝ kȝt nbt nt nswt* den dienstältesten Ressortcheftitel des Wesirs erblikken müssen, haben wir mit dem *ỉmj-rȝ zš(w) ʿ(w)-nswt* den charakteristischsten vor uns. Nicht zuletzt daran ablesbar, daß der *ỉmj-rȝ zš(w) ʿ(w)-nswt* Titel als einziger der typischen Ressortvorstehertitel der Residenzwesire auch bei fast allen späteren „Provinzwesiren" auftritt. So auch Strudwick (1985: 214-216), der zurecht darauf hinweist, daß der König bei der direkten Anrede des Wesirs in Dekreten bemerkenswert oft dem *tȝjtj zȝb ṯȝtj* gerade den *ỉmj-rȝ zš(w) ʿ(w)-nswt* Titel hinzufügt.
Unter *Nj-wsr-rʿ* zeichnet sich eine stärkere Institutionalisierung der Rechtsprechung und eine Ausweitung des juristischen Apparates ab. Das Amt eines „Vorstehers des großen Hauses" (*ỉmj-rȝ ḥwt-wrt*), einer Einrichtung, die eng mit der Rechtsprechung verknüpft war, wird geschaffen. Der erste feststellbare Träger dieses Titels ist *Kȝ.j*, für den N. Strudwick wahrschein-

28 Der erste überlieferte Träger dieses Titels ist der Wesir *Wȝš-ptḥ; ỉzj* (PM III², 456).

lich machen konnte, daß er das Amt des *imj-r3 ḥwt-wrt* vor seiner Beförderung zum Wesir innehatte (Strudwick 1985: Nr. 136, 142-144). Für denselben *K3.j* ist nach der Übertragung des Wesirsamtes der Titel eines „Vorstehers der 6 großen Häuser" (*imj-r3 ḥwwt-wrt 6*) als neues Amt der Oberaufsicht über das juristische Ressort belegt, das bis zum Ende des AR ausschließlich an die Residenzwesire gebunden blieb (vgl. Strudwick 1985: 176ff., 306). Diese enge Verbindung ist deutlicher Hinweis für die persönliche richterliche Funktion des Wesirs.

Mit der Übernahme der Titels eines „Vorstehers der beiden Schatzhäuser" (*imj-r3 prwj-ḥḏ*),[29] „Vorstehers der beiden Kammern der Kostbarkeiten des Königs" (*imj-r3 jzwj ẖkr nswt*)[30] und eines „Vorstehers der beiden Scheunen" (*imj-r3 šnwt*)[31] in die Wesirstitulatur, ebenfalls während der Regierungszeit des *Nj-wsr-rꜥ*, ist die Oberaufsichtsfunktion des Wesirs über die materiellen Ressourcen der Zentralgewalt zumindest titelmäßig sichtbar geworden. Spätestens zu diesem Zeitpunkt war die Unterordnung aller wichtigen Ressorts unter das Wesirat vollzogen.

Aber auch die Rolle des Wesirs als Chef der Provinzadministration wird nun durch einen speziellen Titel hervorgehoben. Wieder für *K3.j* (s. Anm. 29), also wahrscheinlich unter *Nj-wsr-rꜥ*, wird das Amt des „Vorstehers von Oberägypten" (*imj-r3 šmꜥw*) ins Leben gerufen.

Diese skizzierte Umbruchsphase in der Entwicklung des administrativen Überbaus, die während der Zeit des *Nfr-jr-k3-rꜥ* bis *Nj-wsr-rꜥ* mit der Konzentration der fünf wichtigsten Verwaltungsressorts unter der Oberaufsicht des Wesirs ihren vorläufigen Höhepunkt erreichte, war gekennzeichnet durch eine wachsende Spezialisierung in der Beamtenschaft, die einherging mit Zentralisationsbestrebungen (vgl. Wesirat), einer Effektivierung der Leitungstätigkeit durch die Schaffung neuer hierarchischer Ebenen, einer Diversifizierung der Ämter und damit Vergrößerung der Beamtenschaft zum Zwecke der besseren Bewältigung der anstehenden Aufgaben. Äußeres Anzeichen für die konsequentere Durchorganisierung der Beamtenschaft könnte die von Baer herausgearbeitete Einführung eines relativ einheitlichen Systems von Rangtiteln während der Regierungszeit des *Nfr-ir-k3-rꜥ* sein (Baer 1960: 296, 299-300).

---

29 *K3.j* (Strudwick 1985: Nr. 136, 142-144; PM III^2, 479).

30 Siehe Anm. 29.

31 *Pḥ.n.wj-k3(.j)* (Strudwick 1985: Nr. 45, 84-85; PM III^2, 491-492).

2.2.3 Die Periode von Pharao *Ḏd-kꜣ-rꜥ; ꞽIzzj* bis *Ppj* I.

Der Beginn eines neuen Entwicklungsabschnittes deutet sich gegen Ende der 5. Dynastie für die Regierungszeit des *ꞽIzzj* an. Sonnentempel werden nicht mehr gebaut. Ab *Wnjs* geht man dazu über, die Wände der Räumlichkeiten in den königlichen Pyramiden mit Texten, den sog. Pyramidentexten, zu versehen. Das System der Rangtitel wird erstmals seit seiner Einführung verändert. *ꞽIrj-pꜥt* wird wieder zum üblichen Rang des Wesirs, ohne jedoch dieselbe Ausschließlichkeit zu erreichen wie in der 4. Dynastie.

Als wohl augenscheinlichste Veränderung auf dem Gebiet der Administration möchte ich die Schaffung des „Provinzwesirats" bezeichnen, nach Einführung des *ỉmj-rꜣ šmꜥw* Titels der zweite Schritt zur besseren administrativen Durchdringung der oberägyptischen Provinz. Ich kann mich N. Strudwick anschließen, der, auf die Ähnlichkeit der Titulaturen von Residenz- und Provinzwesiren verweisend, die stärkere Involviertheit letzterer in die Provinzialverwaltung feststellt (1985: 319, 328), es ablehnt, in ihnen nur „Titularwesire" zu sehen (so Helck 1954: 116-117, 136-137), und eine Kompetenzteilung von Residenz- und Provinzwesiren annimmt.

Zur Zeit des *Ḏd-kꜣ-rꜥ; ꞽIzzj* nahmen Prozesse ihren Anfang, die, mehr oder weniger deutlich widergespiegelt, bis in die Mitte der 6. Dynastie nach und nach alle Hauptverwaltungsressorts erfaßten. Auf einen kurzen Nenner gebracht handelt es sich um die Reduzierung der mittleren Chargen der Ressortvorsteher, die Beschränkung der ranglich unmittelbar unter dem Wesir stehenden Verwaltungsbeamten auf ein Ressort, die Konzentration der Verantwortlichkeit auf das Wesirat bei gleichzeitiger Vergrößerung der Zahl parallel amtierender Wesire (zwei Residenzwesire ergänzt durch einen in der Provinz amtierenden) (vgl. Strudwick 1985: 328f.).

Zunächst ist das Schatzhausressort davon betroffen. Seit *Nj-wsr-rꜥ* lag die Leitung des Ressorts, angezeigt durch den Titel eines „Vorstehers der beiden Schatzhäuser" (*ỉmj-rꜣ prwj-ḥḏ*), fast ausschließlich in den Händen der Wesire. Die Verleihung dieses Titels an Nichtwesire blieb Ausnahme und bedeutete wohl immer eine besondere Ehrung. An untergeordneter Position fungierte ein „Vorsteher des Schatzhauses" (*ỉmj-rꜣ pr-ḥḏ*). Dieser Titel scheint in der 1. Hälfte der 6. Dynastie zu verschwinden, möglicherweise im Gefolge einer Rangerhöhung, denn in der Folgezeit erhöhte sich die Zahl der *ỉmjw-rꜣ prwj-ḥḏ* ohne Wesirstitel. Die Dominanz des Wesirs in der Leitung des Schatzhausressorts blieb jedoch erhalten.

Im Scheunenressort vollzog sich eine parallele Entwicklung. Auch hier lag die Oberaufsicht seit der Mitte der 5. Dynastie größtenteils beim Wesir. „Vorsteher der beiden Scheunen" (*ỉmj-rꜣ šnwtj*) ohne Wesirstitel waren selten. Der untergeordnete Rang eines „Vorstehers der Scheune" (*imj-r3 šnwt*) verschwand hier ebenfalls in der 1. Hälfte der 6. Dynastie. Zeitgleich lassen sich Träger des *imjw-r3 šnwtj* Titels in der Provinz nachweisen,[32] was einen qualitativ neuen Zug dieser Entwicklung ausmachte.

Dieselbe Entwicklung betraf das Schatzhausressort, erfolgte hier jedoch möglicherweise etwas später. *'Imjw-r3 prwj-ḥd* sind in der Provinz seit der Mitte der 6. Dynastie belegbar (s. u. Anm. 40).

Von den eben skizzierten Vorgängen war auch das Amt des „Vorstehers der Schreiber der königlichen Dokumente" (*imj-r3 zš(w) ʿ(w)-nswt*) betroffen. Während seit der Regierungszeit des *Nfr-ir-k3-rʿ* ein Wesir und ein Nichtwesir parallel amtierten (die dritte Ebene fehlte hier von Anfang an), blieb dieses Amt seit Ende der 5. Dynastie auf den Wesir beschränkt,[33] ging aber gleichzeitig auf die Provinzwesire über, so daß es letztlich bei der parallelen Existenz zweier Titelträger blieb. Das *imj-r3 zš(w) ʿ(w)-nswt* Amt war somit dasjenige unter den hohen Verwaltungsämtern, das zuerst in die Titulatur der Provinzwesire Eingang fand und in der Folgezeit auch ihr konstantes Element darstellte.

Der *imj-r3 k3t nbt nt nswt* Titel, der innerhalb der Wesirstitulatur bis jetzt noch eine gewisse Sonderstellung einzunehmen schien – so die traditionell besonders enge Beziehung des Wesirates zum Ressort der öffentlichen Arbeiten anzeigend – ging seit der Regierungszeit des *Ḏd-k3-rʿ; 'Izzj* eine ebenso enge Bindung mit dem *imj-r3 zš(w) ʿ(w)-nswt* Amt ein wie es für die anderen drei Ressortcheftitel von Anfang an der Fall war.[34] Das heißt, kein Wesir war von nun an *imj-r3 k3t nbt nt nswt*, *imj-r3 šnwtj*, *imj-r3 prwj-ḥḏ* oder *imj-r3 ḥwwt-wrt 6*, ohne gleichzeitig *imj-r3 zš(w) ʿ(w)-nswt*

---

32 Vgl. Strudwick (1985: 253): *ʿnḫ-wnjs* von Theben, frühe bis Mitte 6. Dynastie; Saleh 1977: 12-17.

33 Die einzige Ausnahme bildet *Ḫnmw; ḫnmw-ntj*, der wahrscheinlich um die Mitte der Regierungszeit *Ppj*s II. amtierte (Strudwick 1985: Nr. 111, 126f.; PM III^2, 686-687). Seine Titulatur ist ein Beispiel für die in dieser Zeit zunehmende Zahl hoher Beamter mit nur einem Ressortcheftitel.

34 Strudwick (1985: 313-314) möchte im Gegensatz dazu eine besonders enge Bindung von *imj-r3 k3t nbt nt nswt* und *imj-r3 zš(w) ʿ(w)-nswt* erkennen. Und zwar aufgrund der seit *W3š-ptḥ; izj* (Zeit *Nfr-ir-k3-rʿ*) nahezu identischen Belegzahl beider Titel innerhalb der Wesirstitulaturen. Dieser Umstand belegt zweifellos die besondere Bedeutung beider Ämter für den Wesir. Um entscheiden zu können, welcher Titel mit welchem besonders eng verbunden sei, ist aber die Frage nach der Häufigkeit seines Vorkommens zusammen mit dem jeweiligen anderen Titel, bzw. die des Vorkommens des anderen Titels ohne *imj-r3 zš(w) ʿ(w)-nswt* relevanter, was zum o.g. Ergebnis führt.

zu sein. Erst gegen Ende der 6. Dynastie scheinen sich diese Bindungen aufzulösen.[35]

Anders als im Scheunen- und Schatzhausressort bestand in dem der öffentlichen Arbeiten während der 2. Hälfte der 5. Dynastie eine echte Dreiteilung der Leitung zwischen dem die Oberaufsicht führenden Wesir mit dem Titel eines „Vorstehers aller Arbeiten des Königs“ (*ỉmj-rꜣ kꜣt nbt nt nswt*), einem Nichtwesir mit demselben Titel und einem ihnen untergeordneten „Vorsteher der Arbeiten des Königs“ (*ỉmj-rꜣ kꜣt (nt) nswt*) (vgl. Strudwick 1985: 231-232). Untergeordnete „Vorsteher der Arbeiten“ mit Wirkungs- und Begräbnisort in der oberägyptischen Provinz sind hier bereits seit der Mitte der 5. Dynastie belegbar.[36]

Auch im Ressort der öffentlichen Arbeiten vollzog sich zu Beginn der 6. Dynastie eine drastische Reduzierung der unteren Leitungsebenen. Ein *ỉmj-rꜣ kꜣt (nt) nswt* ist nicht mehr nachweisbar und auch die Zahl der Nichtwesire mit *ỉmj-rꜣ kꜣt nbt nt nswt* Titel verminderte sich. Die Titulaturen der Provinzwesire zeigen keine Einbeziehung in die Leitung der öffentlichen Arbeiten, welche allein von der Residenz aus erfolgte.

Letzteres gilt sinngemäß auch für das juristische Ressort, das ansonsten eine modifizierte Entwicklung nahm. Hier gab es wohl die ganze Zeit hindurch eine gleichbleibende Kompetenzteilung zwischen dem ausschließlich auf Wesire beschränkten Amt der Oberaufsicht in Gestalt des „Vorstehers der 6 Großen Häuser“ (*ỉmj-rꜣ ḥwwt-wrt 6*) und dem meist von einem Nichtwesir bekleideten Amt des „Vorstehers des Großen Hauses“ (*ỉmj-rꜣ ḥwt-wrt*). Wenn es in diesem Amtsbereich auch nicht zu einer Reduzierung der Titelträger bzw. Verlegung in die Provinz kam, so konstatiert Strudwick seit Ende der 5. Dynastie zumindest eine Schmälerung des Ranges der untergeordneten *ỉmj-rꜣ ḥwt-wrt*, die nun häufig keine Leitertitel anderer Ressorts mehr tragen (1985: 183; 340). Letzteres gilt in ähnlicher Weise für die dem Wesir direkt unterstellten Chefs der anderen Ressorts in der 6. Dynastie.

Wenn ein Beamter zum Wesir ernannt wurde und dabei die Oberaufsicht über alle genannten Verwaltungszweige übertragen bekam, mußte er

---

35 Der Wesir *Sꜣbw-ptḥ; ỉbbj* (vgl. Strudwick 1985: Nr. 117) (Mitte der Regierungszeit *Ppj*s II.) ist *ỉmj-rꜣ kꜣt nbt nt nswt* und *Ṯṯw* (Strudwick 1985: Nr. 160, 160f.; PM III^2, 537) (Ende Altes Reiches oder später) trägt gar alle übrigen Ressortcheftitel, ohne *ỉmj-rꜣ zš(w) ꜥ(w)-nswt* zu sein.

36 Es handelt sich um *Kꜣ(.j)-ḫnt* I. und II., die beide in Hemamiya begraben sind und den Titel eines *ỉmj-rꜣ kꜣt* und *ỉmj-rꜣ kꜣt m spꜣwt ḥrjwt-ib šmꜥw* trugen (Mackay 1929: pls. XX–XXVIII; IX–XIX). Zur Datierung vgl. Baer (1960: Nr. 543a, 543).

nicht zwangsläufig seine bisherige Laufbahn innerhalb dieser Ressorts bestritten haben (vgl. auch Strudwick 1985: 315). Bei Wesiren, die nach ihrer Ernennung noch den *ỉmj-rꜣ ḥwt-wrt* Titel trugen, läßt sich aber regelmäßig ein beruflicher Werdegang innerhalb der juristischen Verwaltung erschließen.

2.2.4 Die Periode von Pharao *Ppj* II. bis zum Ende des Alten Reiches

Zu Beginn der Regierungszeit *Ppj*s II.[37] zeichnen sich nochmals Veränderungen im Modus der Besetzung hoher Verwaltungsämter ab, die in erster Linie das Ressort des „Vorstehers aller Arbeiten des König" bzw. Scheune und Schatzhaus betrafen und bei denen gegenläufige Tendenzen zu erkennen sind.
Was das Ressort der öffentlichen Arbeiten anbelangt, wurde die Bindung seiner höchsten Leitungsfunktion an das Wesirat gefestigt. Während der Regierungszeit *Ppj*s II. kommt es zur Verdrängung von Nichtwesiren aus der Leitung dieses Ressorts, wobei eine Amtsteilung zwischen zwei gleichzeitig amtierenden Wesiren in der Residenz wahrscheinlich ist. Dieser Umstand belegt, daß die besonders enge Bindung an das Residenzwesirat bis zum Ende des Alten Reiches bestehen blieb. Nur in einem Falle findet sich der *ỉmj-rꜣ kꜣt nbt nt nswt* Titel auch in der Titulatur eines Provinzwesirs.[38]
Im Scheunen- und Schatzhausressort ging der gegenläufige Prozeß vor sich Der Prozentsatz von Nichtwesiren mit dem Titel „Vorsteher der beiden Schatzhäuser" (*ỉmj-rꜣ prwj-ḥḏ*) bzw. „Vorsteher der beiden Scheunen" (*ỉmj-rꜣ šnwtj*) erhöhte sich so, daß wir von einer erneuten Kompetenzteilung ausgehen können, dem Wesir wieder üblicherweise ein Nichtwesir bei der Leitung beider Ressorts zur Seite stand. Wahrscheinlich hatte sich die Reduzierung ihrer Leitungsebenen wegen des großen zu bewältigenden Arbeitspensums als nicht praktikabel erwiesen. Nach dem Ende der Regierungszeit *Ppj*s II. führte diese Entwicklung im Scheunenressort so-

37 Ob die im folgenden dargelegten Veränderungen mit der Regierungsübernahme *Ppj*s II. zusammenhängen oder bereits von seinem Vorgänger konzipiert und eingeleitet wurden, ob ihre Durchsetzung längerfristige Politik darstellte, Prozeßcharakter trug oder Ergebnis einer punktuellen Reform war, läßt sich aufgrund der ungenügenden Datierungssicherheiten und des Verzögerungseffektes, der durch die Grabgebundenheit der Quellen verursacht wird, nicht mit genügender Sicherheit feststellen.

38 *Ppj-nḫt* von Abydos (CG 1573), zur Datierung in die Mitte der Regierungszeit *Ppj*s II. vgl. Baer 1960: 71 (135) und Kanawati 1980: 89.

gar bis zur zahlenmäßigen Dominanz der Nichtwesire mit *ỉmj-rȝ šnwtj* Titel.

In bezug auf die Amtstätigkeit in der oberägyptischen Provinz gab es zwischen Scheune und Schatzhaus leichte Unterschiede. Während „Vorsteher der beiden Scheunen" (*ỉmjw-rȝ šnwtj*) mit Amtsbereich in der Provinz bereits zu Beginn der 6. Dynastie nachweisbar sind, übernahmen in der Regierungszeit *Ppj*s II. gelegentlich auch Provinzwesire dieses Amt.[39] Auf diese Weise könnten zumindest zeitweise vierköpfige, ausgewogene Ressortleitungen bestanden haben, in denen zwei *ỉmj-rȝ šnwtj* in der Residenz, je einer mit und einer ohne Wesirstitel, ein ebensolches Beamtenpaar in der Provinz gegenüberstand.

Schatzhausvorstehertitel erschienen in der Provinz erst in der Mitte der 6. Dynastie und zwar zuerst in der Titulatur von Wesiren.[40] Diese sind aber den „Vorstehern der beiden Schatzhäuser" (*ỉmjw-rȝ prwj-ḥḏ*) ohne Wesirstitel zahlenmäßig absolut unterlegen.

Im weiteren Verlaufe der Regierung *Ppj*s II. wurde dieses Amt in der Provinz ausschließlich von Nichtwesiren getragen, so daß dem die Oberaufsicht innehabenden Residenzwesir zwei *ỉmjw-rȝ prwj-ḥḏ* unterstellt waren, deren Amtssitz in der Residenz bzw. in der oberägyptischen Provinz auf unterschiedliche, geographisch determinierte Wirkungsbereiche hindeuten kann.

Die Verleihung des *ỉmj-rȝ šnwtj* bzw. *ỉmj-rȝ prwj-ḥḏ* Titels an die Provinzwesire hing möglicherweise mit dem Bestreben zusammen, die oberägyptische Provinz in diesem wichtigen Verwaltungsbereich organisatorisch gleichzustellen oder gar zu verselbständigen. Dieses mögliche Vorhaben wurde jedoch letztlich nicht verwirklicht. Nur wenige Wesire trugen *ỉmj-rȝ šnwtj* bzw. *ỉmj-rȝ prwj-ḥḏ* Titel, so daß die Leitung beider Ressorts in der Provinz gewöhnlich von Nichtwesiren getragen wurde und die Dominanz des Residenzwesirs und die Verfügungsgewalt der Zentralmacht über die Ressourcen des ganzen Landes nicht in Frage gestellt wurde. Offenbar hatte man die Notwendigkeit erkannt, die Zentralisation in diesen wirtschaftlich so grundlegenden Bereichen zu erhalten, deren parallele Entwicklung ein deutliches Zeichen ihrer engen Zusammengehörigkeit ist.

---

39 *ꜣIdj* von Abydos (vgl. Baer 1960: Nr. 73a); *ꜥnḫ-ppj ḥrj-ib* und *ꜥnḫ-ppj; ḥnj-km* von Meir (vgl. Baer 1960: Nr. 133 u. 134).

40 *ꜣIwn* CG 1576, LD Text II, 176 (5); *ꜥnḫ-ppj; ḥnj-km* Blackman 1953: 16–56.

2.2.5 Zusammenfassende Bemerkungen zu den Funktionen des Wesirs

Die Entstehung des Wesirates war Resultat und Ausdruck einer gesellschaftlichen Umbruchphase. Der Übergang zum monumentalen Steinbau in der königlichen Grabarchitektur zeugt u.a. sowohl von der Fähigkeit zu organisatorischen Leistungen neuer Dimension als auch von der gesteigerten Möglichkeit der um den Herrscher zusammengeschlossenen, zahlenmäßig gewachsenen Beamtenschaft, Mehrprodukt zu mobilisieren. Der Herrscher beginnt sein Obereigentum über das Hauptproduktionsmittel Boden nunmehr auch durch Praktizierung der direkten Verfügungsgewalt zu realisieren und greift somit auf qualitativ neue Weise in die Geschicke des Landes ein. Der Bedarf an Rohstoffen besonders zur Befriedigung der Luxus- und Repräsentationsbedürfnisse der herrschenden Schicht steigt gewaltig. Die Ägypter dringen im Auftrage des Herrschers zu den Rohstofflagerstätten des Westsinai vor (*Sḫm-ẖt*).
Zur Bewältigung dieser gewachsenen Aufgaben brauchte der Herrscher neben einer zahlenmäßig gewachsenen Beamtenschaft einen Stellvertreter, der entsprechend seinem hohen Rang zur kultischen Sicherstellung der Wirksamkeit des Königs beitrug und darüber hinaus administrative und juristische Aufgaben zu erfüllen hatte.
Für die erste Hälfte der 4. Dynastie tritt das Amt des „Vorstehers aller Arbeiten des Königs“ (*ỉmj-rꜣ kꜣt nbt nt nswt*) innerhalb der Wesirstitulatur hervor, dessen besonders enge Beziehung zum Wesirat das ganze Alte Reich hindurch erhalten bleibt. Entsprechend dem möglichen Bedeutungsspektrum von *kꜣt* – „Arbeit“, könnte man für die 4. Dynastie möglicherweise von einem breiteren Verantwortungsbereich dieser Titelträger ausgehen, der sich nicht nur auf die Leitung der königlichen Bauvorhaben, insbesondere den Pyramidenbau, beschränkte.
Ob die Wesire der 4. Dynastie, deren Titulaturen in der Regel nur wenige eigentliche Amtstitel enthielten, einen beschränkteren Funktionsbereich hatten als ihre Amtsnachfolger in der 2. Hälfte der 5. Dynastie, ist nicht zweifelsfrei zu belegen; das Gegenteil: also, daß die Einführung der neuen Ämter in der 5. Dynastie auf die früheren Kompetenzen des Wesirs hinweist (so Strudwick 1985: 332), allerdings ebensowenig. Für das juristische Ressort und die Dokumentenverwaltung könnte das sehr wahrscheinlich zutreffen. Hier sticht die enge Bindung ins Auge, die der Wesirstitel mit dem Titel eines „Großen der 5 im Hause des Thot“ (*wr* 5 *pr-Ḏḥwtj*) eingeht. Zu dessen Aufgabenbereich verfügen wir zwar leider über keine Quellen, die Verbindung mit dem Weisheits- und Schreibergott Thot, und damit zum schriftlich niedergelegten Wissen, kann jedoch Ausdruck höchster Kompetenzen auf dem Gebiet der Aktenverwaltung, im juristi-

schen Bereich genauso wie im mathematischen und theologischen gewesen sein. Die Übernahme des Titels eines „Vorstehers der 6 Großen Häuser" (*imj-r3 ḥwwt-wrt 6*) und eines „Vorstehers der Schreiber der königlichen Dokumente" (*imj-r3 zš(w) ʿ(w)-nswt*) durch den Wesir nach dem vorangegangenen Verschwinden des *wr* 5 *pr-Ḏḥwtj* Titels könnte demnach durchaus Ergebnis der Systematisierung und Institutionalisierung beider Bereiche gewesen sein.

Im Gegensatz dazu scheint mir die Übernahme der Oberaufsicht über Scheune und Schatzhaus, sichtbar am Aufkommen der Titel eines „Vorstehers der beiden Schatzhäuser" und „Vorstehers der beiden Scheunen" in den Wesirstitulaturen seit *Nj-wsr-rʿ* (s. o. S. 37), echter Ausdruck gewachsener Zentralisierung der Verwaltung gewesen zu sein.

Alles in allem bestätigt sich das Bild vom Wesir als Stellvertreter des Königs und höchsten Verwaltungsbeamten mit sehr breitem Funktionsspektrum bereits für das Alte Reich. Wobei sich das Wesirat im Rahmen der Entwicklung der Gesamtadministration mit veränderte. Leider sind den Quellen nur selten Hinweise über die konkrete Arbeit des Wesirs zu entnehmen. In der Praxis ist der Wesir sicher stets als solcher und nicht als Chef mal dieses und mal des anderen Verwaltungszweiges aufgetreten. Eine starke Abgrenzung der Ressorts hat allem Anschein nach auch gar nicht bestanden. Das wird an der mit steigendem Rang wachsenden Komplexität der Titulaturen ebenso sichbar wie an den Aussagen der Quellen zur Tätigkeit des Wesirs, die selten eine eindeutige Zuweisung zu einem Verwaltungsressort zulassen. Als „Vorsteher der Schreiber der königlichen Dokumente" beispielsweise war der Wesir natürlich nicht nur damit beschäftigt, Befehle abschreibende und Dokumente archivierende Schreiber zu beaufsichtigen. Unter seiner Leitung wurden zwar durchaus königliche Verlautbarungen in Urkundenform umgesetzt und auf den „Dienstweg" geschickt. Zweifellos war der Wesir aber mit umfassenderer Befehlsgewalt ausgestattet, die es ihm erlaubte, Befehle eigenverantwortlich zu erlassen, denen als *ʿw-nswt* Schriftform und königliche Autorisation gleichermaßen verliehen wurde.

Aus einem Dekret des Königs *Nfr-k3w-ḥr* (vgl. Urk. I 295-296) geht hervor, daß der Wesir unabhängig davon, ob es sich um einen Provinz- oder Residenzwesir handelte, wohl insbesondere in seiner Eigenschaft als *imj-r3 zš(w) ʿ(w)-nswt* für die Beaufsichtigung von Rechtsvorgängen, z.B. von Landzuweisungen sowie für die Weiterleitung der entsprechenden Urkunden und ihre Registrierung im zuständigen Aktenbüro verantwortlich war. Sowohl aus seiner juristischen als auch aus seiner verwaltungstechnischen Funktion erwuchs die Aufgabe, die Provinz zu inspizieren, über die

Einhaltung der königlichen Dekrete zu wachen bzw. ihre Nichteinhaltung zu bestrafen (Urk. I 306, 2-8).

Als „Vorsteher aller Arbeiten des Königs" und „Vorsteher der beiden Schatzhäuser" kümmerte er sich um die Ausrüstung und Versorgung der Steinbrucharbeiter. Das ist explizit einem Brief aus der 6. Dynastie zu entnehmen, der eine Beschwerde über eine nicht erfolgte Kleiderausgabe an Arbeitstrupps aus den Steinbrüchen von Tura enthielt, welche extra zu diesem Zwecke vom Wesir in die Residenz beordert worden waren.[41]

Auch die Ernennung des Wesirs *Kꜣ(.j)-gm.n.j* zum „Vorsteher aller Büros jeglicher Dienstleistungen für die Residenz" (*ỉmj-rꜣ swt nbt nt wnwt nbt nt ẖnw*) (Edel 1953: 210-226, B2) stand sicher nicht allein mit seiner Funktion als „Vorsteher aller Arbeiten des Königs" im Zusammenhang.

Die Nennung der Wesire unter den Adressaten des Dahschurdekretes *Ppj*s I.[42] und eines Dekretes *Ppj*s II. für den Mintempel von Koptos[43] sowie, leider in unklarem Zusammenhang, innerhalb der Abusirpapyri[44] weist auf seine Verantwortung für das Florieren der Kulte hin, insbesondere für die die Tempel betreffenden wirtschaftlichen Belange wie Lieferungen von Opferrationen, Leistung der staatlichen Auflagen an Abgaben und Arbeitsleistungen bzw. deren Befreiung davon.

Die Durchführung von Expeditionen zur Baumaterialbeschaffung durch Wesire scheint mir hingegen nicht aus dem Amt zu erwachsen. Der Herrscher behielt es sich offenbar vor, unterschiedliche hohe Beamte seiner Wahl persönlich mit Missionen zu beauftragen, von denen die Baumaterialbeschaffung wohl eine der prestigeträchtigsten war.

Vergleicht man abschließend die Aufgaben der Wesire des Alten Reiches mit den Aussagen aus der jüngeren „Dienstanweisung für den Wesir", so kann man naturgemäß keine vollständige Übereinstimmung erwarten. Das liegt zum Teil auch daran, daß wir über eine derartig explizite Quelle aus dem Alten Reich leider nicht verfügen. Einige Unterschiede sind somit sicherlich dem Überlieferungszufall geschuldet. Die einzige Schwierigkeit besteht darin, für den Wesir des Alten Reiches Funktionen aus dem Bereich der inneren und äußeren Repression nachzuweisen, die in Ansätzen zwar vorhanden, aber noch nicht so stark ausgeprägt sind, wie wir es der „Dienstanweisung" entnehmen können.

---

41 Vgl. Gunn 1925: 242-255, pl. Ia, b; weiterführend Gardiner 1927: 75-78; Grdseloff 1948: 505-512.

42 Urk. I 209-213, Goedicke (1967: Abb. 5).

43 Koptos B (Goedicke 1967: Abb. 8) = Urk. I 280-283.

44 Posener-Kriéger 1976: 568-570.

Im folgenden sollen von den vier hauptsächlichen Verwaltungszweigen des Staates im Alten Reich, wie sie sich in den Wesirstitulaturen seit der Mitte der 5. Dynastie widerspiegeln, nämlich juristische Verwaltung, öffentliche Arbeiten, Aktenverwaltung und Verwaltung der materiellen Ressourcen bzw. der menschlichen Arbeitskraft, die beiden letztgenannten einer detaillierten Untersuchung hinsichtlich ihrer institutionellen Struktur, deren Entwicklung und Funktion unterzogen werden.

2.3 Die Aktenverwaltung

Die Entwicklung der Schrift und die damit in Wechselwirkung stehende-Herausbildung einer Gruppe schriftkundiger Spezialisten erwuchs aus den Anforderungen einer immer komplexer werdenden Hofgesellschaft des Horus-Herrschers. Die Quellen, aus denen man über diese Ausgangsphase Aussagen gewinnen kann, sind allerdings äußerst spärlich. Neben Beamten mit einfachen Schreibertiteln,[45] deren Position oder institutionelle Zuordnung nicht ersichtlich wird, gibt es bereits in der Frühzeit Schreiber, deren Titel, wie „Schreiber des Lebensmittelmagazins des Horus *Sḫm-ỉb*" (*zš ỉz-ḏf3w Ḥr Sḫm-ỉb*);[46] sie als Angehörige von Residenzinstitutionen kenntlich machen. Schreiber, die Listen zu führen, Abrechnungen und Abschriften anzufertigen hatten sowie sich um deren Archivierung zu kümmern hatten, wird zu jeder größeren Institution gehört haben. Warum der Aktenverwaltung an dieser Stelle ein so prominenter Platz unter den Residenzinsittutionen eingeräumt werden soll, hängt mit der Existenz spezialisierter Aktenbüros zusammen, die als „Haus" (*pr*) der Schriftstücke bezeichnet wurden, mit denen die dort Tätigen befaßt waren. Private und königliche Verfügungen lassen erkennen (s. u.), daß diese Institutionen im Wirtschafts- und Rechtsleben nicht nur eine passive, registrierende, sondern eine bedeutende und aktive Rolle gespielt haben.

Erschwerend für unser Bild von der Verwaltungsstruktur wirkt sich aus, daß Titel, die sich direkt auf die Aktenbüros beziehen, relativ selten sind. Bei der Mehrzahl der relevanten Titel handelt es sich um Vorsteher oder Schreiber der betreffenden Arten von Schriftstücken. Bei diesen Personen

---

45 Vgl. Kaplony 1963: Bd. 1, 371 und z.B die Siegelabrollungen bei Kaplony 1963: Taf. 87, Nr. 327 und Taf. 98, Nr. 404.

46 Kaplony 1963: Taf. 72, Nr. 268.

können wir jedoch mit einiger Berechtigung vermuten, daß ihre Tätigkeit mit den entsprechend benannten Aktenbüros zusammenhing.

2.3.1 Das *pr-mḏꜣt*

Als einzige spezielle Aktenverwaltung ist bis in die 5. Dynastie hinein zunächst nur eine Institution belegt, die mit dem Hausgrundriß (*pr*) über der Buchrolle geschrieben und traditionell mit *pr-mḏꜣt* umschrieben wird.[47] Zunächst trat sie in einer speziellen Form in Erscheinung, und zwar als *pr-mḏꜣt irjw-iḫt nswt,* was als „Aktenbüro derjenigen, die mit den Angelegenheiten des Königs befaßt sind" aufgefaßt werden kann,[48] so daß es sich um Institution der königlichen Hofhaltung gehandelt hat.
Die Buchrolle als Logogramm wird gewöhnlich mit *mḏꜣt* umschrieben. *Mḏꜣt* steht allgemein für „Schriftstück", „Buchrolle", „Brief" (WB II 187, 5-11), „Aktenkopie" (Goedicke 1967: 148), so daß für *pr-mḏꜣt* eine Übersetzung mit „Haus der Schriftstücke", „Archiv" (WB II 187, 8) vorgeschlagen wurde.
K.-Th. Zauzich (1975: Sp. 124) transkribiert, H. Goedicke folgend, die Buchrolle mit *ꜥ* und fasst das *pr-ꜥ* als Büro der „gewöhnlichen Akten" auf. Daß eine Institution allerdings „gewöhnlichen Akten" vorbehalten gewesen sein soll, ohne daß es gleichzeitig Büros für andere, „ungewöhnliche" Aktenarten gegeben hat, ist doch sehr unwahrscheinlich. Die spärlichen einschlägigen Quellen der 4. Dynastie lassen dabei auch nicht auf eine Rolle dieser Institution als zentrale Kanzlei mit dazugehörigem Archiv schließen, deren Schreiber Korrespondenzen zu führen, Rein- und Abschriften anzufertigen, verstreute Vorgänge zu systematisieren und die Schriften zu archivieren hatten.
H. Goedicke hatte die Lesung „*pr-ꜥ*" gegenüber der Lesung „*pr-mḏꜣt*" favorisiert, da es sich „nicht um eine 'Bibliothek', sondern offensichtlich um ein 'Archiv' handelt," „*mḏꜣt*" kein Rechts- oder Verwaltungsausdruck war, so daß in der Buchrolle eine Schreibung für „*ꜥ*" „Rechtstitel" zu vermuten ist (1967: 102, Anm. 70). Er verweist dabei auch auf W. Helck, der in dieser Institution die „Registratur der Besitzurkunden" sieht (1954: 70f.).

---

47 Für die Frühzeit vgl. die Belege bei Kaplony 1963: I, 371; II, n. 1824; III, pl. 138 Nr. 837. Zu einem „Schreiber des *pr-mḏꜣt*" aus der Zeit um die Wende von der 3. zur 4. Dynastie vgl. (PM III², 503).

48 Vgl. Helck 1954: 26; Kaplony 1963: Bd. 1, 370-371, "Archiv der königlichen Arbeiter".

Da sich unter den zahlreichen Schreibern nur eine geringe Zahl belegen läßt, deren Titel aus Schreiberpalette gefolgt von einer Buchrolle besteht, kann man in diesen Fällen von einem Komposittitel, „Schreiber der *mḏꜣṯ* bzw. ꜥ Dokumente“, ausgehen, was nicht für Schreiber irgendwelcher „gewöhnlicher Akten“ sondern einer speziellen Kategorie spricht. Ob es jedoch angeraten ist, in dieser Aktenart die ꜥ-Urkunde zu sehen, damit die Buchrolle *eo ipso* mit der ꜥ-Urkunde ( ) gleichzusetzen und folglich die traditionelle Umschreibung der Institution als *pr-mḏꜣ*t durch *pr-ꜥ* zu ersetzen, erscheint mir jedoch fraglich.
Auch im Zusammenhang mit Titeln wird, wenn die ꜥ-Urkunde gemeint ist, die Buchrolle gewöhnlich durch den Arm komplementiert. Interessant in diesem Zusammenhang ist auch ein Titel aus der zweiten Hälfte der 4. Dynastie: .[49] Wenn man die Buchrolle hinter der Schreiberpalette als ꜥ-Urkunde betrachten wollte, dann würde sich hier ein Titel „Vorsteher der Schreiber der ꜥ-Urkunden, die zu den ꜥ-Urkunden des Königs gehören“ ergeben und damit eine merkwürdige Dopplung, denn in jedem Falle würden die Genannten Schreiber von „ꜥ-Urkunden des Königs“ sein. Daß der Schreibertitel mit der folgenden Urkundenart eine feste Verbindung eingegangen ist, so daß es sich um einen *„Vorsteher der Aktenschreiber des Königs“ gehandelt hätte, möchte ich im Hinblick auf die weiter unten zu besprechenden parallel konstruierten Titel ausschließen, die regelmäßig „Schreiber“ oder „Vorsteher“ unterschiedlicher Arten von Papyrusdokumenten nennen, wobei die *ꜥ-nswt* Urkunde als feststehender Begriff gut bezeugt ist.[50]
Zwischen ꜥ-Urkunden und *ꜥ-nswt* Urkunden wurde im Sprachgebrauch nicht immer deutlich unterschieden. Verfügungen konnten selbst dann einfach als ꜥ-Urkunde bezeichnet sein, wenn diese unmittelbar aufgrund einer persönlichen Anordnung des Königs erstellt wurden (vgl. Urk. I 232, 14). Umgekehrt wurde der Besitzstand des *Mṯn*, der nicht einfach durch königliche Schenkung bzw. die Übertragung von amtsgebundenem Besitz konstituiert wurde, zu dem vielmehr auch ererbter Familienbesitz gehörte, auf einer *ꜥ-nswt* Urkunde festgehalten (vgl. Urk. I 4, 15). Eine parallele Existenz eines *pr-ꜥ* und eines *pr ꜥ-nswt* (s. u.) wäre deshalb zumindest fragwürdig.

---

49 *Mrj*, vgl. Fischer 1976: 29-30; Strudwick 1985: Nr. 58, 93-94, 202.

50 S. u. S. 51 u. Anm. 61 und S. 60. Vgl. zusätzlich den Titel *zš mḏꜣ(w)t-nṯr*. Daß es sich um „Schreiber der Gottesbücher“ handelt und nicht um *„Aktenschreiber des Gottes“ wird durch die im Titel *zš pr-mḏꜣ(w)t-nṯr* – „Schreiber des Hauses der Gottesbücher“ belegte Institutionsbezeichnung deutlich (vgl. Urk. I 229, 16-18).

Alles in allem würde ich es vorziehen, bei der traditionellen Umschreibung des Institutionsnamens mit *pr-mḏꜣt* zu bleiben. Dabei stand *mḏꜣt* durchaus für eine spezifische Art von Schriftstücken, worauf noch zurückzukommen ist. Aufgrund des oben besprochenen Titels *ỉmj-rꜣ zš(w) mḏꜣt n ꜥ(w)-nswt* – „Vorsteher der Schreiber der *mḏꜣt*-Akten, die zu den königlichen Urkunden gehören", konnten *mḏꜣt*-Akten auch als Spezialform der ꜥ-nswt Urkunden vorkommen.

Für die 4. Dynastie läßt sich keine weitere hierarchische Untergliederung des *pr-mḏꜣt* erkennen. Möglicherweise war diese Institution der königlichen Kanzlei mit den Schreibern des Königs[51] beigeordnet, als deren Vorsteher eigentlich nur der *mḏḥ zš(w) nswt* bzw. der Wesir infrage kommen.[52]

Seit Anfang der 5. Dynastie gibt es, abgesehen von den „Schreibern des *pr-mḏꜣt*", auch Belege für weitergehendes Personal dieser Institution. Im großen und ganzen bleiben die Belege aber spärlich und das *pr-mḏꜣt* spielt insgesamt nur eine untergeordnete Rolle.

Unter *Nj-wsr-rꜥ* kam es offenbar zu einer stärkeren Institutionalisierung und Ausdifferenzierung der Aktenverwaltung, was sich in der Titulatur des *Kꜣ.j* widerspiegelt, der vor seiner Berufung zum Wesir die Leitung mehrerer Büros der Zentralverwaltung im Range eines „Vorstehers der beiden Kammern..." (*ỉmj-rꜣ ỉzwj n* ...) innehatte, unter ihnen auch das offenbar höchste Amt des *pr-mḏꜣt* in Gestalt des „Vorstehers der beiden Kammern des *pr-mḏꜣt*" (*ỉmj-rꜣ ỉzwj pr-mḏꜣt*). Dieser Titel läßt sich nur bei *Kꜣ.j* nachweisen, bevor er zum Wesir ernannt wurde,[53] sowie bei *Mꜣ-nfr*,[54] einem

---

51 Vgl. den „Schreiber des Königs" (*zš nswt*) *Nfr-ḥr* (Ende 3.-Anfang 4. Dynastie, PM III², 503).

52 Auf die besonders enge Verbindung des Wesirates mit der Aktenverwaltung wurde bereits im Kapitel „Wesirat" (s. o. S. 36 u. 39) hingewiesen. Diese wird in der 4. Dynastie nur selten durch entsprechende Beititel angezeigt, könnte jedoch durch das Element *zꜣb* fester Bestandteil des dreigliedrigen Wesirstitels selbst gewesen sein.
Daß es der „Schreiber des Gottesbuches" (*zš mḏꜣt-nṯr*) gewesen ist, der die Funktion des Ressortchefs „der Verwaltung der königlichen Erlasse" und eines königlichen Privatsekretärs erfüllt hat, wie Helck (1954: 71) meint, halte ich eher für unwahrscheinlich, zumal eine spezielle Verwaltung der „Gottesbücher" existierte (vgl. CG 1316 *sḥḏ zš(w) pr mḏꜣt-nṯr*). Der Titel des *zš mḏꜣt-nṯr* war offensichtlich sehr hochrangig, wurde häufig von Wesiren, „echten Königssöhnen" und besonders begünstigten Personen wie dem königlichen Friseur *Ṯj* getragen, hatte aber wohl nur rituelle Bedeutung. Nach Verdrängung der „echten Königssöhne" aus dem Wesirat verblieb dieser Titel als Zeichen eines hohen Ranges bei den Prinzen (z.B. *ꜣIwn-rꜥ*, PM III², 243).

weiteren hochrangigen Beamten innerhalb der Aktenverwaltung der späteren 5. Dynastie ohne Wesirstitel. Nach seiner Beförderung zum Wesir nennt sich *K3.j* nicht mehr „Vorsteher der Verwaltung der *mḏ3t*-Akten" sonder nur(?) noch *ḫrp zš mḏ3t* – „Leiter der Schreiber der *mḏ3t*-Akten".
Nach der 5. Dynastie taucht die Vorstehertitel der „beiden Kammern des *pr-mḏ3t*" selbst bei solchen Beamten nicht mehr auf, die eine Vielzahl von Titeln der Aktenverwaltung und der verwandten Aktenbüros tragen; und das, obwohl die Existenz des *pr-mḏ3t* durch die Koptosdekrete noch für die Regierungszeit *Ppj*s II. nachgewiesen ist.[55] Die dort genannte Singularform *iz n pr-mḏ3t* könnte auf eine reale Zweiteilung der Kompetenzen der Aktenbüros im Gefolge der Einrichtung des Provinzwesirates hindeuten. Dabei besteht die Möglichkeit, daß diese Kompetenzteilung auch mit einer räumlichen Trennung der Büros einherging und die für Oberägypten verantwortliche Hälfte am Residenzort des Provinzwesirs angesiedelt war.
An untergeordneten Titeln lassen sich, außer den „Schreibern des *pr-mḏ3t*",[56] ein „Inspektor der Schreiber" (*sḥḏ zš(w) pr-mḏ3t*) aus der ersten Hälfte der 6. Dynastie (Strudwick 1985: Nr. 100), ein „Ausrufer" (*nḫt-ḫrw pr-mḏ3t*)[57] vom Beginn der 5. Dynastie und ein „Leiter der Siegler" (*sḥḏ sḏ3wtjw pr-mḏ3t*) belegen (Grdseloff 1943: 120, Nr. 5). Ob die damit indirekt bezeugten „Siegler des *pr-mḏ3t*" nur die Türen und Aktenkästen oder auch die Urkunden selbst zu siegeln hatten, erschließt sich aus dem Titel allein leider nicht.
Daß auch einfache Schreiber des *pr-mḏ3t* keine unbedeutenden Personen waren, belegt die Nennung von zwei *zš pr-mḏ3t* in einer Reihe mit einem Ackerschreiber (*zš 3ḥt*) und zwei Gauverwaltern in einer Abrechnungsliste aus dem Totentempelarchiv des *Nfr-ir-k3-rʿ*, die mit dem Minfest im zusammenhing.[58]
Offensichtlich hat es auch spezielle „Verwaltungen der *mḏ3t*-Akten" bei anderen Institutionen gegeben. Das läßt sich aus dem Titel des *Ḫntj-k3(.j)* „Schreiber der Verwaltung der *mḏ3t*-Akten der Armee des Königs (*zš pr-mḏ3t mšʿ nswt*) entnehmen (vgl. CG 1316).

---

53 Zur Unterteilung seiner Karriere vergleiche Strudwick 1985: Nr. 136.
54 *M3-nfr*: Strudwick 1985: 91, Nr. 54; PM III^2, 456-457.
55 Koptos B, C, D (Goedicke 1967: 87-116, 117-127, 137-147).
56 Vgl. LD II, 50(b); Urk. I 228, 9; CG 1566; Fischer 1959: 258 (3); .siehe auch Anm. 57 und 58.
57 *ʾItj* (PM III^2, 114). Er war Vater eines *zš pr-mḏ3t Wḥm-k3* (vgl. Junker 1934:.167, fig. 18).
58 Vgl. Posener-Kriéger/de Cenival 1968: pl. 83; Posener-Kriéger 1976: 606.

Schwieriger ist es, zu entscheiden, ob ein Titel wie *ỉmj-r3 zš(w) mḏ3t šnw-tj*[59] auch in diese Kategorie fällt. Bezieht sich die Zuordnung zu den beiden Scheunen auf die Schreiber der *mḏ3t*-Akten oder auf die *mḏ3t*-Akten selbst? Im ersten Fall würde es sich um Angestellte der Scheunenverwaltung handeln.[60] Im zweiten Fall ginge es um Schreiber, die zwar *mḏ3t*-Akten führen, die die Scheune betreffen, eine Zuordnung zum *pr-mḏ3t* bliebe dann jedoch im Rahmen des Möglichen. Im ersten Fall müßten wir von einer festen Titelverbindung **zš-mḏ3t* – „Aktenschreiber" ausgehen, wogegen bereits oben (S. 48) Stellung bezogen wurde.

Untermauern läßt sich diese Ablehnung am besten anhand der parallel konstruierten Titel von Vorstehern der verschiedenen Aktengattungen, wie z.B. *ỉmj-r3 ʿ(w)-nswt ʿḥ3w* – „Vorsteher der königlichen Urkunden die Waffen betreffend"[61]. Bei dem genannten *ỉmj-r3 zš(w) mḏ3t šnwtj* sollte es sich demnach um einen „Vorsteher der Schreiber der *mḏ3t*-Akten, die die Scheune betreffen", gehandelt haben.

Den Titel des *Wr-ḫww* (LD II Bl. 43c, d), der als *sḥḏ zš(w) pr-mḏ3t ḥrj-wḏb* aufgefaßt und damit als Beleg für die Existenz eines gesonderten *pr-mḏ3t* der *ḥrj-wḏb* Verwaltung gewertet wurde (Helck 1954: 70, n. 26, 146), möchte ich in diesem Zusammenhang überhaupt ausklammern. Hier handelt es sich offenbar um den auch ansonsten belegten Titel eines *sḥḏ zš(w) pr ḥrj-wḏb* – „Untervorsteher der Schreiber der *ḥrj-wḏb* Verwaltung" (s. u. S. 66ff.), bei dem aus graphischen Gründen *pr*-Zeichen und Buchrolle übereinander und neben der Gruppe *ḥrj-wḏb* angeordnet wurde, um letzte als wesentliche Sinneinheit nicht auseinanderreißen zu müssen.

Um welche Art von Schriftstücken es sich bei den *mḏ3t*-Akten konkret gehandelt hat, ist aufgrund der spärlichen Quellenlage schwer zu erschließen.

W. Helck, der ja in der speziellen frühen Form des *pr-mḏ3t*, dem *pr-mḏ3t ỉrjw-ỉḫt nswt*, die „Registratur der Palastarbeiter" erkennen wollte, bezeichnet an anderer Stelle das *ỉz n pr-mḏ3t* als Ort, wo Besitzurkunden gelagert wurden (Helck 1954: 69). Später interpretierte er es als zentrales Registrierungsbüro, in dem alle Einwohner Ägyptens, die zur Arbeitsleistung heranzuziehen waren, namentlich erfaßt waren (Helck 1975: 104). K. B. Gödecken (1976: 83) leitete, wahrscheinlich aus der Rolle des *pr-mḏ3t ỉrjw-ỉḫt nswt*, für das *pr-mḏ3t* eine entsprechende Funktion als allgemeine Registratur amtlicher Tätigkeit ab.

---

59 *Ḥtpj*: Fischer 1959: 260 (6).

60 So Strudwick 1985: 274 u.

61 *Nj-ḥtp-ptḥ* LD II 72a, PM III^2, 258..

H. Goedicke (1967: 88) begnügt sich mit der allgemeinen Übersetzung als „Registratur" und ergänzte später, daß diese „in irgendeiner Weise" den Vermögensverkehr betraf (1970: 94).

Wichtig ist zweifellos die Beobachtung, daß das *pr-mḏꜣt* mit der Registrierung von Arbeitskräften zu tun hatte. Daß es allerdings unbedingt die *mḏꜣt*-Akten waren, von denen die Namen der von Leistungsforderungen befreiten Tempelangestellten zu streichen waren, läßt sich aus keinem der Dekrete explizit entnehmen. Hier sind vielmehr ausdrücklich „*srw-ꜥ* Akten des Distrikts" als solche erwähnt, von denen die Namen der Tempelangehörigen zu tilgen sind, bevor die in den Distrikten tätigen Beamten und die Vertreter der zentralen Verwaltungsbüros sie entgegennehmen, um auf ihrer Grundlage „Befehle" (*wḏw*) zu schreiben, um „die Namen" der Tempelangehörigen „an irgendeine Arbeit des *pr n nswt* zu setzen" (vgl. Urk. I 281, 1 -282, 7). In dieser Funktion, als Namensregister von Stiftungen und offenbar auch des dazugehörigen Personals, begegnet uns die *srw-ꜥ* Akte, hier in Form einer *sr-ꜥ nswt*, bereits in der Inschrift des *Mṯn* vom Beginn der 4. Dynastie. An dieser Stelle ist davon die Rede, daß der von *Mṯn* gegründete Hausstand mit den verschiedenen Stiftungsgütern auf einer *ꜥ-nswt* Urkunde festgehalten werden soll, „ihre Namen" jedoch auf eine *sr-ꜥ nswt* Urkunde (Urk. I 4, 15-16).

Daß *Mṯn* mit dieser Bemerkung gerade auf das *pr-mḏꜣt* anspielte, wie W. Helck (1954: 70) meinte, was für eine Unterordnung der *ꜥ-nswt* Urkunden unter das *pr-mḏꜣt* sprechen würde, läßt sich aus dieser Belegstelle m.E. nicht erschließen. Einer Unterordnung der *ꜥ-nswt* Urkunden unter das *pr-mḏꜣt* würde auch dem oben bereits besprochene Titel des *Mrj ỉmj-rꜣ zš(w) mḏꜣt ꜥ(w)-nswt* widersprechen (s. o. S. 48), der gerade von der umgekehrten Relation zeugt, nämlich einer möglichen Zuordnung von *mḏꜣt*-Akten zu den *ꜥ-nswt* Urkunden.

Bemerkenswerterweise taucht das *pr-mḏꜣt* sowohl in privaten Bestimmungen über den Totenkult[62] auf als auch in den königlichen Befreiungsdekreten (s. o. Anm. 55), allerdings in einer Reihe mit anderen Büros der Residenzverwaltung, die prinzipiell berechtigt waren, Leistungen von Institutionen wie Totenstiftungen oder Tempeln abzufordern. Folglich kommt auch hier die spezifische Rolle des *pr-mḏꜣt* nicht klar zum Ausdruck. Interessant ist allerdings die Beobachtung, daß für die übrigen Institutionen auch die jeweiligen Beamten genannt werden, die am Prozeß der Erarbeitung der Schriftstücke für die Einziehung von Arbeitskräften und Abgaben in den Distrikten beteiligt waren.[63] Ein Vertreter des *pr-mḏꜣt* fehlt jedoch

62 Vgl. die Verfügung des *Nb-kꜣw-ḥr* (Goedicke 1970: 81-103, Tf. II).

in allen königlichen Dekreten. Erklärbar wäre dieser Umstand eventuell durch eine aktive Rolle der Angehörigen des *pr-mḏ3t* nicht so sehr bei der Einziehung von Abgaben und Arbeitskräften, sondern vielmehr bei deren weiteren Einsatz. Titel wie *zš pr-mḏ3t mšꜥ nswt* (CG 1316) und Titelverbindungen wie *zš pr-mḏ3t* und *zš nfr-ỉdw* (PM III^2, 114) bzw. *zš pr-mḏ3t* und *zš mšꜥ nswt* (Fischer 1959) könnten diese Auffassung stützen, da sich für „Heeresschreiber" Aufgaben bei der Rekrutierung und Registrierung der Expeditionsmitglieder sowie bei der Verteilung der Arbeiten wahrscheinlich machen lassen (Fischer 1959: 261).

Mḏ3t-Urkunden könnten so womöglich Listen mit Namen von rekrutierten Arbeitskräften und den Arbeiten, zu denen sie eingeteilt wurden, enthalten haben. Denkbar wären auch Angaben zu ihren Rationen.

Somit wäre das *pr-mḏ3t* die Verwaltung der Dienstlisten der staatlichen Arbeitskräfte. Mit „*mḏ3t*" wären damit speziell solche Papyri gemeint, die Listen und Abrechnungen enthielten.

2.3.2 Die Verwaltung der *ꜥ-nswt* Urkunden

Schriftstücke, die *ꜥ-nswt* – „ꜥ-Urkunde des Königs" genannt werden, sind bereits vom Anfang der 4. Dynastie aus der bereits erwähnten Inschrift des *Mṯn* bekannt. Diese läßt erkennen, daß *ꜥ(w)-nswt* zur Verbriefung von Besitzrechten an Immobilien Verwendung fanden, unabhängig davon, ob diese Rechte gerade eben vom König gewährt worden waren (Urk. I 4, 15-16) oder ob es sich um Erwerbung bzw. Vererbung von Grundbesitz handelte (Urk. I 2, 11), was durch das Ausstellen einer *ꜥ-nswt* Urkunde offizieller Bestätigung bedurfte.[64] Aus dem Passus: ihre Anteile wurden gegeben zu

---

63 Vgl. Koptos B (Goedicke 1967: Abb. 8, 88 (VI) und (VIII). Der Verwaltung der *ꜥ-nswt* Urkunden ist der „Schreiber der *ꜥ-nswt* Urkunden" zugeordnet, der *ḥrj-wḏb*-Verwaltung der „Vorsteher der Ackerschreiber" und der Verwaltung der *ḥrj-ḫtm(t)* der Schreiber dieser Urkundenart (ausführlicher dazu weiter unten). Ein Vertreter des *pr-mḏ3t*, der zwischen dem Vertreter des *pr ḥrj-wḏb* und des *pr ḥrj-ḫtm(t)* zu erwarten gewesen wäre, fehlt jedoch.

64 Gödecken (1976: 31, Anm. 46) lehnt diese auch von Goedicke (1970: 18, Anm. 21) vertretene Wertung meiner Meinung nach zu Unrecht ab. Die Tatsache, daß eine *ꜥ-nswt* Urkunde ausgestellt wurde – was sicher nicht von jedem beliebigen Schreibkundigen getan werden konnte, da dann ein spezieller *zš ꜥ(w)-nswt* unnötig gewesen wäre – und die Notwenigkeit eines solchen besonderen Schriftstükkes kann nicht nur als passives Registrieren eingeschätzt werden, sondern kam einer offiziellen Bestätigung gleich.

den „*ꜥw-nswt st nb*“ (Urk. I 2, 11) läßt sich eine dezentrale Lagerung dieser Urkundenart ablesen, die wenigstens für die 4. Dynastie die Existenz eines zentralen Residenzbüros der *ꜥ-nswt* Urkunden unwahrscheinlich macht. Schreiber, die speziell für diese Urkundenart zuständig waren, gab es zwar – so sind aus der zweiten Hälfte der 4. Dynastie zwei *zš ꜥ(w)-nswt* bezeugt, die beide gleichzeitig Schatzhausvorsteher waren,[65] wie auch der bereits erwähnte *ỉmj-rꜣ zš(w) mḏꜣt n ꜥ(w)-nswt* (s. Anm. 49). Ein *pr ꜥ-nswt* als Parallelinstanz zum *pr-mḏꜣt* ist jedoch für die 4. Dynastie nicht belegbar.

In den „*st nb*“ der *Mṯn*-Inschrift Aktenbüros der Orte zu vermuten, an denen sich der Besitz der Mutter von *Mṯn* befand,[66] würde allerdings das Bestehen einer äußerst weitverzweigten, tiefgestaffelten Provinzialverwaltung in der 4. Dynastie voraussetzen, was dem Bilde, das die Quellen ansonsten vermitteln, nicht entspricht. Vielmehr liegt nahe, in „*st nb*“ den Sammelbegriff für alle die Residenzinstitutionen zu sehen, die mit der Einziehung von Abgaben und Arbeitskräften befaßt waren und in der Biographie des Wesirs *Kꜣ(.j)-gm.n.j* (Edel 1953: 210-226, B2) als *st nb wnwt nb nt ẖnw* – „jegliche Instanz für irgendeine Dienstleistung der Residenz“ erwähnt werden und im Dahschurdekret *Ppj*s I. als *st nb nt ẖnw* – „jede Instanz der Residenz“ (Urk. I 210, 4), für die künftig keinerlei *mḏd*-Abgabe mehr zu erbringen sei.

Als Absender der *Mṯn* betreffenden Dekrete[67] kommt nur ein hoher Residenzbeamter, wahrscheinlich der Wesir selbst, infrage, der dann die jeweiligen obersten Gaubeamten erst von den Besitzänderungen in ihrem Bereich und von deren Rechtmäßigkeit in Kenntnis setzte.

In der 5. Dynastie, spätestens unter *Nj-wsr-rꜥ*, kam es zu einer stärkeren Institutionalisierung und Ausdifferenzierung der Aktenverwaltung der Residenz. Das wird an der Titulatur des *Kꜣ.j* erkennbar, durch dessen Titel, die er vor seiner Beförderung zum Wesir trug, die Existenz nicht nur einer gesonderten Verwaltung der *mḏꜣt*-Akten, sondern auch die einer *ẖrj-ḫtm(t)* genannten Spezialform der *ꜥ-nswt* Urkunden (s. u. S. 63) belegt

---

65 *Nfr* (PM III², 72-74), *ꜣIzj* (vgl. Strudwick 1985: Nr. 17).

66 Vgl. Goedicke 1970: 18, Anm. 21; Gödecken 1976: 236.

67 Wenn man von der von Gödecken (1976) wahrscheinlich gemachten Deutung der verschiedenen im Text genannten Gauverwalter als Adressaten von Dekreten folgen will, deren Auftreten man schwerlich sinnvoller erklären kann.

wird.[68] Ein vergleichbarer Vorstehertitel eines speziellen Büros der *ꜥ-nswt* Urkunden war interessanterweise nicht in der Titulatur zu finden.
Für die Leitungsfunktion kommt der *ỉmj-rꜣ zš(w) ꜥ-nswt* – „Vorsteher der Schreiber der königlichen Urkunden" infrage, der erstmals beim Wesir *Wꜣš-ptḥ; ỉzj* unter *Nfr-ỉr-kꜣ-rꜥ* belegbar ist,[69] und den auch *Kꜣ.j* führte.
Wie die o.g. Titel belegen, konnten *mḏꜣt-* genauso wie *ẖrj-ḫtm(t)*-Schriftstücke zu den *ꜥ-nswt* Akten gehören, die damit eine übergreifende Kategorie von Schriftstücken bildeten. Aus diesem Grund konnte der „Vorsteher der Schreiber der *ꜥ-nswt* Urkunden" höchste Leitungsinstanz aller Aktenbüros sein, einschließlich des *pr n ꜥ(w)-nswt*, dessen gesonderte Existenz in der 5. Dynastie durch einen untergeordneten Titel *sḥḏ zšw n pr n ꜥ-nswt* – „Untervorsteher der Schreiber der Verwaltung der *ꜥ-nswt* Urkunden" belegt wird (Fraser 1902: 72), und das in der 6. Dynastie, unter *Ppj* II., als *ỉz n pr ꜥ-nswt* in den Koptosdekreten erscheint.[70]
Neben den Schreibern der *ꜥ-nswt* Urkunden und ihren Vorstehern gab es eine ganze Hierarchie von Verwaltern dieser Urkunden: von den direkt mit den Papyri befaßten *ỉrjw-mḏꜣt ꜥ(w)-nswt* über die *sḥḏ ꜥ(w)-nswt* („Untervorsteher der königlichen Dokumente") bis zu den *ỉmj-rꜣ ꜥ(w)-nswt* („Vorsteher der *ꜥ-nswt* Urkunden").[71] Ob diese immer sicher zum Personal des *pr ꜥ(w)-nswt* zu zählen sind, ist nicht sicher zu sagen. Bei einer Reihe von Vorstehern und Schreibern spezifischer *ꜥ-nswt* Urkunden kann nicht ausgeschlossen werden, daß diese Angehörige anderen Institutionen waren. Zu nennen sind hier *ỉmj-rꜣ zš(w) ꜥ-nswt ẖrj-ḫtm(t)* – „Vorsteher der Schreiber der königlichen Dokumente, die zu den *ẖrj-ḫtm(t)* Urkunden gehören";[72] *zš ꜥ(w)-nswt ꜣḫt* – „Vorsteher der königlichen Dokumente, die das Ackerland betreffen",[73] *ỉmj-rꜣ ꜥ(w)-nswt ꜥḥꜣw* – „Vorsteher der königlichen Dokumente, die die Waffen betreffen",[74] *zš ꜥ(w)-nswt šnwt* – „Schreiber der Königsurkunden der Scheune",[75] *sḥḏ zš ꜥ(w)-nswt pr-ḥḏ* – „Untervorsteher

68 Vgl. *ỉmj-rꜣ ỉzwj nw pr-mḏꜣt* und *ỉmj-rꜣ ỉzwj nw ẖrj-ḫtm(t) ꜥ(w)-nswt,* also etwa „Vorsteher der beiden Kammern der *mḏꜣt*-Verwaltung" und „Vorsteher der beiden Kammern der *ẖrj-ḫtm(t)*-Urkunden unter den *ꜥ*-Urkunden" (s. o. S. 49).

69 Vgl. Strudwick 1985: 79f., Nr. 37.; PM III[2], 456; Zur besonders engen Verbindung der Aufsichtsfunktion über die Schreiber der königlichen Dokumente mit dem Wesirat s. u. S. 36.

70 Vgl. Koptos B und C (Goedicke 1967: 87-116, 117-126; vgl. Urk. I 281, 8; 285, 5).

71 Vgl. *ỉrj-mḏꜣt ꜥ(w)-nswt* (PM III2, 306); *sḥḏ ꜥ(w)-nswt* (CG 1528); *ỉmj-rꜣ ꜥ(w)-nswt* (Davies 1902b: pl. 19).

72 *Ḥtpj* (PM III[2], 241).

73 *Ḥwtj* (CG 64), der zugleich *zš pr ḥrj-wḏb* – „Schreiber des *pr ḥrj-wḏb*" ist.

74 *Nj-ḥtp-ptḥ* (LD II 72a, b); *Nj-sꜥnḫ-ꜣḫt* (Strudwick 1985: 103, Nr. 73); *ꜣImj-st-kꜣ(.j)* (Junker 1943: fig. 83).

der Schreiber der Königsurkunden des Schatzhauses",[76] *zš ʿ(w)-nswt m prwy-nwb* – „Schreiber der königlichen Dokumente in den beiden Goldhäusern"[77].

So wie wir im *ỉmj-rꜣ zš(w) ʿ-nswt ẖrj-ḫtm(t)* – „Vorsteher der Schreiber der Königsurkunden, die zu den *ẖrj-ḫtm(t)* Urkunden gehören", sicher einen hohen Beamten des *pr ẖrj-ḫtm(t)* vor uns haben, waren auch die anderen Genannten hochrangige Angehörige des *pr ḥrj-wḏb*,[78] der Waffenverwaltung bzw. von Scheune und Schatzhaus. Auf diese Weise wird die enge Verquickung der Aktenverwaltung mit den Instanzen deutlich, die die materiellen Ressourcen des Staates verwalteten.[79]

Daß der Bereich der „staatlichen Arbeiten" ebenfalls eingeschlossen war, bezeugt die Spezifizierung des üblichen Titels „Vorsteher der Schreiber der königlichen Dokumente" (*ỉmj-rꜣ zš(w) ʿ(w)-nswt*) beim Wesir *Mrrw-kꜣ(.j)* aus der Mitte der 5. Dynastie als „Vorsteher der Schreiber der königlichen Dokumente, die zu jeglichen Arbeiten des Königs gehören" (*ỉmj-rꜣ zš(w) ʿ(w)-nswt n kꜣt nbt nt nswt*) (vgl. Strudwick 1985: Nr. 65).

Mrrw-kꜣ.j nennt darüber hinaus die Titelvariante „Vorsteher der Schreiber der königlichen Dokumente, die die königlichen Verlautbarungen betreffen" (*ỉmj-rꜣ zš(w) ʿ(w)-nswt n wḏt-mdw nswt*), wodurch eine besonders enge Verbindung zur königlichen Kanzlei selbst herausgestellt wird.

Die *wḏ-mdw nswt* Komponente des Titels bezieht sich auf kodifizierte persönliche Willenserklärungen des Königs,[80] was den hohen Status bereits der einfachen *zš(w) ʿ(w)-nswt n wḏt-mdw nswt*[81] erklärt,

Da auch ein „Vorsteher der Schreiber des Königs, die für die königlichen Verlautbarungen zuständig sind" (*ỉmj-rꜣ zš(w) nswt nt wḏ-mdt nt nswt*) dokumentiert ist (Mariette 1889: 192, D9) und ein „Schreiber der königlichen Verlautbarungen" (*zš wḏ-mdt nt nswt*), der gleichzeitig „Schreiber, der zum Aktenkasten des Königs gehört" (*zš ẖrt-ʿ nt nswt*) ist und „Schreiber der kö-

75 *Nḫt-kꜣ(.j)* (Hassan 1953: fig. 20), *ʾIrw-kꜣ-ptḥ* (Strudwick 1985: 61f., Nr. 12; PM III², 691f.); *ʿnḫ-m-ʿ-rʿ* (Strudwick 1985: 73, Nr. 28); letztere beide zugleich *ỉmj-rꜣ šnwt* – „Vorsteher der Scheune".

76 *ʾIj-mrj* (Junker 1951: 145, Abb. 53).

77 *Nj-kꜣw-ptḥ*, der auch Schatzhausvorsteher (*ỉmj-rꜣ pr-ḥḏ*) war (vgl. Strudwick 1985: Nr. 77).

78 Zum *pr ḥrj-wḏb* und seiner Verbindung zur Verwaltung des Ackerlandes s. u. S. 66.

79 Das deutete sich schon bei den beiden *zš ʿ(w)-nswt* aus der 2. Hälfte der 4. Dynastie an, die beide zugleich Schatzhausvorsteher waren, s. o. S. 54 und Anm. 65.

80 Zu *wḏt-mdw* als kodifizierte Form eines mündlichen Willensbekenntisses vgl. Goedicke 1970: 199.

81 *Zš ʿ(w)-nswt wḏ-mdw* (CG 303); *zš ʿ(w)-nswt wḏ-mdw nt nswt* (CG 172).

niglichen Dokumente" (*zš ʿ(w)-nswt*) (CG 127), werden die „königlichen Dokumente der Verlautbarungen des Königs" (*ʿ-nswt wḏ-mdt (nt) nswt*) jener spezielle Teil der ʿ-Urkunden sein, durch die die in der königlichen Kanzlei verfaßten *wḏ(w)-mdt nt nswt* – „Willenserklärungen des Königs" zu autorisierten und damit rechtskräftigen Verwaltungsdokumenten gemacht wurden.
Wahrscheinlich gehörten auch die Papyrusoriginale der uns nur als Abschriften auf Stein erhalten gebliebenen königlichen Befreiungsdekrete zu dieser Gattung, da diese als „Königsbefehl" ebenfalls auf den mündlich geäußerten Willen des Herrschers zurückgehen. Die Dekretabschriften enthalten den Passus „gesiegelt in Gegenwart des Königs selbst" (vgl. Urk. I 282, 10; 282, 2) und der Wesir *Snḏm-ib; intj* erwähnt in seiner Grabinschrift, daß Seine Majestät bezüglich seiner Grabstiftung *wḏ*-"Befehle" siegeln ließ mit dem Siegel der ʿ-Urkunde (Urk. I 64, 10).
Daß Verfügungen hinsichtlich eines Grabes in der Nekropole durch eine ʿ-Urkunde fixiert wurden, geht auch aus der Grabinschrift des *Rʿ-wr* hervor. In ihr wird berichtet, daß Pharao *Nfr-ir-k3-rʿ* persönlich das Aufsetzen einer diesbezüglichen ʿ-Urkunde in seiner Gegenwart befahl (Urk. I 232, 14). Daß diese eindeutig königliche Urkunde im Text nur als „ʿ" bezeichnet wurde, spricht für die Möglichkeit einer synonymen Verwendung von „ʿ" und „*ʿ-nswt*".
So wie die Dekrete vor der Einziehung von Abgaben und Arbeitskräften schützen konnten, konnte mit ihnen natürlich auch das Gegenteil, die Beauflagung dazu, realisiert werden. Eine Passage im Dahschurdekret *Ppj*s I. spricht den „Friedlichen Nubiern"und allgemein „jedermann" das Recht ab, Angehörigen der Pyramidenstadt abzuziehen mit der Formulierung: *nj ʿ.sn r sn* – „Nicht haben sie einen Rechtsanspruch gegen sie."[82] ʿ – „Rechtsanspruch" ist hier mit dem Arm über der Buchrolle geschrieben. Anknüpfend an die ursprüngliche Bedeutung als wirkliche Papyrusurkunde, ist hier für „ʿ" die abgeleitete Bedeutung „Verfügungsgewalt", „Rechtsanspruch" bis hin zu „Besitz"[83] entstanden mit der verbalisierten Form *ʿj* – „einen Rechtsanspruch haben".[84]
Unsere ausführlichste Quelle zur Funktion der Aktenverwaltung und Bedeutung der ʿ bzw. *ʿ-nswt* Dokumente sind jedoch die Koptosdekrete *Ppj*s II. An ihnen ist erkennbar, daß der Ausgangspunkt der Ausstellung der ʿ-Urkunde grundsätzlich die königliche Autorität war, der königliche Befehl

82 Geodicke 1967: 56 (VIII); Urk. I, 211, 5-11, vgl. ebenso das Dekret des *Nfr-ir-k3-rʿ* für den Tempel von Abydos (Urk. I 171, 6 u. 11).
83 Vgl. Urk. I 147, 3, dazu Edel 1958: 16 (3); WB I 159, 2 und unten Anm. 136.
84 Vgl. u.a. Goedicke 1967: 215, 222 (29).

wḏ, welcher gewöhnlich vom König selbst ausgeht, aber auch von Beamten, die dazu autorisiert worden sind.[85]

In den Dekreten Koptos B und C (Goedicke 1967: 87-116, 117-127) spiegelt sich erneut die hochrangige Position der Schreiber der königlichen Dokumente wider. Bei der Nennung der zu den Aktenbüros gehörenden Beamten wird der *zš ꜥ(w)-nswt* an erster Stelle genannt vor dem *ỉmj-rꜣ zš(w) ꜣḥt* und dem *ỉmj-rꜣ zš(w) ḫrj-ḫtm(t)* als den Vertretern der anderen Verwaltungen, die alle im Range eines *ỉmj-rꜣ* – „Vorstehers" waren (Urk. I 282, 3).

Adressat des Dekretes Koptos B war zunächst der Wesir *Ḏꜥw* und zwar insbesondere in seiner Eigenschaft als *ỉmj-rꜣ zš(w) ꜥ(w)-nswt*. Er war es, der in oberster Instanz die Einziehung von Abgaben und Arbeitsleistungen zu verantworten hatte. Der ihm untergebene „Vorsteher von Oberägypten" war es dann, der die Büros der Aktenverwaltung veranlaßte, auf der Basis der bei ihnen lagernden Urkunden die konkreten Forderungen zusammenzustellen. Es wurden nach Gauen aufgeschlüsselte sogenannte *srw-ꜥ* Dokumente verfaßt. Dabei handelt es sich um einen spezielle Kategorie von ꜥ-Urkunden, die möglicherweise nach dem sie handhabenden Personenkreis, den *srw*-Beamten, benannt wurde. Als *srw-ꜥ nswt* Urkunde wird sie bereits in der Inschrift des *Mṯn* vom Beginn der 4. Dynastie erwähnt und enthielt offenbar Listen von Institutionen mit Aufstellungen der zu ihnen gehörigen Liegenschaften und ihres Personals,[86] auf deren Basis die staatlichen Abgabe- und Dienstverpflichtungen bestimmt wurden.[87]

Die *srw-ꜥ* Dokumente wurden von einer Reihe Beamter der Distriktsverwaltung, die auch mit dem Sammelbegiff „*srw*" bezeichet wurden, entgegengenommen, um nach deren Angaben tätig zu werden. Sie und die „Schreiber der königlichen Dokumente", die „Vorsteher der Felderschreiber" und die „Vorsteher der Schreiber der *ḫrj-ḫtm(t)* Urkunden" sind es dann, die auf ihrer Basis konkrete Befehle (*wḏw*) für die Abgabeneinziehung und Rekrutierung erlassen (vgl. Urk. I 285, 4; 281, 17-18; 287, 6). Leider wird die genaue Funktionsteilung zwischen den *srw*-Beamten und den genannten Vertretern der zentralen Verwaltungsbüros dabei nicht ganz deutlich.

---

85 Von *wḏw-nswt*, die offensichtlich nicht vom König persönlich ausgehen, spricht Urk. I 282, 15 (vgl. Goedicke 1967: 88 (XX), Anm. 51).

86 Der Befehl, die Namen der Tempelangehörigen zu löschen, bezieht sich ausdrücklich auf die *srw-ꜥ* Akte des Distriktes (vgl. Urk. I 281, 17-18, 282, 1). „*ỉr*" leitet das hervorgehobene logische Subjekt ein, das im folgenden Hauptsatz als pronominales Objekt wieder aufgenommen wird.

87 Vgl. Urk. I 281, 7; 3, 284, 14 - 285, 4 sowie Urk. I 4, 16.

Dem Dekret des *Mn-kꜣw-ḥr* über die Einrichtung seiner Stiftung (Goedicke 1967: 165-171) ist zu entnehmen, daß der Stiftungsvorgang durch einen königlichen Befehl ausgelöst wurde, der sich zunächst an den Wesir richtete, der auch „Vorsteher von Oberägypten" und „Vorsteher der Schreiber der königlichen Dokumente" war. Gleichzeitig erging der Befehl an die Akkerschreiber der Gaue, in denen sich die zur Stiftung gehörigen Liegenschaften befanden. Sie assistierten dem Wesir bei der Aufteilung des Landes und hielten die „Landteilung"[88]auf einer ꜥ-Urkunde fest. Die einzelnen ꜥ-Urkunden, die offenbar für jede Parzelle gesondert auszustellen waren, wurden dann dem Wesir ausgehändigt, damit er sie in die zuständige Aktenverwaltung der Residenz überführt, hier die der *ẖrj-ḫtm(t)* Dokumente (s.u.).

Wie der Inschrift des *Nḫbw* (Urk. I 220, 2-3) zu entnehmen ist, konnte die ꜥ-Urkunde auch das Recht bescheinigen, in einem bestimmten Gebiet Amtsgewalt auszuüben,[89] was im Falle eines Baumeisters wie *Nḫbw* sicherlich die Übernahme der Verfügungsgewalt über die zur Bauausführung benötigten Ressourcen dieses Gebietes einschloß.

Das Dekret eines Nachfolgers *Ppj*s II. für den Kult der Königinnen *Mrj-rꜥ-ꜥnḫ.n.s* und *Njt* erwähnt hingegen „Brot gemäß deiner ꜥ-Urkunde" (Goedikke 1967: 158 (VI).

Alles in allem läßt sich „ꜥ" als eine Urkunde erkennen, durch die ihrem Besitzer Rechte in bezug auf materielle Ressourcen wie Naturallieferungen, aber auch Besitzrechte an Boden sowie über menschliche Arbeitskraft verbrieft wurden. Die Übertragung dieser Rechte konnte auf der Grundlage eines Amtes, eines Auftrages oder einer rechtsgültigen Besitzübertragung erfolgen; aber auch in Negierung bereits bestehender gegenläufiger Ansprüche, was dann allerdings königlicher bzw. gerichtlicher Entscheidungen bedurfte.[90]

Zusammenfassend läßt sich zur Funktion der Verwaltung der *ꜥ-nswt* Urkunden feststellen, daß sie sich nicht auf ein passives Registrieren von

---

88 Hier „*wpt ꜥ*". Goedicke (1967: 167, Anm. 5) verweist auf verwandte Stellen, die „*wpt šꜥ nb*" (Urk. I 212, 14) bzw. „*wpt ꜣḫt*" (Urk. I 294, 15) verwenden.

89 Wie eine solche Urkunde konkret aussah, läßt sich an den Dekreten Koptos I, M, O, Q (Goedicke 1967: 172-177, 178-183, 184-189, 190-192) erkennen, die Abschriften solcher Ernennungsurkunden darstellen und den Kompetenzbereich des Ernannten abstecken.

90 Vgl. die Bestimmungen des *Kꜣ(.j)-m-nfrt* über seinen Totenkult (Goedicke 1970: 44-67, Urk. I 13, 14), wo einem Totenpriester der Verlust seines Anteils angedroht wird, falls er gegen eine Kollegen prozessiert und ein Schrift „ꜥ" verfaßt, die letzteren aus seinen verbrieften Rechten vertreiben soll: *ỉr.f ꜥ n dḳr.f r ḥm-kꜣ*.

Rechtsansprüchen, auf das Ausstellen bzw. Archivieren entsprechender Urkunden beschränkte. Sie spielte eine wichtige Rolle bei der Organisierung der Einziehung von Abgaben und Arbeitskräften, indem ihre Angehörigen aus der Summe der in ihr gelagerten Urkunden die bestehenden Ansprüche des Staates herausarbeiteten und die notwendigen Unterlagen für die Durchführung der „Zählungen" erstellten. In dieser Eigenschaft wahrte die Verwaltung der *ˁ-nswt* Urkunden in erster Linie die Interessen der Zentralgewalt, vertrat Institutionen wie Scheune und Schatzhaus.
Die Aussage der Koptos-Dekrete, daß „Vorsteher von Oberägypten" und *srw*-Beamte tätig werden „für" die Residenzbüros"[91] um die Tempelangehörigen „an eine Arbeit des *pr-nswt* zu setzen" (Urk. I 281, 7-15) und ein Titel *ỉmj-rꜣ ˁ(w)-nswt ˁḥꜣw*,[92] der wahrscheinlich die Ausgabe von Waffen zu veranlassen hatte, lassen erkennen, daß sich die Rolle der Verwaltung der *ˁ-nswt* Urkunden nicht nur auf die Organisierung der Einziehung von Arbeitskräften und Produkten beschränkte, sondern auch auf deren weitere Verwendung.

2.3.3 Die Verwaltung der *ẖrj-ḫtm(t)* Dokumente

Im selben Atemzug wie das *pr n ˁ(w)-nswt* und das *pr-mḏꜣt* ist in den Koptosdekreten ein weiteres Aktenbüro genannt: das der *ẖrj-ḫtm(t)*[93] Urkunden. Seine Existenz läßt sich erstmals in der Titulatur des nun schon mehrfach genannten hohen Beamten *Kꜣ.j* aus der Mitte der 5. Dynastie nachweisen (s. Anm. 29) und scheint somit im Ergebnis der weiteren Vergrößerung und Spezialisierung der gesamen Aktenverwaltung während der Regierungszeit des *Nj-wsr-rˁ* entstanden zu sein.
Traditionell wird diese Institution mit „Büro der gesiegelten Akten" (Grdseloff 1951: 157), „Registratur der unter Verschluß gehaltenen Akten" (Helck

---

91 Daß die Rekrutierungen „für" die Verwaltungsbüros erfolgten (Urk. I 281, 14; 285, 5) kann natürlich nur heißen, daß letztere als zentrale Instanzen die Erfüllung der Aufgaben zu initiieren, zu koordinieren und abzurechnen hatten. Der Vorsteher von Oberägypten und die Distriktsbeamten unternahmen die konkreten Schritte auf der Grundlage ihrer Vorgaben.

92 S. o. Anm. 74.

93 Daß hier von einer femininen Form *ḫtmt* auszugehen ist, belegen seltene ausführliche Schreibungen, vgl. Capart 1907: pl. 11. Dafür, daß die Buchrolle nur als Determinativ diente und nicht mit zu lesen ist, sprechen Belege, in denen die Buchrolle fehlt, vgl. Firth/Gunn 1926: 107 (34); LD II, 64b; Verner 1977: 167 (140).

1954: 72) u.ä. übersetzt. Goedicke schloß sich mit seiner Übersetzung „Registratur der gesiegelten Dokumente" an, bemerkte aber, daß diese Verwaltung scheinbar vornehmlich mit Fragen des Landbesitzes beschäftigt war, für dessen Übertragung Vertragsakten notwendig waren (1967: 87, 169).

Weder „unter Verschluß gehaltene Akten" noch „gesiegelte Akten" scheint mir jedoch eine zufriedenstellende Übersetzung zu sein. Ich kann mir keine Aktenart vorstellen, die nicht in irgendeinerweise „unter Verschluß" gehalten wurde, da sie doch in Räumlichkeiten gelagert wurden, die nur den zuständigen Beamten zugänglich waren. Und in einer Bezeichnung für „Geheimakten" würde ich Begriffe wie „*št3*" bzw. „*sšt3*" erwarten. Auch der Umstand gesiegelt zu sein, kann die *ẖrj-ḫtm(wt)* nicht grundsätzlich von anderen Urkundenarten abgehoben haben, da nachgewiesenermaßen auch die *ˁ*-Urkunde mit einem Siegel versehen war (vgl. Urk. I 64, 10) und bei einer simplen Identität beider eine Trennung in zwei separate Verwaltungsbüros unnötig gewesen wäre.

Bei den *ẖrj-ḫtm(t)* Urkunden muß es sich um eine Spezialform der *ˁ-nswt* Schriftstücke gehandelt haben. Der älteste Beleg eines Vorstehertitels der *ẖrj-ḫtm(wt)* Verwaltung (*K3.j*) lautet bezeichnenderweise *ỉmj-r3 ỉzwj nw ẖrj-ḫtm(t) ˁ(w)-nswt* – „Vorsteher der beiden Büros der zu den königlichen Dokumenten gehörenden *ẖrj-ḫtm(t)*-Urkunden". Derselbe Zusammenhang ist an den Titulaturen der jeweils Ende der 5. Dynastie datierenden Würdenträger *Ḥtpj* und *H̱nmw-ḥtp(w)* zu erkennen. *Ḥtpj* (PM III^2, 241) nannte sich *ỉmj-r3 zš(w) ˁ(w)-nswt ẖrj-ḫtm(t)* – „Vorsteher der Schreiber der königlichen Dokumente, die zu den *ẖrj-ḫtm(t)* Urkunden gehören". *H̱nmw-ḥtp(w)* (PM III^2, 213) war *ỉmj-r3 ẖrj-ḫtm(t) n ˁ(w)-nswt n pr-ˁ3* – "Vorsteher der *ẖrj-ḫtm(t)* Urkunden, die zu den königlichen Dokumenten den *pr-ˁ3* Palast betreffend gehören", *ỉmj-r3 ẖrj-ḫtm(t) n ˁ(w)-nswt n mrt* – "Vorsteher der *ẖrj-ḫtm(t)* Urkunden, die zu den königlichen Dokumenten gehören, die die *mrt*-Leute betreffen" und *ỉmj-r3 ẖrj-ḫtm(t) n ˁ(w)-nswt n 3ḥt* – "Vorsteher der *ẖrj-ḫtm(t)* Urkunden, die zu den königlichen Dokumenten gehören, die die Felder betreffen".[94]

Die Titel der letzteren sind besonders interessant, bezeugen sie doch darüber hinaus die Verbindung der *ẖrj-ḫtm(t)* Dokumente insbesondere mit dem Land und Arbeitskräfte verbriefenden Teil der *ˁ-nswt* Urkunden.

---

94 Erinnert sei an dieser Stelle an den oben (S. 49 und Anm. 49) erwähnten, strukturell gleichen Titel *ỉmj-r3 zš(w) mḏ3t n ˁ(w)-nswt* aus der zweiten Hälfte der 4. Dynastie, der analog die *mḏ3t*-Urkunden als Unterkategorie der *ˁ-nswt* erkennen läßt, wodurch die Möglichkeit einer Deutung dieses Titels als Vorstufe des *ỉmj-r3 zš(w) ˁ(w)-nswt* entfällt.

Das Dekret Koptos L[95] enthält die Weisung, die Landteilung des von Pharao *Nfr-kꜣw-ḥr* zugunsten des Min von Koptos gestifteten Gutes „auf vielen Kopien" festzuhalten und diese dem Wesir zu überstellen, damit er sie wiederum zu den *ẖrj-ḫtm(t)*[96] überweist, wo sie „zum entsprechenden *ḫt*"[97] genommen würden.

Diesem Dekret sind eine Reihe wichtiger Fakten zu entnehmen. Arbeitsgrundlage der Verwaltung der *ẖrj-ḫtm(t)* Urkunden waren hier eingehende ꜥ-Urkunden, deren Angaben verwendet werden, um *ḫt*-Dokumente zu führen. Bei diesen *ḫt*-Dokumenten handelt es sich um Verzeichnisse der zu einer Institution – z.B. Tempel, aber auch Würdenträgerhaushalten –[98] gehörenden Personen[99] (vgl. Urk. I 211, 6-7) und Immobilien,[100] die einerseits eine wichtige Grundlage der Einziehung von Abgaben und Arbeitskräften bildeten,[101] andererseits aber auch den Fakt der Zugehörigkeit beider rechtsgültig fixierten. Letzterer Aspekt galt besonders für die bei der jeweiligen Institution selbst gelagerten Exemplare. Die *ḫt*-Dokumente trugen also entweder selbst Vertragscharakter oder zumindest die ihnen zugrundeliegenden Einzelverfügungen. Als feste Vertragsform *ḫtmt*

---

95 Goedicke 1967: 165-171, Abb. 17: vgl. Urk. I 296, 12-15.

96 *Ḫrj-ḫtm(t)* wird hier als gängige Abkürzung für *pr ẖrj-ḫtm(t)* gebraucht, da von den einander zeitlich und inhaltlich nahestehenden Dekreten Koptos B „*iz n ẖrj-ḫtm(t)*" (Goedicke 1967: Abb. 8, 88 [VI]) und Koptos C an entsprechender Stelle „*iz n pr ẖrj-ḫtm(t)*" verwendet (Goedicke 1967: Abb. 9, 118 [VI]).

97 Unter dem „entsprechenden *ḫt*" kann hier sowohl das der Stiftung selbst als auch das des Min-Tempels von Koptos als übergeordneter Institution verstanden werden. Da wir von Ortschaften (*niwwt*) wissen, die zum „*ḫt*" der Pyramidenstadt gehörten (Urk. I 292, 6), aber auch von *ꜣḫt*-Acker, der zum „*ḫt*" einer *ḥwt*-Anlage gehörte (CT II 159 h, i), ist wohl die Existenz von *ḫt*-Dokumenten verschiedener Ebenen die wahrscheinlichste Variante.

98 Vgl. *ḫt n ḥwt.j tn* (CT II 159 h, i), worunter hier wegen des funerären Kontextes wohl ein Totenstiftungsgut zu verstehen ist.

99 *Mrt* als unmittelbare Produzenten haben eine besondere Rolle gespielt (vgl. *ẖrj-ḫtm(t)* ꜥ*(w)-nswt n mrt*). Aber zum *ḫt* gehörten nicht nur sie, sondern sämtliche Angehörigen der Institution. Da nach den Dekreten Koptos B und C alle Tempelangehörigen unabhängig von ihrer Stellung auf den *srw-*ꜥ Akten verzeichnet sein konnten (Goedicke 1967: Abb. 8, 88 [VII]; Abb. 9, 18 [VII]), leitete sich die Arbeitspflicht von der Zughörigkeit zum *ḫt* ab und nicht von der sozialen Stellung innerhalb der Heimatinstitution. Was nicht heißen muß, daß in bezug auf den Dienst für Pharao alle Menschen gleich waren. Die Gleichheit betraf nur die Existenz von Pflichten an sich. Der Bericht aus der *Wnj*-Biographie über die Rekrutierung des Heeres läßt einen Einsatz entsprechend der sonstigen gesellschaftlichen Stellung erkennen, so daß ein leitender Beamter die Gruppe seiner Untergebenen auch beim Dienst für Pharao anführte.

nt ḫt (Goedicke 1970: 182 [6]) oder *ḫtm(t)-ḫt* (Urk. I 158, 4) belegt, konnten sie z.B. Dienstverhältnisse begründen.[102]
Deshalb sollte der Namen des *pr ẖrj-ḫtm(t)* eher von der Wortbedeutung „Vertrag“ für *ḫtm(t)* (vgl. WB III 352, 18) abgeleitet gewesen sein, so daß sich als Übersetzung der Institutionsbezeichnung mit „Verwaltung der Verträge enthaltenen Akten“ anbietet.
Zur Aufgabe dieser Verwaltung gehörte es, die zentral gelagerten *ḫt*-Verzeichnisse zu führen, dazu eingehende ᶜ-Urkunden auszuwerten, durch die Auswertung der *ḫt*-Verzeichnisse selbst Vorarbeiten für die Abgabeneinziehung und Rekrutierung zu leisten.
Die allgemeine Formulierung des Namens dieser Institution legt jedoch nahe, in den *ḫt*-Verträgen nur eine der möglichen Vertragsvarianten zu sehen, die in ihren Verantwortungsbereich fielen. Die Nennung des *pr ẖrj-ḫtm(t)* in den Bestimmungen des *Nb-kꜣw-ḥr* über seinen Totenkult (Goedicke 1970: 81-103) und im Edikt des *Nfr-kꜣw-ḥr* über den Totenkult des Wesirs *Šmꜣj* und seiner Frau *Nbt* (Koptos K, vgl. Goedicke 1967: 206-213) bezeugt einen Kompetenzbereich, der sich auch auf private Totenstiftungen erstreckte, so daß auch die sog. Totenpriesterverträge und ähnliche Verfügungen vom *pr ẖrj-ḫtm(t)* registriert worden sein können. Möglicherweise wurde das *pr ẖrj-ḫtm(t)* als Spezialinstanz der Verwaltung des Teiles der ᶜ-Urkunden geschaffen, der die verschiedenen Varianten der Besitzübertragung betraf.
Aus dem oben erwähnten Dekret Koptos L (Goedicke 1967: Abb. 17, Kol. 9-10, 165 [III]), geht hervor, daß der Wesir als *ỉmj-rꜣ zš(w) ᶜ(w)-nswt* auch die Oberaufsicht über diesen Teil der Aktenverwaltung innehatte und dabei direkt auf deren Tätigkeit Einfluß nahm. Einige Wesire waren gar unmittelbare Vorsteher des zentralen Büros, trugen den Titel eines *ỉmj-rꜣ ỉzwj n ẖrj-ḫtm(t)* – „Vorsteher der beiden Büros der Verträge enthaltenden Urkunden“.[103] Gegen Ende des Alten Reiches scheint an seiner Stelle der

---

100 Wohl v.a. des Ackerlandes. Aber auch Gebäude, Gärten, Irrigationsanlagen, Bäume könnten mit verzeichnet worden sein, wenn man an die detaillierte Beschreibung des Anwesens von *Mṯn* denkt, für das *ᶜ-nswt* und *srw-ᶜ-nswt* Urkunden angefertigt wurden (Urk. I 4-5), oder an die Bestimmungen des Dahschurdekrets *Ppj*s I., nach dem alle diese Dinge der Besteuerung unterliegen (Urk. I 212, 5).

101 Verwiesen sei hier nur auf den Inhalt der *srw-ᶜ* Akten (siehe oben).

102 Zu *ḫt* vgl. die ausführliche Untersuchung von Goedicke (1970: 222-234).

103 *Ptḥ-ḥtp; dšr* (Mariette 1889: 124 (C 6-7)); *Ptḥ-ḥtp* (I.) (Mariette 1889: 356 (D 62); *Rᶜ-špss* (LD II, 64b); *Kꜣ(.j)-gm.nj; mmj* (Firth/Gunn 1926: 107 (34); *Nfr-sšm-rᶜ; ššj* (Capart 1907: pl. 11).

Titel *ỉmj-r3 ḫrj-ḫtm(t)* – „Vorsteher der Verträge enthaltenden Urkunden“[104] verwendet worden zu sein, der sehr wahrscheinlich eine abgekürzte Form des Titels *ỉmj-r3 pr ḫrj-ḫtm(t)* – „Vorsteher der Verwaltung der Verträge enthaltenden Urkunden“ darstellt (vgl. Anm. 96).
Außer den Chefs der Verwaltungsbüros der *ḫrj-ḫtm(t)* Dokumente gab es auch hier wieder eine Hierarchie von Schreibern, die speziell mit dieser Urkundengattung befaßt waren. „Vorsteher der Schreiber der *ḫrj-ḫtm(t)* Dokumente (*ỉmj-r3 zš(w) ḫrj-ḫtm(t)*)[105] erscheinen in den Koptosdekreten als die Vertreter dieser Verwaltung, die bei der organisatorischen Vorbereitung Einziehung von Abgaben und Arbeitskräften direkt mit den *srw*-Beamten der Provinzialverwaltung zusammenarbeiteten (s.o. S. 58; Urk I, 282, 3-5).
Auf eine tief gestaffelte Struktur des Personals, das mit den „Verträge enthaltenden Urkunden“ befaßt war, weist die Existenz eines untergeordneten Vorsteherranges dieser Schreiber in Gestalt des *sḥḏ zš(w) ḫrj-ḫtm(t)*[106] hin. Schreibervorsteher sind natürlich nicht ohne einfache Schreiber denkbar. Solche *zš(w) ḫrj-ḫtm(t)*[107] sind allerdings im Gegensatz zu den „Schreibern der königlichen Urkunden“ (*zš ꜥ(w)-nswt*) selten bezeugt.

2.3.4 Zusammenfassung zur Rolle der Aktenverwaltung

Der Verwaltung der *ꜥ-nswt* Urkunden mit den dazugehörigen Spezialabteilungen *pr-mḏ3t* und *pr ḫrj-ḫtm(t)* kam innerhalb der altägyptischen Administration eine Schlüsselstellung zu. Ihr Wirken durchdrang alle Sphären staatlicher Tätigkeit, bildete aber insbesondere die administrative Grundlage für die Realisierung der Verfügungsgewalt der Zentralmacht über die natürlichen Ressourcen des Landes und die Arbeitskraft der Menschen, so daß der hervorragende Platz, den die Oberaufsichtsfunktion über die Aktenverwaltung in Gestalt des *ỉmj-r3 zš(w) ꜥ(w)-nswt* Titels in der Wesirstitulatur einnahm, gut verständlich ist.

---

104 *Ḥꜥ-b3w-ḫnmw; biw* (PM III², 684); *Ṯtj* vgl. Strudwick (1985: Nr. 159); *Ṯtw* (PM III², 160).

105 Dieser Titel ist auch als *ỉmj-r3 zš(w) ꜥ(w)-nswt ḫrj-ḫtm(t)* belegt, den ich für die ausführlichere Variante halte.

106 Zwei Belege aus der 5. Dynastie (PM III², 693, 724).

107 Vgl. Verner 1977: 167 (141).

2.4 Die Verwaltung der materiellen Ressourcen und der menschlichen Arbeitskraft

2.4.1 Die Verwaltung der *mrt*-Leute

Den Titulaturen von hohen Beamten der 5. Dynastie[108] ist zu entnehmen, daß zumindest während der Periode von *Nj-wsr-rꜥ* bis *Ḏd-kꜣ-rꜥ; ꜣIzzj* zur Gruppe der Standardresidenzbüros (Aktenverwaltungen, *pr ḥrj-wḏb*) eine gesonderte Verwaltung der *mrt*-Leute gehörte.

Mrt war eine Bezeichnung für die übergroße Mehrheit der unmittelbaren bäuerlichen Produzenten, die seit der Wende von der 3. zur 4. Dynastie, als Pharao sein Recht auf die Arbeitsleistungen der Bevölkerung immer unmittelbarer zu realisieren begann, aus ihren ursprünglichen Gemeindebindungen herausgelöst, im Zuge der inneren Kolonisation umgesiedelt und so zu beliebig einsetz- und versetzbaren Arbeitskräften geworden sind.

Der Titel der Oberaufsicht über die „Verwaltung der *mrt*-Leute" (*ỉmj-rꜣ jzwj mrt*) lag bei außerordentlich hochrangigen Beamten bzw. Wesiren.[109] Als untergeordnete Titel lassen sich der *ỉmj-rꜣ zš(w) mrt* – „Vorsteher der Schreiber der *mrt*-Leute" (Mariette 1889: 242-249, D23) und ein *ỉrj-mḏꜣt mrt* – „der mit den Akten der *mrt*-Leute Befasste" belegen (vgl. PM III², 604).

Wegen der im Gegensatz zu den verschiedenen Vertretern der Ackerverwaltung Seltenheit der Titel der *mrt*-Verwaltung kann die ausschließliche Verfügungsgewalt über die *mrt*-Leute schwerlich allein von ihr ausgegangen sein.

Während die Einziehung von Abgaben und Arbeitkräften in engem Zusammenhang erfolgte, fiel der weitere Einsatz der Arbeitkräfte zumindest anteilmäßig in das Ressort der öffentlichen Arbeiten, so daß auch an diesem

---

108 *Kꜣ.j* (PM III², 479), *Pḥ.n.wj-kꜣ.j* (PM III², 491-492), *Ptḥ-ḥtp* (PM III², 463), *Rꜥ-špss* (PM III², 494-496).

109 *Kꜣ.j* führte den *ỉmj-rꜣ ỉzwj mrt* Titel wahrscheinlich schon seit seiner Berufung zu Wesir (vgl. Strudwick 1984: 44 (c)). Als Wesir trug er den singulären Titel eines *ỉmj-rꜣ ḫrp zš nb m mrt*, der eine Sonderform blieb und nicht zum Titel der Oberaufsicht über dieses Ressort wurde. Er stellt eine Kopplung von Vorsteher der Verwaltung und Vorsteher der Schreiber der Verwaltung dar, so breiteste Kompetenz anzeigend. Gewöhnlich besteht innerhalb jeder Verwaltung eine Dualität von Angestellten und Schreibern, wobei der Vorsteher der Institution dem Vorsteher ihrer Schreiber übergeordnet ist.

Beispiel die Verquickung der verschiedenen Ressorts der Staatsverwaltung deutlich wird.
Auch in bezug auf die *mrt*-Verwaltung zeichnet sich nach der Regierungszeit des *ʾIzzj* eine erneute Reform ab. Schreiber der *mrt* sind zwar noch aus der 6. Dynastie bekannt,[110] eine eigenständige Verwaltung der *mrt*-Leute läßt sich aber nicht mehr nachweisen.[111] Weder in den Dekreten aus der Regierungszeit *Ppj*'s II., die ja u.a. Verfügungen über *mrt* enthalten,[112] noch in den Wesirstitulaturen erscheint ein *iz* bzw. *izwj n mrt*.
Da Ackerboden meist mit den zu seiner Bearbeitung nötigen Arbeitskräften überwiesen wurde,[113] *mrt*-Leute und *ꜣḥt*-Äcker zumindest in der 6. Dynastie verwaltungsmäßig verbunden waren,[114] könnte die *mrt*-Verwaltung im Ergebnis der Verwaltungsreform dem *pr ḥrj-wḏb* beigeordnet worden sein.

2.4.2 Das *pr ḥrj-wḏb*

In königlichen Dekreten der 6. Dynastie wird das *pr ḥrj-wḏb* als eine der für die Einziehung von Abgaben und Arbeitskräften verantwortlichen zentralen Verwaltungsinstituionen inmitten der Büros der Aktenverwaltung genannt.[115] Zwischen ihnen bestand also ein enger funktionaler

110 *imj-rꜣ zš(w) mrt* (Urk. I 203, 16; Duell 1938: Abb. 37); *zš mrt* (Firth/Gunn 1926: 192, Nr. 22).

111 *Mꜣ-nfr*, den Strudwick (1985: Nr. 54) wahrscheinlich zu Recht in die Periode von der Mitte der Regierungszeit des *Ḏd-kꜣ-rꜥ; ʾIzzj* bis Mitte *Wnis* datiert, war Vorsteher aller Aktenbüros und Vorsteher des *pr ḥrj-wḏb*. Den bisher dazugehörigen *imj-rꜣ izwj mrt* Titel führte er hingegen nicht mehr.

112 Goedicke 1967: Koptos B, Abb. 8, 87-88 [III, VII]; Koptos C, Abb. 9, 117 [III].

113 Vgl. die Formel für den Stiftungsbesitz: *ꜣḥt rmṯ iḫt nbt* – „Acker, Leute, alle Sachen".

114 Vgl. die Titel *imj-rꜣ wp(w)t ꜣḥt mrt* – „Vorsteher der Aufträge bezüglich des Ackerbodens und der Leute" bzw. den höherrangigen *imj-rꜣ wp(w)t mrt ꜣḥt m prwj* – „Vorsteher der Aufträge bezüglich des Ackerbodens und der Leute in den beiden Verwaltungen" (Newberry 1912: 102-103) sowie *imj-rꜣ wp(w)t ḥtp-nṯr m mrt ꜣḥt* (CG 219). Bei dem letztgenannten Titel handelt es sich sicher nicht um den „Vorsteher der Aufträge der Opfergaben von den *mrt*, die die Erde bestellen" (so Postowskaja 1962: 169), sondern eher um den „Vorsteher der Aufträge der Gottesopfer bestehend aus *ꜣḥt* und *mrt*", wobei nicht *ꜣḥt* und *mrt* geopfert wurden, sondern die aus der Zuweisung von Land und Arbeitskräften erwachsenen Einnahmen. Vgl. das Dekret Koptos G (Goedicke 1967: Abb. 10, 128-136, [III-IV]), wo das im *pr-nswt* festgesetzte Gottesopfer für eine Königsstatue in der Zuweisung von Land und Leuten besteht.

Zusammenhang. Dennoch möchte ich das *pr ḥrj-wḏb* separat behandeln. Durchgängiges Merkmal der Büros der Aktenverwaltung ist ja die Herleitung ihrer Namen von den in ihnen bevorzugt bearbeiteten Urkundenarten. Beim *pr ḥrj-wḏb* ist das nicht der Fall. Urkunden waren hier in stärkerem Maße Mittel als Gegenstand der Verwaltung.
Mit der Schaffung des *pr ḥrj-wḏb*, dessen Existenz aus den Titulaturen des *Mṯn* (Urk. I 6, 16) und des *Pḥ-r-nfr* (Junker 1939: 62-74) spätestens seit Beginn der 4. Dynastie erkennbar ist, wurde die Funktion des *ḥrj-wḏb*-Beamten auf eine neue organisatorische Grundlage gestellt.
Das Amt des *ḥrj-wḏb* war ein sehr bedeutendes und hochrangiges am frühzeitlichen Hof. Wie u.a. Gardiner herausgearbeitet hat, leitet sich das Substantiv *wḏb* von einem gleichlautenden Verb der Bedeutung „zuwenden" ab. Der *ḥrj-wḏb* hatte sich demnach um die Zuwendungen für die Angehörigen des Hofes zu kümmern,[116] wozu auch die Verteilung der Totenopfer gehörte, wie seine entsprechende Rolle im Totenopferritual belegt.[117]
Gegen Ende der 3. Dynastie zeichnet sich eine wachsende Spezialisierung ab, die in der Schaffung mehrerer Ämter und schließlich der *pr ḥrj-wḏb* Verwaltung mündet. Der *ḥrj-wḏb m ḥwt-ʿnḫ* – „Oberster bezüglich der Zuwendungen im Lebenshaus" z.B. war speziell für die Bereitstellung des Lebensunterhaltes der königlichen Familie verantwortlich (Gardiner 1938: 84). Dieses Amt blieb das ganze Alte Reich hindurch besonders hochrangigen und begünstigten Personen vorbehalten. Ein spezieller *ḥrj-wḏb nswt* – „Verantwortlicher für die Versorgung des Königs" ist aus der Zeit des *Mn-kȝw-rʿ* belegt (PM III², 219).
Auch für die *rḫjt*, was für eine Bevölkerungsgruppe sich auch immer hinter dieser Bezeichnung verbergen mag,[118] war ein besonderer *ḥrj-wḏb*-Beamter tätig, der *ḥrj-wḏb rḫjt*.[119] *Kȝ.j*, der diesen Titel als Wesir führte, war gleichzeitig *imj-rȝ ḫrp zš nb m pr ḥrj-wḏb rḫjt mrt*. Hieraus auf die Existenz separater *ḥrj-wḏb*-Verwaltungen für *rḫjt* und für *mrt*-Leute zu schließen,[120] ist jedoch nicht zwingend. Der Titel kann sehr gut die Existenz un-

---

115 Vgl. Goedicke 1967: Koptos B, Abb. 8, 87 [V] und Koptos C, Abb. 9, 117 [V]).
116 U.a. um die Getreidelieferungen (vgl. Kaplony 1963: 1783, Abb. 217, 366).
117 Einen guten Überblick über die bisherige Diskussion bieten Postowskaja 1962: 159-162 und Goedicke 1967: 101-102.
118 Zur Diskussion um die Bedeutung des Begriffes *rḫjt* vgl. Postowskaja (1962: 159) mit weiteren Literaturangaben.
119 *Kȝ.j* (PM III², 479), *Dwȝ-rʿ* (Mariette 1889: 418-419, E15), *Kȝ-nb* (PM III², 214), *Nfr-kȝ(.j)* (PM III², 215).
120 Vgl. Postowskaja 1962: 159, 171; Zauzich 1975.

terschiedlicher Verantwortungsbereiche innerhalb des *pr ḥrj-wḏb* widerspiegeln und sollte m.E. mit „Vorsteher aller Leiter der Schreiber in der *ḥrj-wḏb*-Verwaltung, die mit den *rḫjt*- und den *mrt*-Leuten befaßt sind" übersetzt werden.[121]

Daneben gab es eine umfangreiche Hierarchie von Angestellten ohne weiter spezifizierten Verantwortungsbereich:

zꜣb ḥrj-wḏb – „*zꜣb*-Beamter des *ḥrj-wḏb*" (oder „*ḥrj-wḏb* im Range eines *zꜣb*"?) (PM III², 404, 451, 692, 769);

ỉmj-ḫt pr ḥrj-wḏb – „Untervorsteher der *ḥrj-wḏb*-Verwaltung" (Mariette 1889: 455-456, H15; 348-350, D61);

sḥḏ pr ḥrj-wḏb(w) – „Inspektor der *ḥrj-wḏb*-Verwaltung" (Urk. I 6, 16; PM III², 214);

ỉmj-rꜣ pr ḥrj-wḏb – „Vorsteher der *ḥrj-wḏb*-Verwaltung" (Junker 1939: 65; PM III², 684, 537; Strudwick 1985: Nr. 159);

ỉmj-rꜣ ỉzwj (nw) pr ḥrj-wḏb – „Vorsteher der beiden Büros der *ḥrj-wḏb*-Verwaltung" (LD II 48; Mariette 1889: 226-236, D19; 266-267, D37);

smsw pr ḥrj-wḏb – „Ältester der *ḥrj-wḏb*-Verwaltung" (Mariette 1889: 455-456, H15);

ḫntj pr ḥrj-wḏb – „der in der *ḥrj-wḏb*-Verwaltung Befindliche"/"der sich um die *ḥrj-wḏb*-Verwaltung kümmert" (CG 89).

Die hierarchische Einordnung der letzten beiden Titel ist unsicher. Die Titelstruktur des *pr ḥrj-wḏb* entspricht jedoch absolut der aus anderen Institutionen bekannten.

'Imj-rꜣ pr ḥrj-wḏb und *ỉmj-rꜣ ỉzwj pr ḥrj-wḏb* stellen wahrscheinlich zeitlich bedingte Varianten der höchsten Leitungsfunktionen dieser Verwaltung dar. Während die erste Titelvariante vom Beginn der 4. Dynastie (*Pḥ-r-nfr*) und aus der Regierungszeit *Ppj*s II. sowie aus der darauf folgenden Periode bekannt ist, beschränken sich die Belege für die zweite Variante auf die 5. Dynastie.

Parallel zu den eben aufgeführten Beamten, aber dem Vorsteher der Verwaltung unterstellt, gab es eine ebenso ausgeprägte Hierarchie von Schreibern des *pr ḥrj-wḏb*:

zš pr ḥrj-wḏb – „Schreiber der *ḥrj-wḏb*-Verwaltung" (CG 64, 1528, LD II 110h, a.);

sḥḏ zš(w) pr ḥrj-wḏb – „Inspektor der Schreiber der *ḥrj-wḏb*-Verwaltung" (Mariette 1889: 106-107, B14, CG 1392, Urk. I 47, 13);

---

121 Strudwick (1985: 143) schlägt sogar eine völlige Auflösung des Titels in drei separate Ausdrücke vor: *ỉmj-rꜣ ḫrp zš nb m pr ḥrj-wḏb, ỉmj-rꜣ ḫrp zš nb m rḫjt, ỉmj-rꜣ ḫrp zš nb m mrt.*

ḫrp zš(w) ḥrj-wḏb – „Leiter der Schreiber des *ḥrj-wḏb*-Beamten" (*Nj-ʿnḫ-tt* PM III², 741; Mariette 1889: 266-267 D37; 150-151, C19; 418-419, E15; 455-456, H15);
ỉmj-rȝ zš(w) pr ḥrj-wḏb – „Vorsteher der Schreiber der *ḥrj-wḏb*-Verwaltung" (Mariette 1889: 418-419, B15);
ỉmj-rȝ zš nb m pr ḥrj-wḏb[122] – „Vorsteher jeglicher Schreiber in der *ḥrj-wḏb*-Verwaltung" (PM III², 479).
Ihre Aufgabe wird vor allem in der Registrierung von Lieferungsansprüchen und der Führung entsprechender Listen bestanden haben. Auch die Sphäre der Belieferung der Toten-, Götter- und Königskulte gehört dazu. Neben den Aktenbüros war das *pr ḥrj-wḏb* eine der Verwaltungen, die die vom König verliehenen Opferanteile zu erfassen hatten. Diese verbergen sich auch hinter einer Formulierung, die sich in einem königlichen Dekret zugunsten einer Statue des *Nfr-kȝ-rʿ* findet: „Der königliche Gunsterweis" (*ḥtp-dj-nswt*), der ihr gegeben ist für ihre Gottesopfer und das festgesetzt ist im *pr-nswt* ..." (Urk. I 293, 17).[123]
Zum Personenkreis, der, gestaffelt nach der sozialen Position, Zuwendungen über das *pr ḥrj-wḏb* bezog, zählten wahrscheinlich gewöhnlich nur Angehörige des Hofes und der Beamtenschaft, wenn auch hinunter bis zu den niedrigsten Chargen. Die *mrt*-Leute als Hauptmasse der unmittelbaren Produzenten gehörten höchstens dazu, wenn sie als ausgehobene Arbeitskräfte unmittelbar in staatlichem Interesse tätig waren.
Daß das *pr ḥrj-wḏb* auch die Rationslisten dieser Arbeitskräfte zu verwalten und ihre Versorgung bzw. die der staatlichen Handwerker zu organisieren hatte, muß jedoch weitgehend spekulativ bleiben. Die wenigen entsprechenden Primärquellen nennen in diesem Zusammenhang keine Angestellten des *pr ḥrj-wḏb*.[124] Ihre Aufgabe könnte ohnehin nur im organisatorischen und aktenmäßigen Bereich gelegen haben, da keine Hinwei-

---

122 *Ḥwtj* nennt sich hier *sḥḏ zš(w) pr ḥrj-wḏb*, Phyle *wr*, was nicht auf die Existenz mehrerer kleiner *pr ḥrj-wḏb* hindeutet, die jeweils für bestimmte kleinere Personenkreise zuständig wären, sondern auf die auch aus anderen Bereichen bekannte Phylenstruktur seiner Angestellten.

123 Zu Parallelen vgl. Goedicke 1967: 130 (8).

124 Postowskaja (1962: 170) bezieht die Aussagen des Papyrus Boulaq 18 aus der 13. Dynastie (Scharff 1922: 51-66) ein. Aus dem Alten Reich erfahren wir, daß sich z.B. der Wesir persönlich für die Ausgabe der Kleidung an Steinbrucharbeiter aus Tura einsetzte (Gunn 1925: 242-255) und in der Szene der Entlohnung der Weberinnen des *pr-ỉrjt* (Haus der Weberinnen) (LD II 103) führt ein *nḫt-ḫrw šnwt* die Aufsicht.

se über eigene Speicher des *pr ḥrj-wḏb* vorliegen und es auch nie selbst als liefernde Institution genannt ist.

Das *pr ḥrj-wḏb* erfüllte die Funktion eines „Finanzministeriums" angepaßt an die Gegebenheiten einer Naturalwirtschaft ohne nennenswerte Warenproduktion. Als solches stellt es sich als Organ der Umverteilung des von den unmittelbaren Produzenten erarbeiteten Mehrproduktes dar. Diese Umverteilung hatte aber keinen allgemeinen Charakter, sondern erfolgte im Interesse der herrschenden Klasse und in bestimmtem Maße auch in dem der mit ihr verbundenen Schichten. Ein gewisser Rücklauf zu den bäuerlichen Produzenten könnte möglicherweise über die Stiftung von Lebensmitteln für die Durchführung von Festen erfolgt sein (vgl. Urk. I 296, 8-10). Allerdings wissen wir nichs genaues über ihren Teilnehmerkreis.

Die genannten Aufgaben des *pr ḥrj-wḏb* decken jedoch nur einen Teil des Funktionsspektrums dieser Institution ab, so daß seine Bezeichnung als „gesamtgesellschaftliches Ausgabeamt 'der Opferspeisen'" (Postowskaja 1962: 172) auf jeden Fall zu eng gefaßt ist.

Umverteilung beinhaltet ja neben dem Verteilungsaspekt auch den der Einziehung bzw. Verwaltung dessen, was verteilt werden soll. Die qualitativ neue Entwicklung, die durch die Bildung einer ganzen *ḥrj-wḏb* Verwaltung angezeigt wird, ergab sich einerseits aus dem zahlenmäßigen Wachstum der zu versorgenden Personengruppen, insbesondere der Beamtenschaft, andererseits aus der beginnenden Ablösung reiner Naturalzuwendungen durch die Überweisung von Ackerland und den zu seiner Bearbeitung nötigen Arbeitskräften.[125]

Das *pr ḥrj-wḏb* war keine Institution, die über speziellen Grundbesitz verfügte: Seine Kompetenz erstreckte sich auf alle Ländereien mit einem Status, der zu Abgabeleistungen für den Staat verpflichtete. Dazu gehörten die unter dem Sammelbegriff *ḥwt-ꜥꜣt* zusammengefaßten Güter, deren Produkte in erster Linie Institutionen der Zentralgewalt wie Scheune, *st-ḏfꜣw* bzw. *pr-šnꜥ* zur Verfügung zu stehen hatten, aber auch der Grundbesitz von Tempeln und Pyramidenstädten. Ob auch ererbter Privatbesitz,

---

125 Der Ableitung der Bezeichnung des *pr ḥrj-wḏb* von der Landkategorie *wḏb,* wie sie H. Goedicke vorschlägt, vermag ich nicht zu folgen. Der Bedeutung von *ḥrj-wḏb* als „'die, die auf dem *wḏb*-Land (d.h. Ufer) wohnen', d.h. 'Landbesitzer'" und der daraus für das *pr ḥrj-wḏb* folgenden Bedeutung als: „Verwaltung des Landbesitzes bzw. die Registratur (oder Archive) der mit dem Landbesitz zusammenhängenden Geschäfte" (Goedicke 1967: 102) steht allein schon die Rolle des *ḥrj-wḏb*-Beamten am frühzeitlichen Hof entgegen, der dort sicher nicht als „Landbesitzer" fungierte. Die Verwaltung von Ländereien stellte nur einen und zwar den späteren Aspekt der Tätigkeit des *pr ḥrj-wḏb* dar.

private Totenstiftungsgüter und Amtsbesitz, dessen Verleihung nicht mit einem Amt als *ḥḳꜣ ḥwt*[126] bzw. *ḥḳꜣ ḥwt-ꜥꜣt*[127] verbunden war und aus dessen Erträgen der entsprechende Würdenträger auch Untergebene zu versorgen hatte, mit staatlichen Abgabeauflagen belastet waren, ist weitgehend unklar.

Die Komponente der Tätigkeit des *pr ḥrj-wḏb*, die im weitesten Sinne in der Verwaltung von Ackerland – später auch der zu dessen Bearbeitung benötigten Arbeitskräfte (siehe o. S. 66) – und der Einziehung von Abgaben bestand, wurde von den „Ackerschreibern" (*zš(w) ꜣḥt*) getragen. Wie den Dekreten Koptos B und C (Goedicke 1967: 87-117, 117-127) zu entnehmen ist, fungierten sie als direkte Vertreter des *pr ḥrj-wḏb* (s. o. Anm. 63 und S. 58). Verwaltung von Ackerland und Abgabeneinzug „im weitesten Sinne" deshalb, weil das *pr ḥrj-wḏb*, wie bereits erwähnt, über keine eigenen Güter verfügte und weil die Ackerschreiber bzw. deren Vorsteher allem Anschein nach nicht persönlich an der Eintreibung der Abgaben beteiligt waren. Die im Grab des Wesirs *Mrrw-kꜣ(.j)* in einer Abrechnungsszene zusammen mit *zšw ꜥ(w)-nswt* und einem *ỉmj-rꜣ zš(w) mrt* dargestellten „Vorsteher der Ackerschreiber" (Duell 1938: pl. 37) waren hier sicher in ihrer zeitgleichen Funktion als *ḥḳꜣ ḥwt* tätig.

Welcher Platz innerhalb der *pr ḥrj-wḏb* Hierarchie den Ackervorstehern (*ỉmj-rꜣ ꜣḥt*) zukam und welche Funktion sie zu erfüllen hatten, ist weitgehend unbekannt. Der gewöhnlich angenommenen Unterstellung der Ackerschreiber unter die Ackervorsteher (Kees 1933: 44; Helck 1954: 69) widerspricht die Gleichheit ihrer Rangtitel.

Vorsteher der Ackerschreiber sind seit der frühen 5. Dynastie als Resindenzangestellte belegt und zwar mit den Titelformen:

ỉmj-rꜣ zš(w) ꜣḥt m prwj mḥw šmꜥw[128] – „Vorsteher der Ackerschreiber in den beiden Verwaltungen von Unter- und Oberägypten";

---

126 Das große Gauoberhaupt *ꞽIbj* (Zeit *Ppj* II.) rühmt sich, *ḥḳꜣ* eines Gutes des *pr-šnꜥ* von 200 Aruren Acker zu sein, welche ihm von S.M. gegeben wurden, um seinen Besitz (*ỉḫt*) zu stärken (Urk. I 145, 1-3). Hier waren mit der Übertragung des *ḥḳꜣ ḥwt* Titels offensichtlich Anteile am Ertrag der Felder verbunden, wobei die Besitzansprüche bezüglich des Gutes beim *pr-šnꜥ*, also dem Staat, verblieben. Aller Wahrscheinlichkeit nach flossen Teile der Erträge auch in die Speicher des staatlichen *pr-šnꜥ*.

127 *Ḥwj-n.s* (Grab 2 von Zawiyet el-Maiyitin) führt neben der üblichen Gauverwaltertitulatur den *ḥḳꜣ ḥwt-ꜥꜣt* Titel. In einer Szene innerhalb seines Grabes steht als Beischrift zu einem die Vorführung von Vieh protokollierenden Schreiber „*dj ḥtp r ḥwt-ꜥꜣt* 40" (LD II 105) – „Laßt gelangen zum *ḥwt-ꜥꜣt* 40 Stück!" Hierbei handelt es sich augenscheinlich um die Viehabgabe, die der Grabherr als *ḥḳꜣ ḥwt-ꜥꜣt* zu erbringen hatte.

128 *Ḥtp* (Mariette 1889: 114-116, C2) Mitte 5. Dynastie.

imj-r3 zš(w) 3ḥt m prwj[129] – „Vorsteher der Ackerschreiber in den beiden Verwaltungen";
imj-r3 zš(w) 3ḥt[130] – „Vorsteher der Ackerschreiber";
ḫrp zš(w) 3ḥt[131]– „Leiter der Ackerschreiber".
Während die zweite Form wohl nur als Abkürzung der ersten anzusehen ist, besteht zwischen den übrigen eine rangliche Abstufung.[132]
In der 6. Dynastie (Urk. I 282, 2; 285, 11) waren Vorsteher der Ackerschreiber im Zusammenhang mit der Einrichtung des Provinzwesirates auch an dessen Amtssitz tätig. Ihre Aufgabe bestand in der Registrierung von Ansprüchen an Ackeranteilen sowie in der Vertretung der Rechte der Zentralgewalt in bezug auf Abgabeleistungen. Zusammen mit den Vertretern der Aktenverwaltungen bereiteten sie die Abgabeneinziehung auf der Grundlage der bei ihnen geführten Unterlagen inhaltlich vor. Die Tätigkeit der Aktenverwaltung und des *pr ḥrj-wḏb* Büros waren eng miteinander verknüpft, wobei sich die genaue Arbeitsweise und Kompetenzteilung kaum nachvollziehen lassen.
'Imjw-r3 zš(w) 3ḥt – „Vorsteher der Ackerschreiber" gab es auch auf der Distriktsebene. Expressis verbis ist das allerdings nur den Titulaturen zweier Beamter vom Ende der 4. bzw. aus der 5. Dynastie zu entnehmen, die sich beide „Vorsteher der Ackerschreiber des 12. unterägyptischen Gaues" nannten.[133] Für den oberägyptischen Bereich fehlen entsprechende Bele-

---

129 *'Itj* (Mariette 1889: 35, C13), *Dw3-n-rꜥ* (Mariette 1889: 455-456, H15), *S̱ḫm-k3* (Mariette 1889: 150-151, C19) alle 5. Dyn.

130 *Nfr-ḥtp* (Mariette 1889: 103-104, E12: CG 89, 1528); *Nj-k3w-rꜥ* (Hassan 1943: 189); *Ḥtpj* (Hassan 1953: 101-105) alle aus der 5. Dyn.; *'Ir-n-rꜥ* (PM III^2, 760) frühe 6. Dyn.; *'Inj* (CG 1620) aus Mahasna, später als 6. Dyn.

131 *Dw3-n-rꜥ* (Mariette 1889: 455-456, H15); *S̱ḫm-k3* (Mariette 1889: 150-151, C19) beide aus der 5. Dyn. und gleichzeitig *imj-r3 zš(w) 3ḥt (m) prwj*.

132 Zum Vergleich: der Titel eines *imj-r3 wpwt 3ḥt mrt m prwj* – „Vorsteher der Aufträge bezüglich des Ackers und der *mrt*-Leute in den beiden Verwaltungen" war Ende des Alten Reiches mit dem Rang eines *sḏ3wtj-bjtj smr-wꜥtj ḫrj-tp-nswt* verbunden, derselbe Titel ohne den Zusatz *m prwj* – „in den beiden Verwaltungen" (als Kennzeichen der obersten, zentralen Verwaltungsebene) nur mit dem eines *smr-wꜥtj ḫrj-tp-nswt* (*Ḥrwj* und *Ḏdj*: Newberry 1912: 109, 110).

Daß es im Dekret Koptos L (Goedicke 1967: 165-171) die „Ackerschreibern der Gaue" waren, die die Rangtitel *sḏ3wtj-bjtj smr-wꜥtj ḫrj-tp-nswt* trugen, war offenbar den geänderten Rangverhältnisse in der 8. Dynastie geschuldet. Hierin allerdings nicht die Widergabe der üblichen Rangtitelfolge zu sehen, sondern eine Reihung gesonderter Personen, wie H. Goedicke (1967: 166 (1)) in Erwägung gezogen hat, scheint mir doch sehr unwahrscheinlich zu sein.

133 *Špsj* (JE 68923) vgl. PM III^2, 443; *'Itj* (CG 1346) vgl. PM III^2, 768.

ge. Die mit denen von Vorstehern vergleichbaren Ränge der im Dekret Koptos L (Goedicke 1967: 165-171) genannten einfachen Ackerschreiber der Gaue von Abydos, Koptos, Panopolis, Diospolis parva und Dendera (vgl. Anm. 132) aus der 8. Dynastie könnten darauf hinweisen, daß diese die späteren Äquivalente der „Vorsteher der Ackerschreiber der Gaue" darstellten. Ihre Aufgabe bestand laut diesem Dekret in der Durchführung und Beurkundung von Landteilungen, worunter wohl Vermessung und entsprechende Kennzeichnung zugewiesener Ackeranteile zu verstehen ist. Sie waren es, die im Auftrage des *pr ḥrj-wḏb* vor Ort wirkten.[134] Auch in dieser Tätigkeit zeigt sich wieder die enge Zusammenarbeit mit der Aktenverwaltung, insbesondere mit der der *ẖrj-ḫtm(t)* Dokumente (vgl. Urk. I 296, 11-15).

Während der 4. Dynastie scheinen die genannten Aufgaben von den in den Gauen tätigen *ỉmj-rꜣ wp(w)t* – „Vorstehern der Aufträge" ausgeführt worden zu sein.[135] In der Inschrift des *Mṯn* wird der „Vorsteher der Aufträge im 3. und 4. unterägyptischen Gau" mit der „Gründung" (*grg*) von 12 *grgt-Mṯn* genannten Gütern beauftragt (Urk. I 4, 5-6). Dieser Vorgang war sicher vergleichbar mit dem der im bereits genannten Dekret Koptos L aus der 8. Dynastie als *ỉrj wpt ꜣḥt pr-šnꜥ pn* bzw. *ỉrj wpt ꜥ n* + Stiftungsname beschrieben wird (vgl. Urk. I 296, 15 u. 4) und sich mit „Durchführen der Teilung des Ackerlandes dieser Wirtschaftsanlage" bzw. „Durchführen der Teilung des Konzessionsgebietes[136] der Stiftung NN" übersetzen läßt.

Daß es die *ḥrj(w)-sḳr* waren, die vor der Einführung des Ackerschreiberamtes die entsprechenden Aufgaben im Distrikt wahrnahmen, wie Gödekken (1976: 139) annimmt, möchte ich bezweifeln. Der „*zꜣb ḥrj-sḳr ḥqꜣ ḥwt-ꜥꜣt* des 3. und 4. unterägyptischen Gaues" erscheint in der *Mṯn*-Inschrift als der unterägyptische Gauvertreter, der – ebenso wie sein oberägyptischer Kollege – erst von den in seinem Bereich vorgenommenen Besitzveränderungen in Kenntnis gesetzt werden mußte (Urk. I 1, 6-11). Der *ḥrj-sḳr* wird noch im Dekret des *Nfr-ỉr-kꜣ-rꜥ* (Goedicke 1967: 22-36) unter den Destriktsbeamten erwähnt, zu einer Zeit, für die sich Vorsteher der Ackerschreiber eines Distriktes bereits belegen lassen.

---

134 Die an vergleichbarer Stelle im Dekret Koptos G (Goedicke 1967: Abb. 10, 129 [IV], Anm. 31) genannte *ḏꜣḏꜣt nt ꜣḥt* könnte ebenfalls ein Gremium gewesen sein, das aus den Ackerschreibern der betreffenden Distrikte bestand (vgl. auch Petrie 1900a: Pl. VII A).

135 Siehe auch unten Anm. 248.

136 *ꜥ* mit „Arm über Buchrolle" geschrieben steht für ein Recht, das mittels einer *ꜥ*-Urkunde verbrieft wurde.

Über die Existenz einfacher, untergeordneter Ackerschreiber ist den Quellen nichts zu entnehmen. Das Vorhandensein einer Vorsteherposition wäre jedoch ohne sie sinnlos. Selbst wenn man in den Ackerschreibern der Gaue aus der 8. Dynastie nicht die späteren Äquivalente der „Vorsteher der Ackerschreiber der Gaue" erblicken möchte, sondern die niedrigsten Chargen der Hierarchie, genügte ein Ackerschreiber pro Distrikt sicher nicht. Die Vermessung von Ländereien war ja nicht nur bei ihrer Erst- und Neuvergabe erforderlich, sondern auch nach jeder Überschwemmung. Und wer wenn nicht die Ackerschreiber wären dafür am ehesten prädestiniert?

Bei der angenommenen Größe und Bedeutung der *pr ḥrj-wḏb* Organisation ist es eigentlich verwunderlich, warum die Funktion ihres Vorstehers zwar von hochrangigen Beamten ausgeübt wurde, sich jedoch nur selten in den Wesirstitulaturen findet, ganz im Gegensatz zu den Titeln der Oberaufsicht über Scheune und Schatzhaus. Auf das enge Zusammenwirken von Aktenbüros und *pr ḥrj-wḏb* wurde dabei bereits oben hingewiesen. Da es auch bei der *pr ḥrj-wḏb* Verwaltung um Rechtsansprüche ging, liegt die Vermutung nahe, daß es wiederum die Funktion des *ỉmj-rꜣ zš(w) ꜥ(w)-nswt* war, durch die der Wesir die Oberaufsicht über dieses wichtige Ressort realisierte. Bezeichnenderweise führen gerade jene Wesire den Titel eines Vorstehers der *pr ḥrj-wḏb*, die außer dem *ỉmj-rꜣ zš(w) ꜥ(w)-nswt* auch noch die Vorstehertitel der anderen Aktenbüros explizit erwähnen.[137]

Den vom Ende der 3. Dynastie (Helck 1954: 72, Anm. 52) bis zur Mitte der 6. Dynastie und besonders häufig während der 5. Dynastie vorkommenden Titel *wḏ-mdw n pr ḥrj-wḏb* – „Befehlsgeber der *ḥrj-wḏb*-Verwaltung" möchte ich nicht als integralen Bestandteil der *pr ḥrj-wḏb* Hierarchie ansehen. Dieser Titel wird häufig von Vorstehern der mit der Rechtsprechung verbundenen *ḥw(w)t-wrt* – „Großen Häuser" getragen, aber auch von juristischen Beamten im weiteren Sinne, d.h. von solchen, die juristische Beititel wie *ỉwn knmt*, *nj-nst-ḫntt* tragen, *zš ỉrj-spr(w)*[138] – „Schreiber der Bittgesuche" waren oder „Leiter der breiten Halle" im Rang eines *ỉmj-rꜣ wsḫt* bzw. *ḫrp wsḫt*. Die Verbindung zur juristischen Sphäre ist jedoch in der Titelform *wḏ wḏꜥ-mdw (mꜣꜥ) n ḥrj-wḏbw*[139] – „ der, der wirklich die Entscheidungen fällt von den Verantwortlichen für die Zuwendungen" am

---

137 *Kꜣ.j* (PM III², 479) Zeit *Nj-wsr-rꜥ*; *Pḥ.n.wj-kꜣ.j* (PM III², 491-492) Zeit *Nj-wsr-rꜥ*; *Ḫꜥ-bꜣw-ḫnmw* (PM III², 684) Zeit 2. Hälfte der Regierungszeit *Ppj*s II., *Ṯtw* (PM III², 537) 1. Zwischenzeit.

138 Vgl. Ogdon 1984: 24.

139 *Nj-ꜥnḫ-rꜥ* (PM III², 234-235) frühe 5. Dynastie, *Mꜣ-nfr* (PM III², 456-457) spätere 5. Dynastie.

augenscheinlichsten. Gerichtswesen und Institutionen, die mit der Verteilung von Lebensmitteln zu tun haben, wozu neben dem *pr ḥrj-wḏb* auch das *st-ḏfꜣw* gehört, weisen überhaupt eine enge Verbindung auf, bilden teilweise wie im Fall der *wsḫt*, sogar eine unmittelbare Einheit. Der *wḏ-mdw n ḥrj-wḏb*-Titel ist wie die anderen *wḏ-mdw*-Titel Zeichen hoher Befehlsgewalt. Er gibt seinem Träger m.E. die Befugnis, zur Erfüllung seiner sonstigen Dienstobliegenheiten auf die Ressourcen zurückzugreifen zu können, über die das *pr ḥrj-wḏb* verfügt, bzw. innerhalb dieser Verwaltung weisungsberechtigt zu sein.

2.4.3 Das *st-ḏfꜣw*

Der historische Vorläufer des *st-ḏfꜣw*, das *ỉz-ḏfꜣw* – „Lebensmittelmagazin" (Helck 1954: 59) oder „Lebensmittelamt" (Kaplony 1963: 158), scheint in der 2. Dynastie geschaffen worden zu sein, möglicherweise unter *Nj-nṯr* im Zusammenhang mit der Neuregelung der Abgabeneinziehung in Form der „Zählung" (vgl. Endesfelder 1980: 167). Als Instanz zur Verwaltung der Naturalabgaben, wozu insbesondere auch Wein und Fett gehörten, unterstand es direkt dem Schatzhaus.[140]

Seit *Ḏsr* fehlen, wohl im Ergebnis der Konzentration der Verwaltung, die Belege für die direkte Verbindung des *ỉz-ḏfꜣw* mit *ḥwt*-Anlagen. Gleichzeitig kommt die Bezeichnung „*st-ḏfꜣw*" in Gebrauch (Helck 1954: 60). Die Verbindung mit den Gütern der königlichen Ackerverwaltung, als den Lieferanten der vom *st-ḏfꜣw* verwalteten Produkte, hat in allgemeiner Weise sicher weiterbestanden. *Mṯn* z.B., mit seinen vielen *ḥqꜣ ḥwt-ꜥꜣt* Titeln, war *zš st-ḏfꜣw* – „Schreiber des Lebensmittelamtes" und *ỉmj-rꜣ ỉḫt st-ḏfꜣw* – „Vorsteher des Besitzes des Lebensmittelamtes" (Urk. I 3, 3).

Im Laufe der Entwicklung, faßbar seit der 2. Hälfte der 4. Dynastie, wird das *st-ḏfꜣw* aus dem direkten Unterstellungsverhältnis zum Schatzhaus herausgelöst. Es beginnt sich mehr und mehr zu einer eigenständigen Institution zu entwickeln, die neben das Schatzhaus tritt. Rein äußerlich wird das durch den Titel der Oberaufsicht *ỉmj-rꜣ stj-ḏfꜣw* – „Vorsteher der bei-

---

140 Vgl. Kaplony 1963:
– Ritzinschrift: *nswt-bjtj nbtj Nj-nṯr pr-nswt ỉz-ḏfꜣw* (Abb. 882):
– Amtssiegel Zeit *Pr-ỉb.sn:"ỉz-ḏfꜣw pr-ḥḏ"* (Abb. 760) und *„ỉz-ḏfꜣw ỉnw mḥw"* (Abb. 289);
– Amtssiegel: „*ỉz-ḏfꜣ*, Weingarten von *grgt-nḫbt*" (Abb. 309);
„*ỉz-ḏfꜣw*, Weingarten von *ỉnbw-ḥḏ*" (Abb. 310);
„Siegler aller fettigen Dinge des Palastes (*pr-nswt*) *ỉz-ḏfꜣ*" (Abb. 214).

den Lebensmittelämter" dokumentiert.[141] Gewisse Beziehungen zum Schatzhaus blieben zwar bestehen, so waren die Schatzhausvorsteher *Nfr* und *Ḏfȝwj imj-rȝ stj-ḏfȝw* – „Vorsteher der beiden Lebensmittelämter" bzw. *imj-rȝ swt-ḏfȝw* – „Vorsteher der Lebensmittelämter";[142] jedoch trugen lange nicht alle Beamten des *st-ḏfȝw* auch Schatzhaustitel. Auf der anderen Seite ist bemerkenswert, daß die an sich logisch erscheinende Verbindung von „Lebensmittelamt" und Scheunenverwaltung gleichfalls schwach gewesen zu sein scheint.[143] Das gilt sogar für die Ebene der Wesiren, für die die Oberaufsicht über die Scheune seit *Nj-wsr-rʿ* geradezu zum Titelprogramm gehörte.

St-ḏfȝw Titel kommen m.W. überhaupt nur zweimal bei Wesiren vor, nämlich bei *Kȝ.j* und *Pḥ.n.wj-kȝ(.j)*, die beide ungefähr in die Regierungszeit des *Nj-wsr-rʿ* zu datieren sind.[144] Es muß sich beim *st-ḏfȝw* des Alten Reiches demnach um eine sehr spezielle Verwaltung gehandelt haben. Unbedeutend kann sie nicht gewesen sein, da von den Scheunenvorstehern gerade diejenigen von besonders hohem Rang waren, die gleichzeitig den Titel *imj-rȝ swt ḥtpw-ḏfȝw* – „Vorsteher der Ämter für Opfergaben und Lebensmittel" trugen,[145] bzw. durch Titel wie *imj-rȝ bʿḥt nb(t) nt nswt* – „Vorsteher der ganzen Speisefülle des Königs",[146] *imj-rȝ iʿ-rȝ nswt* – „Vorsteher des königlichen Frühstücks" und *zš sḫt-ḥtpw nswt*[147] – „Schreiber der Opferfelder des Königs" direkt mit der Versorgung des Herrschers selbst verbunden waren (vgl. Strudwick 1985: 256). Letztere Funktionen waren, auch wenn sie von besonders hochrangigen Vorstehern des *st-ḏfȝw* ausgeübt wurden, keine spezielle Domäne dieser Verwaltung, sondern vielmehr Kennzeichen besonderer Würde und Gunst.

In einer Periode entstanden, die durch das Zusammenfallen von Hof- und „Staatsverwaltung" gekennzeichnet war, und so gleichzeitig als Verwaltung der eingehenden Naturalabgaben und als Lebensmittelverwaltung

141 *Nfr* (Strudwick 1985: Nr. 84) war Schatzhausvorsteher und u.a. auch *imj-rȝ stj-ḏfȝw*.

142 Vgl. Strudwick 1985: Nr. 84 und 167.

143 *Kȝ.j* (PM III², 479) als Vorsteher aller Residenzbüros, die mit der Verwaltung von Abgaben und Arbeitskräften zu tun hatten, war u.a. Vorsteher des *pr ḥrj-wḏb, ḥrj-wḏb m ḥwt-ʿnḫ, imj-rȝ swt nbt nt iʿ-rȝ nswt, imj-rȝ swt ḥtpw-ḏfȝw, imj-rȝ stj-ḏfȝw* ohne Scheunentitel zu tragen. Zu Scheunenvorstehern, die gleichzeitig *st-ḏfȝw* Titel trugen vgl. Anm. 145.

144 Vgl. Strudwick 1985: Nr. 136, 45; siehe unten S. 78.

145 *Sḫtpw* (PM III², 541; Strudwick 1985: Nr. 122), *ʿnḫ-m-ʿ-rʿ* (Strudwick 1985: Nr. 28).

146 *Kȝ(.j)-m-snw* , Sohn des *Sḫtpw* (Urk. I 176, 11).

147 *ʿnḫ-m-ʿ-rʿ* (Strudwick 1985: Nr. 28).

des Hofes fungierend, entwickelte sich das *iz-ḏf3w* der Frühzeit im Zuge des Auseinanderklaffens von Hof- und Landesverwaltung zu einer eigenständigen Institution *st-* bzw. im Dual *stj-ḏf3w*, die primär die Angehörigen des Hofes mit Lebensmitteln zu versorgen hatte und eng mit dem *pr ḥrj-wḏb* zusammenarbeitete. Die Versorgung des Herrschers fiel dabei nur bedingt in das Ressort des *st-ḏf3w*. Für diese Aufgabe bestanden offensichtlich Sonderinstanzen.[148]

Das „Amt für Opfer und Lebensmittel" verfügte über eigene Scheunen, wie dem Titel des *ˁnḫ-m-ˁ-rˁ* (vgl. Anm. 147) *imj-r3 šnwt swt ḥtpw-ḏf3w* – „Vorsteher der Scheune der Ämter für Opfergaben und Lebensmittel" zu entnehmen ist, möglicherweise auch über speziellen Grundbesitz, vgl. den Titel *imj-r3 sḫwt-ḥtpw* – „Vorsteher der Opferfelder"[149] und *imj-r3 sḫtj-ḥtpw* – „Vorsteher der beiden Opferfelder"[150]. Diese Titel treten in Verbindung mit solchen der Lebensmittelverwaltung des Hofes auf, wie *imj-r3 prw nmt-sḳbbw pr-ˁ3* – „Vorsteher der Schlacht- und Kühlhäuser des Palastes",[151] *imj-r3 šn-t3 nb* – „Vorsteher jeglicher Pflanzen",[152] *imj-r3 ddt pt ḳm3t t3* – „Vorsteher aller Dinge, die der Himmel gibt und die Erde hervorbringt"[153].

Mṯn als Träger vieler *ḥq3 ḥwt-ˁ3t* Titel war *imj-r3 iḫt st-ḏf3w* – „Vorsteher des Besitzes des Lebensmittelamtes" (Urk. I 3, 3).

Die meisten Titelbelege bezüglich des *st-ḏf3w* stammen aus der 5. Dynastie. Der alte *ḫrp st-ḏf3w* Titel der 3. Dynastie wird weitergeführt, taucht aber nur gelegentlich und dann an untergeordneter Position auf[154] oder als archaisierende Titelform.[155]

Wr-ḫww (LD II 43-44) ist *imj-r3 st-ḏf3w* – „Vorsteher des Lebensmittelamtes", *Ḏf3wj* (MM D25) *imj-r3 swt-ḏf3w* – „Vorsteher der Lebensmittelämter". *Nfr* (vgl. Anm. 141), *Sšm-nfr* (LD II 27) und *K3.j* (vgl. Anm. 29) nennen sich *imj-r3 stj-ḏf3w* – „Vorsteher der beiden Lebensmittelämter". *K3.j* ist dane-

148 Zu den in diesem Zusammenhang bereits genannten Titeln möchte ich noch die des *Pḥ-r-nfr* (Junker 1939) *imj-r3 šnwwt nbwt nt nswt*, des *3ḫj* (PM III², 137) *imj-r3 šnwwt nt nswt*, des *'Iffj* (PM III², 449) *imj-r3 šnwt nswt* und des *Nfr-ḥr-n-ptḥ* (PM III², 295) *sḏ3wtj šnwt nswt* hinzufügen.

149 *K3(.j)-m-rmṯ* (Mariette 1889: 159-161, C25).

150 *Smdnt* (Drioton 1943: 509-510) und *Mrrw-k3(.j)* (PM III2, 525-535).

151 *K3(.j)-m-rmṯ* (Urk. I 33, 17).

152 *Sšm-nfr* (Urk. I 193, 14).

153 *'Išfj; twtw* (Strudwick 1985: Nr. 19); *Mrw; ttj-snb; mrj-rˁ-snb* (Strudwick 1985: Nr. 64); *Nfr-sšm-rˁ; ššj* (Strudwick 1985: Nr. 88).

154 *K3(.j)-ˁpr(w)* (PM III², 501) frühe 5. Dynastie.

155 *Ḥtp-ḥr-n-ptḥ* (Urk. I 231) vgl. Strudwick (1985: Nr. 100) Anfang–Mitte 6. Dynastie oder später.

ben auch *imj-r3 swt ḥtpw-ḏf3w* – „Vorsteher der Ämter für Opfergaben und Lebensmittel“. Letzgenannte Titelform ist typisch für die 5. Dynastie. Er wird von den beiden Wesiren getragen, für die sich eine Funktion innerhalb des *st-ḏf3w* nachweisen läßt, und scheint deshalb die allgemeine Oberaufsicht über das Ressort zu verkörpern.[156] Möglicherweise ist aber auch hier, wie gewöhnlich, die duale Titelform *imj-r3 stj-ḏf3w* Kennzeichen der Oberaufsicht, während die Kompetenzen des *imj-r3 swt ḥtpw-ḏf3w* durch die Einbeziehung der Opferspeisen (*ḥtpw*) über das Ressort des Lebensmittelamtes des Hofes hinausreichten.[157]
Spätestens in der 1. Hälfte der 6. Dynastie scheint die Institution *st-ḏf3w* außer Gebrauch gekommen zu sein.[158] Möglicherweise wurden ihre Aufgaben von anderen Institionen, z.B. vom umfassendere Bedeutung erlangenden *pr-šnᶜ* oder vom *pr ḥrj-wḏb*, mit wahrgenommen.

2.4.4 Das *pr-šnᶜ*

Das *pr-šnᶜ* oder *šnᶜ*, beide Begriffe werden synonym gebraucht, ist eine Einrichtung, die bereits aus der Frühzeit bekannt ist. Eine Siegelabrollung (Kaplony 1963: Abb. 367) belegt ihre Existenz für die 2. Dynastie (*Rᶜ-nb*). Eine Topfaufschrift aus der Zeit des *Pr-ib.sn*, gefunden in der *Ḏsr*-Anlage (Firth/Quibell 1935: pl. 69, 3), läßt das *pr-šnᶜ* als Unterabteilung des *pr-nswt* erkennen.
Wie Perepelkin (1960: 3) herausgearbeitet hat, handelt es sich beim *pr-šnᶜ* primär um eine Nahrungsmittelverarbeitungsstätte, in der Brot gebacken, Bier gebraut, die zu seiner Aufbewahrung notwendigen Tongefäße hergestellt, Datteln und Gemüse verarbeitet werden. Gelegentlich ist es auch üblich, die zu dieser Anlage gehörenden Speicher selbst als *pr-šnᶜ* zu bezeichnen (Iskander 1975: pl. XLVIII C). In der Natur der Sache liegt es, daß es solche „Nahrungsmittelwerkstätten“ an allen Einrichtungen gab, die ihre Mitarbeiter durch die Ausgabe von Rationen versorgten. Dementsprechend lassen sich neben dem zentralen, staatlichen *pr-šnᶜ* solche von Pyramidenstädten (Bln. 7765), Sonnenheiligtümern (BM 1156) bzw. ande-

156 Wesir *K3.j* (PM III², 479); Wesir *Pḥ.n.wj-k3(.j)* (PM III², 491-492); *ᶜnḫ-m-ᶜ-k3(.j)* (PM III², 481); *Sḥtpw* (PM III², 541); *ᶜnḫ-m-ᶜ-rᶜ* (PM III², 246).

157 Die von Kaplony (1963: Anm. 1603) vertretene einfache Identifizierung von *ḥtpw* und *ḏf3w* müßte dann abgelehnt werden.

158 Der m.W. letzte Träger eines *st-ḏf3w* Titels ist *Ḥtp-ḥr-n-ptḥ* (vgl. Anm. 155). Dieser schwer zu datierende Beamte führt den *ḫrp st-ḏf3w* Titel neben einer großen Anzahl etwas obskurer, archaisierender Titel.

ren Göttertempeln (Urk. I 281, 1) und Haushalten hochgestellter Persönlichkeiten (Steindorff 1913: Tf. 86) belegen.
Üblich war es, daß *prw-šnᶜ* von Pharao gestiftet wurden, um Kulte mit Opfern zu versorgen. So nennt der Palermostein für *Nfr-ỉr-kȝ-rᶜ* die Stiftung von Gottesopfern für Ra und Hathor, wofür jeweils zwei *pr-šnᶜ* zu schaffen und die dazugehörigen *mrt*-Leute auszuheben seien (Urk. I 247, 9-14). Die Übertragung von Landbesitz war zu dieser Zeit allem Anschein nach nicht damit verbunden, da in solchen Fällen die Größe des dazugehörigen Landes angegeben wurde. Die zu verarbeitenden Naturalien müßten dann aus staatlichem Aufkommen, bzw. aus den zur Pyramidenstadt gehörenden Ländereien geliefert worden sein, da der Ra- und Hathorkult in Form von Sonnen- und *mrt*-Heiligtum eng mit der Pyramide des Herrschers verbunden waren.
Die Vorsteher des *pr-šnᶜ* trugen häufig noch andere Titel aus dem Bereich der Speicherung und Verarbeitung von Nahrungsmitteln (vgl. z.B. CG 1349). Ihre Aufgabe war es, die Tätigkeit der Arbeitskräfte (*mrt*) zu beaufsichtigen, die Qualität und Menge der hergestellten Produkte zu überprüfen, welche dann vom Schreiber des *pr-šnᶜ* notiert wurden.
Pr-šnᶜ kann sowohl eine konkrete Einrichtung bezeichnen, wird aber auch als Sammelbegriff verwendet. Das staatliche *pr-šnᶜ* war eine ganze Organisation, die stark untergliedert[159] aus einer Vielzahl spezieller *prw-šnᶜ* bestand. Eines davon belieferte direkt die königliche Tafel.[160] Eine zentrale Verwaltungsebene dieser Unterabteilungen sollte es gegeben haben. Andeutungsweise ist das dem Titel des *H̯wj-n-ptḥ* (PM III², 736) aus der 5. Dynastie zu entnehmen, der sich *ỉmj-ẖt prw-šnᶜ* nennt, während seine ihm sicherlich unterstellte Frau den Titel eines *ỉmj-rȝ pr-šnᶜ* trug. Wenn der Kontext keine ergänzenden Angaben liefert, ist es in der Regel schwer zu entscheiden, ob sich der *ỉmj-rȝ pr-šnᶜ* Titel auf die Gesamtorganisation oder nur auf eine spezielle Einrichtung bezieht.

159 Vgl. die Titel des *Pḥ-r-nfr* (Junker 1939: 68) „Vorsteher des *pr-šnᶜ* der Bierbrauer der Residenz", „Vorsteher des *pr-šnᶜ* der Bierbrauer von Unterägypten". Die Schreibweise würde auch eine Übersetzung des Titels im Stil der Siegelinschriften rechtfertigen: „Vorsteher des *pr-šnᶜ*, Unterägypten, Bierbrauer", die vom Allgemeinen zum Besonderen führt und eine Einteilung erkennen ließe, die an archaische Strukturen anknüpft (vgl. auch Kaplony 1963: Abb. 367). Ich erinnere in diesem Zusammenhang an die Einteilung der Naturallieferungen in Topfaufschriften der Frühzeit in „*ỉnw*" von Oberägypten und von Unterägypten.

160 Vgl. u.a. den Titel *ỉmj-rȝ pr-šnᶜ ỉᶜ-rȝ nswt* (*ȝẖ-ỉb,* PM III², 295).

Von sehr hohem Range kann aber auch der Titel eines Vorstehers der allgemeinen *pr-šnˁ* Verwaltung nicht gewesen sein. In der Wesirstitulatur tritt er überhaupt nicht auf.

Während der 1. Hälfte der 6. Dynastie vollzogen sich bedeutende Veränderungen auf dem Gebiet der Lebensmittelverwaltung, die in der Verringerung weisungsbefugter Instanzen bestanden und zu einer Konzentration der Verantwortlichkeiten, wahrscheinlich auf das *pr ḥrj-wḏb*, führten. Etappenweise wurden solche Institutionen wie das *st-ḏfꜣw* und die *wsḫt* abgebaut, der Titel des *wḏ-mdw n ḥrj-wḏbw* verschwand. Das *pr-šnˁ* gewann an Bedeutung. War *pr-šnˁ* ohne weitere Zusätze bisher die Sammelbezeichnung für die Lebensmittelverarbeitungsstätten der Residenz, die für die Versorgung des Hofes zu sorgen hatten, so erstreckte sich diese Bezeichnung spätestens seit der Regierungszeit *Ppj*s II. nunmehr auf spezielle, im Lande verteilte Güter, die das *pr-šnˁ* zu beliefern hatten, zu seinem „*ḫt*" gehörten (vgl. Urk. I 296, 11-15).

Diese *ḥwwt nt pr-šnˁ*, die selbst als „*pr-šnˁ*" bezeichnet wurden, konnten aus einer Siedlung mit dazugehörigem Ackerland und einem *pr-šnˁ* in der ursprünglichen Bedeutung des Wortes bestehen (vgl. Urk. I 292, 10). Sie unterlagen der allgemeinen staatlichen Abgabepflicht ebenso wie der Tempelbesitz, konnten zu Sonderleistungen verpflichtet[161] oder eximiert werden, falls sie vom König gestiftet wurden, um vorrangig Kulte zu beliefern. Als Arbeitskräfte wurden *mrt*-Leute ausgehoben. Seit der Regierungszeit *Ppj*s II. läßt sich verfolgen, daß Gutsverwalterposten (*ḥḳꜣ ḥwt*) des *pr-šnˁ* vergeben wurden, um Beamte zu belohnen.[162] Neu war an dieser Praxis allerdings nur die Zugehörigkeit der Güter zum *pr-šnˁ*. Daß bei der Stiftung von Gütern für Kulte diese unter der Oberhoheit des *pr-šnˁ* verbleiben konnten, stellte hingegen eine neue Qualität dar. Mit der im Dekret Koptos G (Goedicke 1967: 128-137, Abb. 10) geschilderten Stiftung eines Gutes *ḥwt 'Mỉn-srwḏ-nfr-kꜣ-rˁ'* des *pr-šnˁ* erreichte der Herrscher gleich mehrere Ziele: Primär stattete er den Kult seiner Statue aus, die im Mintempel von Koptos aufgestellt war; im Umlauf kamen die Opfer auch dem Tempel zugute, so daß dieser ebenfalls einen Nutzen hatte; der Vorsteher von Oberägypten *ꞽIdj* wurde zum Vorsteher des *pr-šnˁ*, also dieses Gutes gemacht, und bezog Einkünfte aus diesem Amt, last not least erhielt auch das zentrale *pr-šnˁ* als die Institution einen Abgabeanteil, der das Gut

---

161 Aus der Inschrift des *Ḥr-ḫw.f* (Urk. I 131, 4-7) erfahren wir, daß *Ppj* II. alle Tempel und alle Güter (*ḥwwt*) des *pr-šnˁ* beauflagte, Nahrung für den von *Ḥr-ḫw.f* herbeigebrachten Zwerg zu liefern.

162 Das große Gauoberhaupt *ꞽIbj* wurde von S.M. zum *ḥḳꜣ* eines Gutes des *pr-šnˁ* von 200 Aruren Größe gemacht (siehe o. Anm. 126).

eigentlich gehörte. Jener Abgabeanteil ist es wohl, der sich hinter den festgesetzten *mst m zp* 10 – „Lasten zu 10 Malen" verbirgt.[163] Ob die Vermeidung der direkten Landschenkung Ausdruck einer generellen Tendenz und der Erschöpfung der verfügbaren Bodenfonds geschuldet war, ist nicht zweifelsfrei zu entscheiden. Der Verbleib der im Dekret Koptos G beschriebenen Stiftung unter der Oberhoheit des *pr-šnʿ* könnte einen Spezialfall darstellen, der im Hauptnutznießer, dem Kult einer königlichen Statue, begründet war. Daß es daneben Landzuweisungen für Kulte im üblichen Stil gegeben hat, läßt sich leider nur vermuten. Zumindest im Dekret Koptos L (Goedicke 1967: 165-171), das allerdings aus der 8. Dynastie stammt, wird das hier eingerichtete Gut nicht als zum *pr-šnʿ* gehörig qualifiziert und stellt wegen seiner Namensform eine Stiftung des *Nfr-kȝw-ḥr* für Min von Koptos dar. Somit könnte es eine Aufgabe des *pr-šnʿ* gewesen sein, königliche Kulte zu versorgen.

Ob die große wirtschaftliche Organisation *pr-šnʿ* über eine eigene, in sich geschlossene Verwaltung verfügte, ist fraglich. Eine ausgeprägte Beamtenhierarchie läßt sich nicht nachweisen. „Vorsteher des *pr-šnʿ*" sind selten belegt und spielen nur eine untergeordnete Rolle. Die Einziehung der Abgaben aus den Gütern des *pr-šnʿ* erfolgte mit Hilfe der Angestellten der Aktenverwaltung, des *pr ḥrj-wḏb* bzw. durch die Gaubeamten in derselben Weise wie es für Tempel üblich war. Auch für die Durchführung des Stiftungsaktes bei der Gründung von Gütern des *pr-šnʿ* waren die üblichen Angestellten des *pr ḥrj-wḏb* zuständig.[164]

Das *pr-šnʿ* entwickelte sich meiner Ansicht nach auch während der Regierungszeit *Ppj*s II. nicht zur „königlichen Güterverwaltung" (Goedicke 1967: 240) *par excellance*. Es war und blieb in erster Linie Wirtschaftsbetrieb, der Lebensmittel für die Versorgung des Hofes und von königlichen Kulten zu verarbeiten hatte, und dazu, spätestens seit der Regierung *Ppj*s II., auf die Produkte spezieller, ihm unterstellter Gutsbetriebe zurückgreifen konnte.

2.4.5 Die Scheune

Die Scheune als Institution des Hofes läßt sich seit *Ḏt* auf Siegelmustern belegen.[165] Die Beschränkung der Belege auf Beamtensiegel, d.h. das

---

163 Vgl. Goedicke 1967: Abb. 10, 128 [IV], Anm. 16; 1970: 92 (31).

164 Im Dekret Koptos G unter dem Sammelbegriff *ḏȝḏȝt nt ȝḥt* – „Felderkollegium" genannt (Goedicke 1967: Abb. 10, 129 [IV], Anm. 31; Urk. I 294, 16).

Fehlen eigener Amtstitel, wird als Hinweis dafür gewertet, daß die Scheune keine selbständige Verwaltungsinstanz, sondern eine Unterabteilung wahrscheinlich des Schatzhauses gewesen ist (Endesfelder 1980: 166). Ob das für die Frühzeit zutraf, muß dahingestellt bleiben. Auch wenn wir Scheunentitel für die Zeitspanne bis zur Mitte der 5. Dynastie nur spärlich belegt haben, ist eine Unterstellung der Scheune unter das Schatzhaus während des Alten Reiches nicht erkennbar. Was nicht heißt, daß es zwischen beiden, als den hauptsächlichen Verwaltern des gesellschaftlichen Mehrproduktes, keine Verbindung gegeben hat. Beispielsweise war *ꜣḫt-ḥtp* (Hassan 1932: fig. 133) *zš šnwt* – „Schreiber der Scheune" und *sḥḏ zš(w) šnwt* – „Inspektor der Schreiber der Scheune" und übte die gleiche Funktionen auch für das Schatzhaus aus, war *zš pr-ḥḏ* bzw. *sḥḏ zš(w) pr-ḥḏ*. Dennoch ist es erst die oberste Leitungsebene, die höchste Beamte mit den Titeln der Oberaufsicht *ỉmj-rꜣ šnwtj* bzw. *prwj-ḥḏ* – Vorsteher der beiden Scheunen bzw. Schatzhäuser und Wesire umfaßt, auf der eine Verknüpfung beider Ressorts deutlicher erkennbar ist. Aber selbst hier ist die Kopplung nicht obligatorisch.[166]

Pḥ-r-nfr aus der frühen 4. Dynastie, der eine Vielzahl von Funktionen in der Wirtschaftsverwaltung, u.a. auch die des Schatzhausvorstehers, innehatte, sah offensichtlich den Titel *ỉmj-rꜣ šnwt nbt nt nswt* – „Vorsteher aller Scheunen des Königs" als Höhepunkt seiner Residenzlaufbahn an, da er ihn auf dem Architrav allein vor dem Namen nennt (Junker 1939: 68). Dabei bezieht sich dieser Titel nicht auf spezielle, den Unterhalt für den König selbst enthaltende Scheunen, sondern ist, wie die parallele Titelbildung *ỉmj-rꜣ kꜣt nbt nt nswt* – „Vorsteher aller Arbeiten des Königs", Kennzeichen der höchsten Funktion innerhalb des Ressorts.

Dasselbe wird für den Titel *ỉmj-rꜣ šnwwt nswt* – „Vorsteher der Scheunen des Königs" zutreffen, den der Beamte *ꜣḫj* vom Ende der 4. Dynastie (PM III^2, 137), wie *Pḥ-r-nfr*, neben den Titeln der Oberaufsicht über das Schatzhaus und das Ressort der öffentlichen Arbeiten trug.

Anders liegt der Fall wahrscheinlich bei *ꜥIffj* (PM III^2, 449) vom Beginn der 5. Dynastie, der die Titel *ỉmj-rꜣ šnwt* – „Vorsteher der Scheune" und *ỉmj-rꜣ šnwt nswt* – „Vorsteher der Scheune des Königs" führte, ohne weitere hohe administrative Ämter innezuhaben, so daß es sich bei ihm durchaus um den Vorsteher einer speziellen Scheune als Unterabteilung der zentralen Scheunenverwaltung gehandelt haben kann; vielleicht um eine, aus der die Residenzhandwerkerschaft versorgt wurde, da er ebenfalls *ỉmj-rꜣ*

165 Vgl. Kaplony 1963: Abb. 459; Emery 1954: 122, fig. 175.

166 Zur Verbindung des *ỉmj-rꜣ šnwtj* Titels mit anderen hohen Verwaltungsfunktionen vgl. Strudwick 1985: 261.

ḥmwt (n ẖkr nswt) – „Vorsteher der Handwerker (der königlichen Kostbarkeiten)" war.
Seit der Regierungszeit des *Nj-wsr-rꜥ* ist es das Amt des *ỉmj-rꜣ šnwtj* – „Vorstehers der beiden Scheunen", das die höchste Position innerhalb der Scheunenverwaltung verkörperte. Zunächst von einem Nichtwesir getragen,[167] ging diese Funktion dann auch in die Wesirstitulatur[168] ein. Neben einem Wesir und einem Nichtwesir mit *ỉmj-rꜣ šnwtj* Titel amtierte an untergeordneter Position ein *ỉmj-rꜣ šnwt* – „Vorsteher der Scheune". Während letzterer durch eine Reihe anderer Scheunentitel direkt mit diesem Ressort verbunden war, traf das für seinen Vorgesetzten gewöhnlich nicht zu. Eine Ausnahme bildet *Nj-kꜣ-rꜥ*,[169] der „Vorsteher der beiden Scheunen (*ỉmj-rꜣ šnwtj*) war, seine Karriere als Scheunenangestellter begonnen hatte und die spezielle, wahrscheinlich besonders bedeutende Position eines „Vorstehers der Scheune der Residenz (*ẖnw*)" innehatte.
In der ersten Hälfte der 6. Dynastie kam es zu weiteren Veränderungen. Die gegenwärtige Quellenlage spiegelt eine allgemeine Reduzierung der Scheunenvorsteher wider, wobei insbesondere die untere Leitungsebene verkleinert wurde. Für diese Periode lassen sich im Residenzbereich nur noch ein *ỉmj-rꜣ šnwt*[170] und ein *ỉmj-rꜣ šnwtj* ohne Wesirstitel[171] belegen, so daß das höchste Amt innerhalb des Scheunenressortes fast vollständig dem Wesir vorbehalten blieb. Dieser wurde nun aber erstmals von *ỉmjw-rꜣ šnwtj* unterstützt, deren Begräbnisort in der oberägyptischen Provinz auf einen entsprechenden Wirkungskreis hindeutet[172] und deren Existenz mit dem neugeschaffenen Provinzwesirat in Verbindung zu bringen ist.
Unter *Ppj* II. kam es nochmals zu strukturellen Wandlungen innerhalb der Leitung des Scheunenressorts. Die Konzentration der Verantwortlichkeiten auf den Residenzwesir wurde wieder gelockert. Eine Umkehrung der Entwicklung setzte ein, so daß nach dem Ende der Regierungszeit *Ppj*s II. Nichtwesire im Amt des *ỉmj-rꜣ šnwtj* überwogen.[173] Zunächst allerdings

---

167 *Sšmw* (PM III², 492).

168 *Pḥ.n.wj-kꜣ(.j)*, vgl. Anm. 31.

169 *Nj-kꜣ-rꜥ* (PM III², 696-697, Strudwick 1985: Nr. 80).

170 *ꜣImbj* (PM III², 610).

171 *ꜣIšfi; twtw* – 2. Hälfte der Regierungszeit *Ppj*s II. (PM III², 515) – war daneben *ỉmj-rꜣ prwj-ḥḏ* und trug eine Reihe von Titeln der Lebensmittelverwaltung des Hofes wie: *ỉmj-rꜣ ỉꜥ-rꜣ nswt, ỉmj-rꜣ sẖt-ḥtpw, ỉmj-rꜣ sḳbbwj (pr-ꜥꜣ), ỉmj-rꜣ šn-tꜣ nb, ỉmj-rꜣ ddt pt ḳmꜣt tꜣ*, die stets eine besonders ehrenvolle Position anzeigen, was durch die Verleihung des *ỉmj-rꜣ šnwtj* Titels an einen Nichtwesir unter lauter Wesiren unterstrichen wird.

172 *ꜥnḫ-wnjs* von Theben (Saleh 1977: 12-17); *ꜣIḥj* von Theben (Saleh 1977: 26ff.); *Nj-ꜥnḫ-ppj km; sbk-ḥtp(w)* von Meir (Blackman 1953: 1-15).

wurde ein ausgewogenes Verhältnis zwischen *ỉmj-r3 šnwtj* mit und ohne Wesirstitel sowohl in der Residenz als auch in der Provinz hergestellt. Einem Wesir und einem gleichzeitig amtierenden Nichtwesir in der Residenz stand ein ebensolches Beamtenpaar in der Provinz gegenüber. Die Bedeutung und der Umfang der mit der Oberaufsicht über das Scheunenressort verbundenen Verpflichtungen machte eine ausschließliche Bindung an das Residenzwesirat auf die Dauer nicht praktikabel, selbst wenn zwei Wesire gleichzeitig amtiert haben sollten (vgl. Strudwick 1985: 323). In bezug auf die Verhältnisse in der Provinz läßt sich der Ausbau des oberägyptischen Provinzwesirates zu einem echten Pendant des Residenzwesirates und der Ausbau der dortigen Verwaltungsstrukturen erkennen. Vollständig zuendegeführt wurde diese Entwicklung jedoch nicht, da nur drei Provinzwesire den *ỉmj-r3 šnwtj* Titel führten und wir nicht von einer kontinuierlichen Besetzung der obersten Leitungsgremien der Scheunenverwaltung in der Provinz durch einen Wesir mit *ỉmj-r3 šnwtj* Titel und einen untergeordneten Nichtwesir ausgehen können.

Wenden wir uns nun der Gruppe von Scheunenangestellten zu, die den *ỉmj(w)-r3 šnwtj* unterstellt gewesen sind.[174] Belegen lassen sich der *ỉmj-r3 šnwt* – „Vorsteher der Scheune“,[175] der *ḫrj-tp šnwt*,[176] *sḥḏ zš(w) šnwt* – „Inspektor der Schreiber der Scheune“,[177] einfache Scheuenschreiber (*zš šnwt*),[178] und solchė, die sich mit den Schreibutensilien befassen (*zš ḫrt-ʿ šnwt*).[179] Bei den Schreibern, die mit speziellen Urkundenarten befaßt waren, die sich explizit auf die Scheune beziehen und Titel tragen wie: *ỉmj-r3 zš(w) mḏ3t šnwt(j)* – „Vorsteher der Schreiber der *mḏ3t*-Akten der (beiden) Scheune(n)“,[180] *sḥḏ zš(w) ʿ(w)-nswt šnwt* – „Inspektor der Schreiber der Königsurkunden der Scheune“[181] und *zš ʿ(w)-nswt šnwt* – „Schreiber der Königsurkunden der Scheune“,[182] ist es nicht klar erkennbar, ob

173 Einem Wesir mit *ỉmj-r3 šnwtj* Titel (*Ṯṯw*, PM III², 537) stehen vier Nichtwesire gegenüber, wobei sich die Kompetenz letzterer, vergleichbar mit dem *ỉmj-r3 šnwt* der 5. Dynastie, auf das Scheunenressort beschränkte. Eine Entwicklung, die bereits während der zweiten Hälfte der Regierung *Ppj*s II. einsetzte.

174 Im folgenden wird für jeden Vertreter meist nur ein Beleg angeführt. Zu weiteren Belegen vgl. Strudwick (1985: 271-274).

175 *K3(.j)-m-snw* (Firth/Gunn 1926: pl. 63(5)).

176 *ʾIrw-k3-ptḥ* (Bln. 1202).

177 CG 1719.

178 *3ḫt-ḥtp* (Hassan 1932: fig. 134).

179 *ʾIrw-k3-ptḥ* (LD Text I, 13).

180 *ỉmj-r3 zš(w) mḏ3t šnwt Dr-snḏ* (PM III², 176); *ỉmj-r3 zš(w) mḏ3t šnwtj Ḥtpj* (Fischer 1959: 260 (6)). .

181 *Nj-k3-rʿ* (Strudwick 1985: Nr. 80).

182 Siehe oben S. 55 und Anm. 75.

es sich um Angestellte des *pr-mḏ3t* bzw. des *pr n ˁ(w)-nswt* gehandelt hat, die in den Aktenbüros für die entsprechenden Dokumente, die Scheune betreffend, zuständig waren, oder ob sie diese Funktionen als Scheunenbeamte wahrnahmen (siehe auch oben S. 51 und 55).

An weiteren Scheunenangestellten finden sich die *nḫt-ḫrw šnwt* – „Ausrufer der Scheune",[183] der *sḥḏ ỉrj-ỉḫt šnwt* – Inspektor derjenigen, die mit den Angelegenheiten der Scheune befaßt waren"[184] und die Kornmesser (*ḫ3jw*) mit ihren Vorstehern im *ỉmj-r3*, *ḫrp* und *sḥḏ* Rang.[185]

Über die Tätigkeit dieser Beamten erfahren wir Genaueres aus Grabdarstellungen. Der *ḫrj-tp šnwt* hatte als unmittelbarer Untergebener des Scheunenvorstehers das Recht, die Ausgabe des Getreides zu verfügen (Capart 1907: pl. LXXXVII). Gemeinsam mit den Scheunenschreibern war er für die Buchführung verantwortlich, d.h. für das Vermerken der Ein- und Ausgänge sowie die Kontrolle des Inhaltes der Scheunen. Dabei arbeiteten sie mit dem *nḫt-ḫrw šnwt* – „Ausrufer der Scheune" zusammen, einer Art Vorarbeiter, der den Schreibern die abgemessenen Beträge zurief (Junker 1950: 98). In privaten Grabdarstellungen werden sie dargestellt, wie sie gemeinsam mit den Angehörigen der *ḏ3ḏ3t nt pr-ḏt*, dem „Leitungskollegium des Stiftungsgutes", die Ablieferung der Getreideabgaben der Stiftungsgüter zu überwachen hatten (LD II 63/64). Mit dem Getreide selbst hatten wohl nur die Kornmesser zu tun und die *ỉrj-ỉḫt šnwt*, die wahrscheinlich die rangniedrigsten Scheunenbeamten waren. Aufgabe der „Siegler der Scheune"[186] wird die Versiegelung von Kornsendungen und der Speicher selbst gewesen sein.

Aus den Grabdarstellungen ist leider nicht eindeutig zu entnehmen, ob die abgebildeten Scheunenbeamten Angehörige der Besitzverwaltung des jeweiligen Grabherren waren oder als Abgesandte der staatlichen Institution Scheune fungierten und als solche Abgaben einzuziehen hatten. Explizit als Scheunenangestellte ausgewiesene Personen finden wir jedoch nur in den Grabdarstellungen bedeutender Würdenträger, die über großen, im ganzen Lande verstreuten Grundbesitz verfügten und deren Scheunen den administrativen Zentren ihrer Haushalte angegliedert gewesen sein müssen. In kleineren Gutswirtschaften gab es keine spezialisierten Scheunenbeamten. Die mit der Scheune zusammenhängenden administrativen

---

183 Vgl. Anm. 179.

184 *Mrj-nswt* (Fischer 1972: 70, fig. 1); *'It.f-ḫ3j* (Goedicke 1970: Tf. XVII b).

185 Vgl. Junker (1950: 98); LD II 71; Simpson (1976: pl. D); Moussa/Altenmüller (1977: Tf. 23); v. Bissing (1911: Tf. XII); *ỉmj-r3 ḫ3jw* (PM III^2, 62, 120); *ḫrp ḫ3jw* (PM III^2, 2, 60); *sḥḏ ḫ3jw* (PM III^2, 115).

186 *Ḫtmw šnwt nswt Nfr-ḥr-n-ptḥ* (Petrie 1907: pl. VIIa).

Tätigkeiten wurden dort von den *ḏ3ḏ3t nt pr-ḏt*, d.h. dem Hausvorsteher und nicht näher qualifizierten Schreibern ausgeübt. Bekanntlich setzt sich das *pr-ḏt* der hohen Würdenträger nicht nur aus ihrem Grabbesitz zusammen, sondern auch aus ihrem ererbten Familienbesitz und ihrem amtsgebundenen Besitz. Ob letzterer als Entlohnung für die zu leistenden Dienste verliehen wurde, höchstens um es dem Beamten zu ermöglichen, seine Untergebenen zu versorgen und er von weiteren Abgaben für den Staat befreit war oder nicht oder, ob er die Ländereien als Güterverwalter der Krone zu leiten und die Abgabeneinziehungen zu gewährleisten hatte, ist nicht zweifelsfrei zu entscheiden.[187] Wahrscheinlich wurden alle diese Varianten praktiziert. Als sicher kann aber gelten, daß in der zentralen Scheune eines solchen Beamtenhaushaltes das Einkommens aus den unterschiedlichen Landbesitzformen zusammenfloß und daß ein solcher Beamter aus diesem Fonds seine Verpflichtungen gegenüber der Zentralgewalt zu begleichen hatte. Diese konnten sowohl aus seinem mit der Abgabeneinziehung verbundenen Amt als auch aus der auf seinem privaten Grundbesitz lastenden staatlichen Abgabepflicht erwachsen sein. Staatliche Abgabeneinziehung und „Verkürzung des Versorgungsweges" durch die Zuteilung von Gütern an Beamte ergänzten sich auf diese Weise. Die explizit als Scheunenbeamte bezeichneten Personen innerhalb der Grabdarstellungen scheinen also die vor Ort tätigen unteren Chargen der staatlichen Scheunenverwaltung zu verkörpern, die in erster Linie den staatlichen Abgabenanteil zu verwalten hatten.[188] Sie waren vorrangig nicht dem *ỉmj-r3 šnwt* oder *ỉmj-r3 šnwtj* unterstellt, sondern dem jeweiligen für die staatlichen Abgabeneinziehung verantwortlichen Beamten. Oftmals werden sie geradezu zu seinem Haushalt gehört haben, wie die ebenfalls dargestellten *zšw ʿ(w)-nswt šnwt* bzw. *zšw mḏ3t nt šnwt*, die eine ähnliche Position innehatten. Die staatliche Institution Scheune darf man sich des-

---

187 *ʾIbj* von Deir el-Gebrawi z.B. (Davies 1902a: pl. VII) war „Vorsteher von Oberägypten", „Großes Gauoberhaupt", „Vorsteher" bzw. „Leiter der Scheune" (*ỉmj-r3 šnwtj* und *ḫrp šnwtj*), Güterverwalter (*ḥḳ3 ḥwt*) der Pyramide *„Mn-ʿnḫ-nfr-k3-rʿ"*, „Güterverwalter des Palastes" (*ḥḳ3 ḥwt ḥwt-ʿ3t*). In seiner biographischen Inschrift berichtet er davon, daß S.M. ihn zum Vorsteher eines Gutes des *pr-šnʿ* von 200 Aruren machte, um seine Besitz zu vergrößern (Urk. I 145, 1-3), was ich mit dem letztgenannten Titel in Verbindung bringen möchte.

188 LD II 56a bis: Das obere Register zeigt einen Mann mit der Beischrift *ỉp ỉḫt šnwt* – „Zählen der Sachen der Scheune" und einen anderen mit der Beischrift *ỉp ỉḫt ỉmj-r3 pr* „Zählen der Sachen für den Hausvorsteher". Hier ist die Trennung von staatlichen Abgabeanteilen für die Scheue und den vom Hausvorsteher verwalteten privaten Anteilen deutlich erkennbar.

halb nicht als separierten, in sich geschlossenen Organismus vorstellen, deren Angestellte alle staatliche Abgabenanteile an Getreide einzogen, in besonderen Scheunen im Lande sammelten und der Residenz zuführten. Für die Abgabeneinziehung waren in erster Linie eine ganze Anzahl von Gaubeamten zuständig, die selbst nicht direkte Angehörige der Scheunenverwaltung waren, als staatliche Beamte aber natürlich auch die Interessen von Scheune und Schatzhaus vertraten. Im Dekret des *Nfr-ỉr-kꜣ-rꜥ* (Urk. I 172, 6-7) werden als Gaubeamte, die für die Abgabeneinziehung zuständig waren, die *srw, ỉrjw-ỉẖt nswt, ḥrjw-sḳr* und allgemein „jeder (eventuell zuständige) Mann" genannt. Nach Einführung des *ỉmj-rꜣ šmꜥw* Amtes war es dieser „Vorsteher von Oberägypten", der für die Abgabeneinziehung in seinem Amtsbereich verantwortlich war, wie der Biographie des *Wnj* zu entnehmen ist (Urk. I 106, 7-8). In seinem Auftrag handelten die unter dem Sammelbegriff „*srw*" zusammengefaßten höheren Gaubeamten *ḥrj(w)-tp, wr(w)-mḏ šmꜥw, ỉmj(w)-rꜣ zꜣw šmꜥw, ỉmj(w)-rꜣ wpt, ỉrj(w)-ỉẖt nswt, ỉmj(w)-rꜣ ꜥprw* (?) und *ỉmj(w)-rꜣ nswtjw* (vgl. Goedicke 1967: 88 (VI); 118 (VI)). Vom „Vorsteher von Oberägypten" ausgesandte Boten erscheinen auch unter den potentiellen Empfängern von Abgaben (Urk. I 287, 6). Möglicherweise handelt es sich um reguläre Boten, die Forderungen bezüglich ihrer persönlichen Verpflegung stellen konnten. An vierter Stelle werden, parallel zum *s nb* – „jeder Mann", des *Nfr-ỉr-kꜣ-rꜥ* Dekretes (Urk. I 171, 12) und des Dahschurdekretes *Ppj*s I. (Urk. I 210, 5), „irgendwelche diensttuenden Beamten" (*ỉmj(w) st-ꜥ nb*) genannt (Urk. I 286, 4) – ein Sammelbegriff für alle möglichen forderungsberechtigten niedrigen Distriktsbeamten. Unter diesen kann es durchaus echte, vor Ort entsandte Scheunen- und Schatzhausbeamte gegeben haben, wie die Verfügung des *Nb-kꜣw-ḥr* über seinen Totenkult nahelegt, die unter den staatlichen Beamten, die in irgendeiner Weise die Totenstiftung beeinflussen können, auch *ỉmj(w) st-ꜥ* des *pr-ḥḏ* und der Scheuen aufführt (Goedikke 1970: 83 [36]). Es waren also in erster Linie die Gauoberhäupter, die in ihrer amtlichen Eigenschaft[189] und nicht als spezielle Scheunenbeamte über das Mehrprodukt an Getreide in ihrem Distrikt verfügten. Nur so sind auch die Passagen in den Biographien der „großen Gauoberhäupter" verständlich, die sich besonderer Verdienste um die Versorgung ihres Distriktes rühmten.

Aufgabe der Scheunenvorsteher im *ỉmj-rꜣ šnwt* Rang, in der 6. Dynastie auch vom *ỉmj-rꜣ šnwtj* Rang, kann nur die Verwaltung der Scheunen ge-

189 Gelegentlich trugen diese auch den Titel eines „Vorstehers der oberägyptischen Gerste" (*ỉmj-rꜣ ỉt šmꜥw*), so *Hnkw* von Deir el-Gebrawi (Urk. I 77, 15), *Ḳꜣr* von Edfu (Urk. I 254, 4), *Kꜣ.j-ḥp; ṯtj ỉḳr* und *Ḫnỉ* von Achmim (Urk. I 265, 4, 7).

wesen sein, die den für die Zentralgewalt direkt verfügbaren Anteil an Getreidemehrprodukt zu speichern hatten. Dazu zählen zunächst die „Scheune der Residenz“ (*šnwt nt ẖnw*),[190] die sich aus mehreren, z.T. für spezielle Zwecke reservierten Scheunen zusammengesetzt haben muß.[191] Sie hatte Getreide für die Versorgung des Hofes mit allen Würdenträgern, Beamten, einfachen Arbeitskräften und Handwerkern aufzubewahren. Auch die zu öffentlichen Arbeiten in der Nähe der Residenz ausgehobenen Arbeitstruppen wurden aus ihr versorgt. Die zweite Hauptaufgabe bestand in der Belieferung der Götterkulte und Totenopfer, sowohl der königlichen als auch der der Beamten und sonstigen Würdenträger.

Im Zuge der Entwicklung der oberägyptischen Provinz zu einer verwaltungstechnischen Einheit[192] um die Wende zur 6. Dynastie wurde auch dort eine separate Scheunenverwaltung analog zur Residenzscheune ins Leben gerufen. Wahrscheinlich war damit auch die Schaffung spezieller Scheunen in der oberägyptischen Provinz verbunden, die den aus diesem Gebiet fließenden, für die Zentralgewalt verfügbaren Anteil am Getreidemehrprodukt aufbewahrten, der somit Oberägypten nicht mehr unbedingt verließ. Zunächst, während der 1. Hälfte der 6. Dynastie, blieb dieser oberägyptische Zweig der staatlichen Scheune dem Residenzwesir untergeordnet. Später, während der Regierungszeit *Ppj*s II., läßt sich eine echte Zweiteilung der Scheunenverwaltung erkennen, indem auch der Provinzwesir die Oberaufsicht über den oberägyptischen Zweig der staatlichen Scheune übernahm. Ob damit die Kompetenzen des Residenzwesirs vollständig ausgeschaltet waren, ist nicht zweifelsfrei zu klären. Sicher ist jedoch, daß der *ỉmj-rꜣ šnwtj* Titel nicht im selben Maße charakteristisch für den Provinzwesir wurde wie es für den Residenzwesir zutraf.

Alles in allem war die Scheune (*šnwtj*) eine Institution, die mit der Verwaltung des für die Zentralgewalt verfügbaren Anteils am Getreidemehrprodukt befaßt war. Als solche war sie aber nur Teil, wenn auch kein unbedeutender, eines ganzen Komplexes von Institutionen, die in ihrer

---

190 Vgl. die Titel *ỉmj-rꜣ šnwt nt ẖnw* des *Nj-kꜣ-rꜥ* (PM III^2, 696-697) 5. Dynastie, *nḫt-ḫrw n šnwt nt ẖnw* des *Mrj-nswt* (Fischer 1972: 79) 6. Dynastie.

191 Vgl. *ỉmj-rꜣ šnwt nswt ꞽIffj* (PM III^2, 449) frühe 5. Dyn., *ḫtmw šnwt nswt Nfr-ḥr-n-ptḥ* (Petrie 1907: pl. VIIa), *ỉmj-rꜣ šnwt swt ḥtpw-ḏfꜣw ꜥnḫ-m-ꜥ-rꜥ* (Strudwick 1985: Nr. 28).

192 Die Einteilung des Landes in zwei Hälften *mḥw* und *šmꜥw* ist zwar schon viel älter, sie läßt sich bis zum Beginn der schriftlichen Überlieferung zurückverfolgen, kann aber gerade deshalb ursprünglich nur eine geographische, in gewissem Maße vielleicht auch ethnische Unterteilung gewesen sein.

Einheit die Einziehung, Lagerung, Verwaltung und Umverteilung des gesellschaftlichen Reichtums bewerkstelligten.

2.4.6 Das Schatzhaus und verwandte Einrichtungen

Ebenso wie die Scheune ist auch das Schatzhaus erstmalig auf Siegelmustern aus der Zeit des *Ḏt* (1. Dynastie) belegt und zwar als *pr-ḥḏ* (Emery 1954: 124, Nr. 40). Von *ꜥḏ-ib* bis in die Zeit des *Ḏsr* hinein wurde sie abwechselnd als „rotes" (*pr-dšr*) bzw. „weißes Haus" (*pr-ḥḏ*) bezeichnet.[193] Das Schatzhaus war als Unterabteilung des *pr-nswt* an den Herrscherpalästen angesiedelt (Kaplony 1963: Abb. 748). Mehr als von jeder anderen Institution der frühzeitlichen Verwaltung gingen von ihm vielfältige Querverbindungen zu anderen Institutionen aus.
Im Verlauf der 2. Dynastie entwickelte sich das Schatzhaus zur Oberinstanz für das Lebensmittelamt des Palastes (*st-ḏfꜣ*) (Kaplony 1964: Abb. 757, 760, 751, 753), für die Weingärten (Kaplony 1964: Abb. 213, 748, 309) und die „Grabpaläste" (vgl. „Domänen", Kaplony 1964: Abb. 209, 738). Daneben gehörten als Unterabteilungen nachweislich zum Schatzhaus: das „Natronhaus" (Kaplony 1963: Abb. 177), das „Krugmagazin" (*ḫntj*) (Petrie 1900b: pl. V, 2) sowie nicht näher identifizierbare „Höfe" (Kaplony 1963: Abb. 178; Emery 1958: Pl. 97, 7), d.h. Rechtecke mit eingeschriebenem Namen wie sie z.T. besser deutbar aus der Titulatur des *Pḥ-r-nfr* bekannt sind.[194] Ob die gegebenen Belege allerdings Hinweis für eine generelle Rolle des Schatzhauses als oberste Verwaltung für die Abgabenerfassung (Endesfelder 1982: 10) sind, ist fraglich. Die Verbindung von Nahrungsmitteln und Schatzhaus scheint doch nur sehr begrenzt gewesen zu sein. Möglicherweise bestand zwischen Schatzhaus auf der einen und *st-ḏfꜣw* bzw. „Grabpalästen" auf der anderen Seite kein generelles Unterstellungsverhältnis, sondern nur in bezug auf bestimmte Produkte, zu denen mit Sicherheit Wein und Öl gehört haben.

193 Möglicherweise wechselten die Bezeichnungen aber auch nur scheinbar. Ein Eindruck, verschuldet durch den Überlieferungszufall. In Wirklichkeit könnten *pr-ḥḏ* und *pr-dšr* als Vorläufer der verschiedenen, unter dem Sammelbegriff *prwj-ḥḏ* zusammengefaßten und unter Oberaufsicht des „Vorstehers der beiden Schatzhäuser" (*imj-rꜣ prwj-ḥḏ*) stehenden Schatzhäuser des Alten Reiches parallel existiert haben. Hinweis dafür ist die Nennung des *pr-ḥḏ* auf einem Öletikett des *Ḳꜣj-ꜥ* (Emery 1954: fig. 123), dessen Amtssiegel ansonsten nur das *pr-dšr* nennen (Kaplony 1963: Abb. 209, 738).

194 Vgl. die Titel des *Pḥ-r-nfr: imj-rꜣ ḥwt-ḥmꜥ* – „Vorsteher des Flachshofes", *imj-rꜣ ḥwt-šmꜥt* – „Vorsteher des Hofes des *šmꜥt*-Leinens" (Junker 1939: 64-68).

Obwohl sich die spärliche Quellenlage der Frühzeit bezüglich der Beamtenschaft des Schatzhauses auch während der 4. Dynastie nicht dramatisch änderte, so bezeugt die Titulatur des *Pḥ-r-nfr* (frühe 4. Dynastie) doch bereits eine ausgeprägte Hierarchie, an deren Spitze der *ỉmj-rꜣ pr-ḥḏ* – der „Vorsteher des Schatzhauses“ stand (Junker 1939: 64-68). Seit Mitte der 4. Dynastie läßt sich erstmals die duale Titelform *ỉmj-rꜣ prwj-ḥḏ* – „Vorsteher der beiden Schatzhäuser“ belegen,[195] die von nun an die höchste Position innerhalb der Schatzhausverwaltung bezeichnete. Für die zweite Hälfte der 4. Dynastie stehen zwei Belege von in Saqqara begrabenen *ỉmjw-rꜣ pr-ḥḏ*[196] zweien von *ỉmjw-rꜣ prwj-ḥḏ* gegenüber, die auf dem während dieser Epoche bedeutenderen Friedhof von Giza (vgl. Strudwick 1985: 291) bestattet wurden.[197] Trotz der dürftigen Quellensituation möchte ich, wegen der Unterschiede sowohl im Begräbnisplatz als auch in der Struktur der Titulaturen, die seit der Mitte der 5. Dynastie deutlich sichtbare Kompetenzteilung zwischen *ỉmj-rꜣ pr-ḥḏ*, „men in charge of actual treasuries“, und *ỉmj-rꜣ prwj-ḥḏ*, „overall control of the department“ (Strudwick 1985: 291; vgl. auch Helck 1954: 58), auch schon für die zweite Hälfte der 4. Dynastie als gegeben annehmen.[198]

Der für die frühe 5. Dynastie singulär belegte Titel *ḫrp pr-ḥḏ* – „Leiter des Schatzhauses“ scheint eine spezielle Stellung zu verkörpern und nicht die Spitzenposition im Schatzhausressort vor der Differenzierung der Leitungsebenen in *ỉmj-rꜣ pr-ḥḏ* und *ỉmj-rꜣ prwj-ḥḏ* auf regulärer Basis.[199] *Kꜣ.j-ꜥpr(w)* (Fischer 1959: 267) trug den Titel eines „Leiters des Schatzhauses“ (*ḫrp pr-ḥḏ*), und parallel dazu den des „Leiters des Lebensmittelamtes“ (*ḫrp st-ḏfꜣ*), sicherlich in seiner Eigenschaft als „Truppenvorsteher“ (*ỉmj-rꜣ mšꜥ*) und „Schreiber des königlichen Heeres“ (*zš mšꜥ nswt*) in ver-

195 *Nfr* (Strudwick 1985: Nr. 84), Datierung: *Ḫꜥ.f-rꜥ* oder später.

196 *Nrj* (PM III^2, 501-502); *ꞽIzj* (Strudwick 1985: Nr. 17).

197 *Nfr*, siehe Anm. 195; *ꜣḫj* (PM III^2, 137; Strudwick 1985: Nr. 1), Datierung: Ende 4. Dyn. oder etwas später.

198 Anders Strudwick, der zwar auf die Unterschiede in der Bedeutung des Begräbnisplatzes hinweist und dennoch bemerkt: „one is tempted to regard the titles *ỉmy-r pr-ḥḏ* at this time as representing similar levels of authority; it was only with the apparent expansion of the number of treasury overseers in the early fifth dynasty that the writings came to represent different functions“ (1985: 291). Die von ihm als charakteristisch für die „echten“, d.h. die den *ỉmjw-rꜣ pr-ḥḏ* übergeordneten *ỉmjw-rꜣ prwj-ḥḏ* der 5. Dynastie angesehene Zugehörigkeit zur Gruppe der sehr hohen Würdenträger mit mehr als einem hohen Verwaltungsamt bzw. die erfolgte Beförderung vom *ỉmj-rꜣ pr-ḥḏ* zum *ỉmj-rꜣ prwj-ḥḏ* trifft bereits für *Nfr* (s. Anm. 195) (2. Fall) und *ꜣḫj* (vgl. Anm. 197) (1. Fall) zu.

199 Gegen Strudwick 1985: 296.

schiedenen nördlichen Grenzregionen, so daß sie mit der Gewährleistung der Versorgung der Truppen zusammengehangen haben werden.
Die allein schon an der wesentlich verbesserten Quellenlage meßbaren Veränderungen während der Regierungszeit des *Nj-wsr-rˁ* bestanden offensichtlich nicht in der ranglichen und kompetenzmäßigen Trennung von *ỉmj-rꜣ pr-ḥḏ* und *ỉmj-rꜣ prwj-ḥḏ*, sondern in der Übernahme der Funktion der Oberaufsicht über das Schatzhaus durch den Wesir (*Kꜣ.j*). Bis zum Ende der 5. Dynastie blieb ihm das Amt des *ỉmj-rꜣ prwj-ḥḏ* fast ausschließlich vorbehalten. Seine Verleihung an Nichtwesire[200] war wohl immer eine Besonderheit.
An untergeordneter Position fungierte weiterhin der *ỉmj-rꜣ pr-ḥḏ*. Der Titel *ỉmj-rꜣ pr-ḥḏ* erscheint in der 2. Hälfte der 5. Dynastie dreimal in erweiterter Form als *ỉmj-rꜣ pr-ḥḏ n ẖnw* – „Vorsteher des Schatzhauses der Residenz".[201] Die Struktur der Titulaturen dieser Beamten legt nahe, im „Schatzhaus der Residenz" eine konkrete, spezielle Einrichtung zu sehen, und nicht die oberste Ebene der zentralen Schatzhausverwaltung. In der 6. Dynastie (*Ppj* I.) ist für diese Funktion die duale Titelform *ỉmj-rꜣ prwj-ḥḏ n ẖnw* – „Vorsteher der beiden Schatzhäuser der Residenz" belegt.[202] Das scheint der generellen Tendenz des Verschwindens des *ỉmj-rꜣ pr-ḥḏ* Titels in der 1. Hälfte der 6. Dynastie geschuldet zu sein und der Übernahme zumindest eines Teiles der Aufgaben der *ỉmjw-rꜣ pr-ḥḏ* der 5. Dynastie durch die Nichtwesire mit *ỉmj-rꜣ prwj-ḥḏ* Titel in der 6. Dynastie. Gegen Mitte der 6. Dynastie erscheinen erstmals *ỉmjw-rꜣ prwj-ḥḏ* in der oberägyptischen Provinz. Singulare und duale Titelformen waren nun möglicherweise keine bedeutungsunterscheidenden Merkmale mehr. *ˁnḫ-ppj; ḥnj-km* von Meir,[203] der Provinzwesir war, nannte sich *ỉmj-rꜣ pr-ḥḏ*, während Nichtwesire in der Provinz *ỉmj-rꜣ prwj-ḥḏ* betitelt sein konnten. Gleichzeitig kamen nun auch untergeordnete Schatzhaustitel mit Bezug zu den „beiden Schatzhäusern" vor.[204]
Die Zahl der Nichtwesire mit dem *ỉmj-rꜣ prwj-ḥḏ* Titel erhöhte sich, jedoch nicht in einem Umfange, daß der durch das Verschwinden des *ỉmj-rꜣ pr-ḥḏ* Titels verursachte zahlenmäßige Rückgang der Schatzhausvorsteher kompensiert worden wäre. Die Zahl der Nichtwesire mit *ỉmj-rꜣ prwj-ḥḏ* Titel war auch nicht groß genug, um eine lückenlose Folge von Titelträgern

200 *Kꜣ.j* (CG 57048), *Ḏfꜣwj* (PM III², 466; Strudwick 1985: Nr. 167).
201 *Ḏfꜣwj* (PM III², 466); *Kꜣ(.j)-pw-rˁ* (PM III², 455-456); Name unbekannt (CG 49).
202 *Nj-sˁnḫ-ꜣḫt; ỉtj* (PM III², 258).
203 Vgl. Blackman 1953: 16-56.
204 *ỉmj(w)-ḫt prwj-ḥḏ* – „Untervorsteher der beiden Schatzhäuser" (Quibell 1908: pl. VI, 2) bzw. *ỉmj-rꜣ zš(w) prwj-ḥḏ* – „Vorsteher der Schreiber der beiden Schatzhäuser" (Strudwick 1985: Nr. 18).

zu belegen, so daß die Kontrolle des Ressorts in hohem Maße bei den Wesiren gelegen haben muß (vgl. Strudwick 1985: 291).
Zusammen mit den Titelträgern in der Provinz scheint es eine Dreiteilung der Führungsspitze des Schatzhausressortes gegeben zu haben, indem unter Oberaufsicht des Residenzwesires je ein Schatzhausvorsteher für Unter- und für Oberägypten verantwortlich war, letzterer nun in Oberägypten selbst ansässig.
Die innere Struktur der Schatzhausverwaltung gliederte sich, wie es auch schon bezüglich der anderen Institutionen festgestellt wurde, in einen Schreiberzweig und einen von allgemeinen Verwaltern, beide jeweils hierarchisch unterteilt. Bei einigen Beamten verlief die Karriere innerhalb eines dieser Zweige.[205] In der Mehrzahl der Fälle liegt jedoch eine Verknüpfung beider vor, wobei das höchste Amt des Schreiberzweiges letztlich dem des Schatzhausvorstehers untergeordnet blieb. Wenn auch die Quellenlage längst nicht die Einordnung aller Titel in eine gesicherte hierarchische Abfolge erlaubt, weil selten mehrere Schatzhaustitel in einer Titulatur genannt bzw. Rangstufen bei der Titelaufzählung häufig übersprungen werden, so läßt sich doch die dem Schatzhausvorsteher unmittelbar untergeordnete Beamtengruppe gegenüber einer von relativ niedrigem Rang abgrenzen. Erstere ist aus den Titulaturen von vier *ỉmj-rꜣ prwj-ḥḏ* zu erschließen, die als direkte Untergebene des Schatzhausvorstehers den *ỉmj-ḫt pr-ḥḏ* – „Untervorsteher des Schatzhauses" und den *sḥḏ zš(w) pr-ḥḏ* – „Inspektor der Schreiber des Schatzhauses" erkennen lassen.[206] Ein *sḥḏ zš(w) ꜥ(w)-nswt pr-ḥḏ* – „Inspektor der Schreiber der das Schatzhaus betreffenden königlichen Urkunden" vervollständigt das Bild (*ꜣIj-mrj*, vgl. Anm. 205)205. Ein Vorgesetzter der Schreiberinspektoren im *ỉmj-rꜣ* Rang, also ein „Vorsteher der Schreiber des Schatzhauses", ist vom Ende der 6. Dynastie belegt.[207]
Die dieser Titelfolge nachgeordnete, relativ stabile Titelsequenz setzt sich folgendermaßen zusammen: *sḥḏ ỉrj(w)-ỉḫt pr-ḥḏ* – „Inspektor der mit den

---

205 *Pḥ-r-nfr* z.B. stieg vom einfachen *ỉrj-ỉḫt pr-ḥḏ* über den *sḥḏ ỉrj(w)-ỉḫt pr-ḥḏ* und *ḫrj-sḏꜣt pr-ḥḏ* – „Siegelbevollmächtigter des Schatzhauses" zum *ỉmj-rꜣ pr-ḥḏ* auf (vgl. Junker 1939: 64-69).
Im Gegensatz dazu führte *ꜣIj-mrj* als *sḥḏ zš(w) pr-ḥḏ, sḥḏ zš(w) ꜥ(w)-nswt pr-ḥḏ, sḥḏ zš(w) sšr-nswt* – „Inspektor der Schreiber des Königsleinens" und *sḥḏ zš(w) šzpt nswt* – „Inspektor der Schreiber der königlichen *šzpt*-Stoffe" ausschließlich Schreibertitel (s. o. Anm. 76).

206 *Kꜣ(.j)-pw-rꜥ* (PM III[2], 455-456); *Nj-kꜣw-ptḥ* (PM III[2], 744-745); *Kꜣ(.j)-dbḥ.n.j* (PM III[2], 276-277); *Nj-sꜥnḫ-ꜣḫt; ỉtj* (PM III[2], 258).

207 *ỉmj-rꜣ zš(w) pr-ḥḏ ꜣIzj* (Strudwick 1985: Nr. 18).

Angelegenheiten des Schatzhauses Befaßten"- *zš pr-ḥḏ* – „Schreiber des Schatzhauses"- *sḥḏ pr-ḥḏ* – „Inspektor des Schatzhauses" (vgl. Strudwick 1985: 297-298).

Sie läßt sich durch die im Grab Giza G 7946 (PM III², 207) gegebene Sequenz mit dem Titel *sḥḏ nḫt-ḫrw n pr-ḥḏ* – „Inspektor der Ausrufer des Schatzhauses" (Fischer 1972: 25, fig. 9) und zweier *ỉrj-ỉḫt pr-ḥḏ*[208] nach oben und unten erweitern.

Fraglich bleibt allerdings, inwieweit das Aufstellen einer strengen Hierarchie, insbesondere auf der unteren Ebene, gerechtfertigt und sinnvoll ist. Sicherlich wird es in der Realität Verzweigungen gegeben haben, so daß manche Funktionen parallel bestanden haben werden ohne eine feste Unterordnung und die Notwendigkeit, unbedingt alle Ämter nacheinander zu durchlaufen.

Zur konkreten Funktion des Schatzhauses gibt es nur wenig direkte Hinweise. In Grabdarstellungen erscheinen niedere Schatzhausangestellte (*zš pr-ḥḏ*) schreibend neben oder zugehörig zur *ḏꜣḏꜣt nt pr-ḏt* (Iskander 1975: Pl. XXIB; Junker 1940: Abb. 9), beim Notieren von Leinenlieferungen aus der Weberei (Junker 1941: Abb. 9), (*ỉrj-ỉḫt pr-ḥḏ*) beim Beaufsichtigen des Transportes mit Leinen gefüllter Kästen zum Schatzhaus (LD II 96 unten).

Sie treten hier sehr wahrscheinlich im Zusammenhang mit der Abgabeneinziehung in ihrer amtlichen Eigenschaft als Vertreter der staatlichen Institution Schatzhaus auf. Für sie gilt sinngemäß das oben (S. 85f.) zur Rolle der niederen, in Grabdarstellungen vorkommenden Scheunenbeamten Gesagte.

Die Darstellung im Grabe des *Kꜣ(.j)-m-ꜥnḫ* (Junker 1940: Abb. 9) könnte in diesem Zusammenhang eine Ausnahme insofern darstellen, als der Grabherr selbst Schatzhausbeamter (*zš pr-ḥḏ* und *sḥḏ ỉrj(w)-ỉḫt pr-ḥḏ*) war, sein ältester Sohn und ein Angehöriger der *ḏꜣḏꜣt* ebenfalls den Titel eines *zš pr-ḥḏ* trugen, was möglicherweise mit ihrem Verhältnis zum Grabherren zusammenhing und nicht Ausdruck ihrer aktuell abgebildeten Tätigkeit war.

Pr-ḥḏ bezeichnete zur damaligen Zeit grundsätzlich die staatliche Institution Schatzhaus. Eine erweiterte Anwendung dieses Begriffes läßt sich eventuell noch für vergleichbare Einrichtungen verstorbener Herrscher erkennen, also für solche von Pyramidenstädten.[209] In den Beamtenhaus-

---

208 Dieser Titel findet sich nicht nur bei *Pḥ-r-nfr*, sondern auch bei *Pr-nj-ꜥnḫw* (Petrie 1907: pl. VIIA), der als „Barkenruderer" sicher zu den einfachsten Schatzhausangestellten gehörte, die selten über die materiellen Möglichkeiten zum Bau eigener Gräber verfügt haben werden.

halten werden die Magazine den Werkstätten (*iz*) angegliedert gewesen sein, ohne daß zu ihrer Verwaltung spezialisierte Beamte vonnöten waren. Im Grabe des *imj-r3 pr ḥwt-ˁ3t ʾIj-mrj* (LD II 56a[bis]) erscheint als Beischrift zu einem Schreiber: *zš sḏ3(w)t pr-ḥḏ* – „Aufschreiben der Wertsachen des Schatzhauses". Daß es sich hierbei um eine Tätigkeitsbezeichnung und nicht um den Titel des Abgebildeten handelt,[210] geht aus der Determinierung von „*zš*" mit der Buchrolle hervor sowie aus den Beischriften zu zwei nebenstehenden Personen: *ip iḫt šnwt* – „registrieren der Sachen der Scheune" (eindeutig eine Tätigkeit) bzw. *ip iḫt imj-r3 pr* „registrieren der Sachen für den Hausvorsteher". Aus grammatikalisch Gründen ist es ausgeschlossen, im Hausvorsteher (*imj-r3 pr*) das Subjekt der Handlung *ip iḫt* – „Registrieren des Besitzes" zu sehen. Zur Darstellung eines solchen Sachverhaltes wäre die im unteren Register verwendete Konstruktion (*ip iḫt in zš šnwt*) gewählt worden. Aus dieser Szene ist zu erschließen, daß eine Differenzierung bestand in Besitztümer, die der Scheune bzw. dem Schatzhaus und solche, die dem Hausvorsteher zustanden. Die staatlichen Abgabeanteile wurden demnach gesondert abgerechnet und der Besitz von Gütern bzw. eine Verwalterposition war mit der Auflage verbunden, einen bestimmten Anteil des eingegangenen Mehrproduktes an Scheune und Schatzhaus abzuliefern. Ein Teil der Produkte, über die das Schatzhaus verfügte, stammten also aus erhobenen Abgaben. Genauer gesagt handelte es sich um Handwerkserzeugnisse, die in den Werkstätten hergestellt wurden, die zu den Haushalten bedeutender Würdenträger gehörten (*iz n pr-ḏt*).[211] Diese im Lande verteilten wirtschaftlichen Zentren waren nicht nur Akkumulationspunkte des landwirtschaftlichen Mehrproduktes, sondern auch Zentren des Handwerks, deren Produkte zur Versorgung der Angehörigen der Großhaushalte dienten, in erster Linie aber der Befriedigung der Luxusbedürfnisse ihrer Oberhäupter und deren Familien.[212]

---

209 Der einzige sichere Beleg dafür stammt allerdings aus der Ersten Zwischenzeit und nennt einen „Schreiber des Schatzhauses der Pyramide des *Mrj-k3-rˁ*" (Quibell 1908: pl. VI, 2), der gleichzeitig *imj-ḫt prwj-ḥḏ* ist. Die Rekonstruktion eines Titels *imj-r3 pr-ḥḏ n Snfrw, n Ḫw.f.wj, n Ḏd.f-rˁ* (PM III[2], 760) ist nicht frei von Unsicherheit (vgl. Strudwick 1985a: 45-48).

210 Anders Strudwick (1985: 293-294), der *zš sḏ3wtj pr-ḥḏ* mit Hinweis auf dieselbe Quelle unter den Titeln in seiner Titelauflistung von Schatzhausbeamten aufführt.

211 Da nur zu den bedeutendsten Würdenträgerhaushalten und Tempeln eigene Werkstätten gehört haben, muß die Abgabepflicht in bezug auf die geforderten Produkte recht differenziert festgelegt gewesen sein.

Zu dieser Art wirtschaftlicher Zentren zählten zweifellos auch die Tempel. Daß auch sie über eigene Werkstätten verfügten, würde man annehmen. In den Dekreten *Ppj*s II. für den Min-Tempel von Koptos (Urk. I 281, 1; 284, 7) werden allerdings als einzige, zu den Tempelanlagen zählenden Handwerker Mauer (*ḳdw*) genannt und unter den abzuliefernden Produkten erscheinen eher Rohstoffe für die handwerkliche Produktion wie Gold, Kupfer, Häute (Urk. I 289, 8-10) als Handwerkserzeugnisse selbst. Verschiedene Arten von Stricken werden genannt, aber keine Leinen, das im Zusammenhang mit dem Schatzhaus eine wichtige Rolle spielte. Grabausrüstungen für die den königlichen Totentempeln beigeordneten Beamtennekropolen wurden in den staatlichen Werkstätten gefertigt und aus dem Schatzhaus geliefert,[213] entstammen also nicht tempeleigenen Werkstätten. Auch Erzeugnisse für den täglichen Tempelbedarf kamen zumindest zum Teil aus staatlichen Zuwendungen. In den Abusirpapyri wird als Herkunftsort des *mrḥt*-Öles das *pr pr-ḥḏ* genannt (Posener-Kriéger/de Cenival 1968: pl. LXXIII B; Posener-Kriéger 1976: 426).
Die Einkünfte des Schatzhauses bestanden jedoch nicht nur aus Abgaben. Hinzu kamen Produkte staatlicher, d.h. Residenzwerkstätten, im Ausland erbeutete oder erhandelte Waren, die Ausbeute zentral organisierter Rohstoffexpeditionen.

---

212 Die bäuerlichen Produzenten erhielten keinen regulären Anteil, sondern tauschten Teilen des ihnen verbliebenen Mehrproduktes gegen bescheidene, quasi nebenbei außerhalb der Arbeitszeit gefertigte Erzeugnisse der handwerklichen Produktion ein. Widergespiegelt wird diese Art sekundärer Warenproduktion in den zu den „Darstellungen des täglichen Lebens“ gehörenden sog. Marktszenen innerhalb der Grabdekoration. Das Konsumniveau dieser unteren Bevölkerungsklasse war jedoch im ganzen so niedrig, man vergleiche die spärlich oder gar nicht bekleideten *ḥḳ3w* in den Abrechnungsszenen, daß ihr Bedarf zum überwiegenden Teil durch die Erzeugnisse der individuellen häuslichen Produktion bzw. durch die der dörflichen Teilzeitspezialisten gedeckt wurde. Im Ägypten des Alten Reiches stand, bei äußerst schwach entwickelter Warenproduktion, eine durch die starke Saisongebundenheit landwirtschaftlicher Tätigkeit begünstigte, nicht konsequent durchgeführte 2. gesellschaftliche Arbeitsteilung auf dem Lande einer hochentwickelten handwerklichen Luxusproduktion gegenüber, die an die Zentren der Mehrproduktsakkumulation, insbesondere die königliche Residenz, gebunden war. .

213 Eine Aufgabe des Schatzhauses hat demnach auch in der Umverteilung der Produktion staatlicher Werkstätten bestanden. Trotz des Vorhandenseins lokaler Werkstätten blieben Handwerkserzeugnisse aus der Residenz z.T. auch wegen ihrer vergleichsweise höheren Qualität begehrt.

Die Initiierung und Realisierung der Rohstoffbeschaffung war dabei jedoch nicht die spezielle Domäne des Schatzhauses. Seine Beamten sind im AR keine obligatorischen Teilnehmer der Expeditionen. Pharao konnte ganz unterschiedliche Beamte mit der Leitung entsprechender Unternehmungen betrauen. Die Durchführung schwieriger Baumaterialtransporte war dabei immer eine besonders prestigeträchtige Angelegenheit, so daß sich selbst Personen vom Range eines „Vorstehers von Oberägypten" der erfolgreichen Erfüllung entsprechender Aufträge rühmten und ihnen lange Passagen ihrer biographischen Inschriften widmeten (vgl. Urk. I 106-109). In den Expeditionsinschriften, die vor Ort hinterlassen wurden, erscheint der König als Auftraggeber. Hauptauftragnehmer waren die „Vorsteher der Arbeiten" und die ihnen unterstellten Flottenchefs und Truppenführer. Die Expeditionsdurchführung fiel somit eher in das Ressort der öffentlichen Arbeiten, dessen oberster Repräsentant, der *ỉmj-rȝ kȝt nbt nt nswt*, über die nötigen Arbeitskräfte und Transportkapazitäten verfügte. Das Schatzhaus hatte nur zur Ausrüstung der Expeditionen beizutragen[214] und erhielt nach ihrem erfolgreichen Abschluß gegebenenfalls die Ausbeute an den Produkten, die seiner Verwaltung unterstanden.
Daneben gab es aber auch örtlich organisierte Rohstoffbeschaffung, die den lokalen Bedarf an Baumaterial und Rohstoffen deckte (vgl. z.B. Urk. I 286, 10). Anders wäre eine Gold- und Kupferabgabe (Urk. I 186; 258-259) wohl undenkbar. Pharao war zwar aufgrund seiner dogmatischen Rolle Herr aller Naturreichtümer des Landes, was jedoch nicht gleichbedeutend war mit ihrer ausschließlich zentral organisierten und durchgeführten Ausbeutung. Wie in bezug auf den Boden delegierte er auch hier seine Rechte und zog dafür entsprechende Abgaben ein.
Etwas anders scheint es auf dem Gebiet des Außenhandels gewesen zu sein. Abgesehen vom kleinen Grenzhandel, den es sicherlich gegeben haben wird, waren es ausschließlich direkt vom König eingesetzte Beamte, die als Expeditionsleiter (*ỉmj-rȝ ꜥȝw*) weit nach Norden und Süden vordrangen, direkt der Zentralgewalt unterstanden[215] und die von ihnen erhandelten und erbeuteten Waren der Residenz zuführten, wo diese, auch unter dem Sammelbegriff *mȝꜥw nb nfr* – „alle schönen Erzeugnisse" zusammengefaßt,[216] den „königlichen Kostbarkeiten" (*ẖkrw nswt*) einverleibt wurden (vgl. Urk. I 124, 1). Sie selbst erhielten einen Anteil erst in Form von Eh-

---

214 Vgl. den Titel des *Kȝ(.j)-dbḥ.n.j: ỉmj-rȝ pr-ḥḏ ꜥprwj ỉmw* – „Vorsteher der Schatzhauses der beiden Schiffsmannschaften" (PM III², 276-277).

215 Gräber solcher Expeditionsleiter, die keine Verbindung zur Distriktsverwaltung des 1. oberägyptischen Gaues aufweisen, wurden auf der Qubbet el-Hawa bei Elephantine ausgegraben (vgl. auch Martin-Pardey 1976: 199).

rengeschenken und Zuwendungen aus der Residenz (vgl. z.B. Urk. I 139, 12-140, 11).

Einfache Schatzhausvorsteher spielten weder bei der Rohstoffbeschaffung noch bei den Handelsaktivitäten eine Rolle. In beiden Fällen ging die Befehlsgewalt von der höchsten Gruppe der Beamtenschaft des Staates aus, deren Mitglieder den Titel der Oberaufsicht über mindestens ein Ressort trugen, meist aber mehrere parallel.[217] Ihr Exponent war der Wesir.

Welche Produkte waren es nun konkret, die vom Schatzhaus verwaltet wurden? In erster Linie ist hier das Leinen bzw. Kleidung zu nennen.[218] Das waren die Erzeugnisse, die am häufigsten und unmittelbarsten in Verbindung mit dem Schatzhaus genannt werden, insbesondere als spezieller Beitrag des Schatzhauses zur Ausstattung der Totenopfer (Urk. I 146, 11-13; 177, 2, 9). Aus den Kleiderbeständen des Schatzhauses wurden natürlich nicht nur die Totenopfer ausgestattet, sondern auch die Angehörigen des Hofes und die im Dienst der Residenz stehenden Arbeitskräfte wie z.B. die Steinbrucharbeiter von Tura[219] und die Angehörigen der Flotte (vgl. oben Anm. 214).

216 Solche *mꜣꜥw* waren auch Teil der vom Min-Tempel in Koptos zu entrichtenden Abgaben, hier als *mꜣꜥw n(j) ỉmj-rꜣ šmꜥw* – „kostbare Erzeugnisse, die dem Vorsteher von Oberägypten zustehen" bezeichnet (Urk. I 286, 9). Dabei muß es sich wohl nicht unbedingt nur um Exotika gehandelt haben, was eine eigene Außenhandels- bzw. Expeditionstätigkeit des Tempels oder eine freie Weiterverhandlung entsprechender Erzeugnisse im Land voraussetzen würde. Andererseits liegt Koptos an der Mündung des Wadi Hammamat und damit am Endpunkt einer langen Fernhandelsstraße. Die Formulierung *„n(j) ỉmj-rꜣ šmꜥw"* deutet jedenfalls darauf hin, daß für die Einziehung besonderer Kostbarkeiten der „Vorsteher von Oberägypten" persönlich verantwortlich war, der zu diesem Zwecke seine Beauftragten (*wpwtj n ỉmj-rꜣ šmꜥw*) (Urk. I 287, 6), aussandte.

217 Von den 13 belegten *ỉmj(w)-rꜣ prwj-ḥḏ* des Alten Reiches waren zwei gleichzeitig „Vorsteher der beiden Scheunen" – *ỉmj-rꜣ šnwtj* (*Ỉšfj* PM III², 515; *Ḫnmw-ḥtp(w)* PM III², 684), einer gleichzeitig „Vorsteher aller Arbeiten des Königs" – *ỉmj-rꜣ kꜣt nbt nt nswt* (*Kꜣ.j* – CG 57048) und zwei sowohl *ỉmj-rꜣ šnwtj* als auch *ỉmj-rꜣ kꜣt nbt nt nswt*. Die Titulatur der übrigen beschränkte sich auf das Schatzhausressort bzw. auf eng mit diesem verbundene Institutionen (vgl. den Titel „Vorsteher der beiden Goldhäuser" – *ỉmj-rꜣ prwj-nwb*).

218 Vgl. die Beischrift zu einer Szene in der Belohnung von Weberinnen im Grabe des *ꜣḫt-ḥtp: ṯzt ꜥ r pr-ḥḏ* – „Das Nehmen von ꜥ-Leinen zum Schatzhaus" (Posener-Kriéger 1976: 600).

219 Siehe Anm. 41. Aus diesem Brief geht hervor, daß es der Wesir war, der die Ausgabe der Kleider an die Arbeitertruppe veranlaßte. Leider ist nicht erkennbar, ob sein Engagement in dieser Angelegenheit allein aus der Wesirsfunktion erwuchs oder auch aus der eines „Schatzhausvorstehers" – *ỉmj-rꜣ prwj-ḥḏ*.

Titel, die Funktionen im Zusammenhang mit der Verwaltung von Leinen anzeigen, finden sich relaltiv häufig in den Titulaturen von Schatzhausbeamten. Auch hier besteht wieder eine Unterteilung in Schreiber- und Verwaltertitel. Der hochrangigste Titel der Leinenverwaltung ist anscheinend der eines „Vorstehers des Königsleinens" (*ỉmj-rꜣ sšr-nswt*) gewesen. Er tritt als einziger in den Titulaturen von Schatzhausvorstehern auf,[220] hier allerdings ausschließlich bei solchen im Range eines *ỉmj-rꜣ pr-ḥḏ*, so daß sich die von Helck vertretene Auffassung von der Verantwortlichkeit des *ỉmj-rꜣ pr-ḥḏ* für konkrete Schatzhäuser und des *ỉmj-rꜣ prwj-ḥḏ* für die Oberaufsicht über die gesamte Schatzhausverwaltung der „beiden Länder" zumindest für den Belegzeitraum des *ỉmj-rꜣ pr-ḥḏ* (siehe oben S. 91) zu bestätigen scheint (vgl. Helck 1954: 58, 61; Strudwick 1985: 291).
Neben den „Vorstehern des Königsleinens" und den untergebenen „Inspektoren der Schreiber des Königsleines" (*sḥḏ zš(w) sšr-nswt*) bzw. den einfachen „Schreibern des Königsleinens"[221] gab es auch Vorsteher und Schreiber anderer Leinensorten und -kleider.[222]
Repräsentant der Verwaltung der staatlichen Webereien[223] war der *ỉmj-rꜣ prw-ỉrjt* – „Vorsteher der Häuser der Weberinnen".[224] Er hatte die Oberaufsicht über die konkreten Webereien (*pr-ỉrjt*), zu denen auch eine „Weberei der Residenz" – *pr-ỉrjt nt ẖnw* gehörte.[225] Die Leitung der einzelnen Webereien bildeten Vorsteher im *ỉmj-rꜣ*[226] und *ẖrp* Rang (LD II 101), gefolgt von den Webereischreibern (LD II 103a).
Die Verwaltung der staatlichen Webereien gehörte wahrscheinlich nicht direkt zum Schatzhaus, war diesem aber beigeordnet. Nur beigeordnet deshalb, weil das Schatzhaus zwar zumindest einen großen Teil des von ihm verwalteten Leinens aus den staatlichen Webereien bezog und deren

220 *Kꜣ(.j)-m-ḳd.j* (PM III², 494); *Ḏfꜣwj* (PM III², 466). *Kꜣ(.j)-dbḥ.n.j* (PM III², 276) fällt hier mit seinem untergeordneten Titel *zš sšr-nswt* etwas aus dem Rahmen. Sehr wahrscheinlich hängt das mit seinem singulären Titel *ỉmj-rꜣ pr-ḥḏ ꜥprwj ỉmw* – „Vorsteher des Schatzhauses der beiden Flottenabteilungen" zusammen. Als Vorsteher eines so speziellen Schatzhauses war er wohl den anderen *ỉmjw-rꜣ pr-ḥḏ* nicht ebenbürtig.

221 *sḥḏ zš(w) sšr-nswt ꞽIj-mrj* (PM III², 218);
zš (n) sšr-nswt (Hassan 1944: 213; 1950b: 187).

222 Vgl. *ḥrj-tp ḏꜣt* (PM III², 678); *ḥrj-tp sšr* (PM III², 106); *ỉmj-rꜣ sỉꜣt nt nswt* (PM III², 488); *sḥḏ zš(w) sšp nswt* (PM III², 218).

223 Vgl. LD II 103. Das „Abmessen des Getreides für den Unterhalt (*mṯnt*) der Häuser der Weberinnen" wird vom *nḫt-ḫrw šnwt* beaufsichtigt.

224 Zur neuen Deutung des *ỉmj-rꜣ šwj (pr-ꜥꜣ)* Titels, der gewöhnlich als Ressortchef der staatlichen Webereiverwaltung angesehen wird, siehe oben S. 30.

225 Vgl. PM III², 269, 465.

226 Vgl. Junker 1941: 56.

Produktion kontrollierte, Webereivorsteher jedoch nicht durch Schatzhaustitel als dessen Angestellte charakterisiert werden. Und umgekehrt gehören zur Titulatur von Schatzhausbeamten zwar Titel, die mit der Verwaltung von Leinen- und Kleidersorten zusammenhängen, jedoch nicht mit deren Herstellung.

Neben Leinen wurden auch Lebensmittel des gehobenen Bedarfs wie Wein und Honig vom Schatzhaus verwaltet. Weingärten hatten ja schon in der Frühzeit dem Schatzhaus unterstanden (siehe oben S. 75 u. 89). Daran hatte sich auch während des Alten Reiches offenbar nichts geändert.[227] Der Titel *ḫrp kꜣnw* – „Vorsteher des Weingartens", „der Weingärten" bzw. „der Winzer"[228] bezog sich direkt auf dem Staat unterstehende Objekte.

Das Anlegen eines Weingartens gehörte aber auch mit zur Gründung eines Hausstandes, zumindest für Beamte vom Range einen *Mṯn* (Urk. I 4, 17). Aus deren Ertrag und aus den Ablieferungen, die von Gütern und *kꜣ*-Gütern des *pr-ḏt* eingingen, hatten die Angehörigen der landbesitzenden Schicht wiederum einen gewissen Anteil an das Schatzhaus abzuliefern. Man vergleiche dazu die Beischriften zu Szenen mit Gabenbringern und der Siegelung von Weingefäßen in den Gräbern des *Nb-kꜣw-ḥr* und des *Ftk-kꜣ*. Bei *Nb-kꜣw-ḥr* ist zu lesen: *sḫpt ỉrp ỉr pr ỉn ḥmw-kꜣ n pr-ḏt rꜥ nb* – „Das Herbeibringen von Wein zum Haus (als Verwaltungszentrum der Besitzungen) durch die Totenpriester des *pr-ḏt* täglich" (Iskander 1975: pl. XXXII A); bei *Ftk-kꜣ*: *ḫtm r pr-ḥḏ m ỉrp n ḥwt-kꜣ* – „Siegeln für das Schatzhaus vom Wein des *kꜣ*-Gutes" (LD II 96 Mitte).

Daß Honig eine besondere Delikatesse gewesen ist, der hohe Wertschätzung entgegengebracht wurde, läßt sich am Titel *ḫtm(w) (ḥꜣt) ḏfꜣw bjt* – „Siegler (des Besten) der Honigspeisen" ablesen, der zur Titulatur von Schatzhausvorstehern im Range des *ỉmj-rꜣ pr-ḥḏ* gehörte.[229]

Ob auch andere Gartenfrüchte wie Datteln, Feigen und *wꜥḥ*-Früchte unter die Regie des Schatzhauses fielen, ist schwer zu entscheiden. Ihre in den Bitten um Totenopfer genannten Speicherhäuser *pr ꜥqt, pr ỉšd* (Urk. I 175, 12; 177, 10; 178, 5-6) können auch schatzhausunabhängige Einrichtungen gewesen sein, die aber dem „Lebensmittelamt" – *stj-ḏfꜣw* unterstanden.

---

227 *Ḫrp-kꜣnw ꞽIwfj* (BM 130), war zugleich *ḥrj-pr pr sšr-nswt* – „Hausoberster des Hauses des Königsleinens".

228 Junker 1939: 70; PM III^2, 205, 745: *ꞽIwfj* (BM 130)..

229 *Nj-kꜣw-ptḥ* (Strudwick 1985: Nr. 77); *ꜥnḫ-ḥꜣ.f; kꜣr* (PM III^2, 257, 258); *Kꜣ(.j)-dbḥ.n.j* (PM III^2, 276-277).

Das gilt sinngemäß auch für tierische Fette,[230] die bereits in der Frühzeit dem *ỉz-ḏfȝw* unterstellt waren (siehe oben S. 75, Anm. 140).

In bezug auf pflanzliche Fette ist die Situation ein bißchen anders. Öle waren neben dem Leinen die zweitwichtigsten vom Schatzhaus verwalteten Produkte. Allerdings nennen die Quellen vor allem Salböl wie *mrḥt* (Urk. I 175, 10) und *stj-ḥb* (Urk. I 138, 4). Hier ergibt sich die Frage nach dem Verhältnis von Schatzhaus und den „beiden Verwaltungen der Kostbarkeiten des Königs" – *ỉzwj (n) ẖkr nswt*.

In den Bitten um Totenopfer werden als Herkunftsort des *mrḥt*-Öles die „beiden Schatzhäuser" – *prwj-ḥḏ* angegeben (Urk. I 174, 10), an anderer Stelle die „beiden Verwaltungen" – *ỉzwj* (Urk. I 177, 9), wobei es sich offensichtlich um die „beiden Verwaltungen der Kostbarkeiten des Königs" – *ỉzwj n ẖkr nswt* handelte, da diese auch bei der Aufzählung von Institutionen erscheinen, die das Totenopfer liefern, und der Zusammenhang von *mrḥt*-Öl und *ẖkr nswt* u.a. durch den Titel eines *ỉmj-rȝ mrḥt nt ẖkr nswt* – „Vorsteher des *mrḥt*-Öls, das zu den königlichen Kostbarkeiten gehört" (CG 123) hinlänglich gesichert ist. Die Annahme einer einfachen Unterstellung der *ỉzwj n ẖkr nswt* als spezielle Verwaltung mit dazugehöriger Werkstatt nebst Magazin unter das Schatzhaus ist jedoch in mehrfacher Hinsicht problematisch. Allein schon die duale Form des Institutionsnamens deutet auf eine eigenständige Einrichtung hin.

An Titeln, die das Element *ẖkr nswt* enthalten, sind der *ỉmj-rȝ ẖkr nswt nb* – „Vorsteher jeglicher Kostbarkeiten des Königs",[231] *ỉmj-rȝ ẖkr nswt* – „Vorsteher der Kostbarkeiten des Königs",[232] *ỉmj-rȝ ỉz n ẖkr nswt* – „Vorsteher der Verwaltung der Kostbarkeiten des Königs"[233] seit der 2. Hälfte der 4. Dynastie belegt.

Um die Mitte der 5. Dynastie wird die duale Titelform eingeführt. Zunächst als *ỉmj-rȝ ẖkr nswt m ỉzwj* – „Vorsteher der Kostbarkeiten, die sich in den beiden Verwaltungen befinden".[234] Ob vorher eine Unterordnung der staatlichen Werkstätten unter das Schatzhaus bestanden hat und erstere über keine separaten Magazine verfügten,[235] so daß nun deren räumliche

230 Der für sich allein genommen nicht sehr ranghohe Titel eines „Vorstehers des Rinderfettes" erscheint in einem logischen Titelzusammenhang mit dem Schlacht- und Kühlhaus (PM III^2, 644).

231 *Nfr* (Strudwick 1985: Nr. 84) ist zugleich *ỉmj-rȝ prwj-ḥḏ* und *pr-ḥḏ*.

232 *ʾIzj* (Strudwick 1985: Nr. 17) ist zugleich *ỉmj-rȝ pr-ḥḏ*.

233 *Mrj* (PM III^2, 501-502) ist zugleich *ỉmj-rȝ pr-ḥḏ*.

234 *Kȝ.j* (PM III^2, 479), ist zugleich *ỉmj-rȝ pr-ḥḏ* und Wesir.

235 Zur Bedeutung von *„iz"* im privaten und staatlichen Bereich vgl. Drenkhahn (1976: 135).

und organisatorische Verselbständigung vollzogen wurde, ist nicht sicher zu entscheiden. Da die duale Titelform zuerst bei einem Wesir auftritt, könnte es sich um ein Anpassung des Amtes der Oberaufsicht an die Wesirstitulatur handeln, so daß damit, abgesehen vom direkten Eingreifen des Wesires, keine weiteren strukturellen Veränderungen innerhalb des Ressortes verbunden gewesen wären.

Eine Verbindung der Titel eines „Vorstehers jeglicher Kostbarkeiten des Königs" (*ỉmj-r3 ḫkr nswt nb*) und eines „Vorstehers der beiden Verwaltungen der Kostbarkeiten des Königs" (*ỉmj-r3 ỉzwj n ḫkr nswt*) läßt sich in der Form *ỉmj-r3 ỉzwj ḫkr nswt nb* – „Vorsteher der beiden Verwaltungen jeglicher Kostbarkeiten des Königs"erkennen.[236]

Seit der 2. Hälfte der 5. Dynastie entwickelte sich *ỉmj-r3 ỉzwj (n) ḫkr nswt* zur Standardtitelform des Ressortchefs und löste als solche den *ỉmj-r3 ḫkr nswt nb* ab, der ebenso wie der *ỉmj-r3 ḫkr nswt* sporadisch noch bis in die Mitte der 6. Dynastie vorkommt. Daß es sich bei letzterem Titel um eine untergeordnete Position gehandelt hat, wie es noch für die 4. Dynastie zuzutreffen scheint, ist jedoch unwahrscheinlich. Der Titel eines „Vorstehers der Kostbarkeiten des Königs" (*ỉmj-r3 ḫkr nswt*) kommt in Wesirstitulaturen vor und hier im selben Titelumfeld, das sonst für den Ressortcheftitel charakteristisch ist,[237] so daß er wohl eher als abgekürzte Variante des Ressortcheftitels anzusehen ist.

Der *ỉmj-r3 ỉzwj (n) ḫkr nswt* Titel gehörte zwar häufig zur Titulatur von Schatzhausvorstehern, aber meist von solchen im *ỉmj-r3 prwj-ḥḏ* Rang. In der Mehrzahl der Fälle (17 von 27) wurde dieser Titel sogar von Wesiren geführt, dabei 5mal von solchen, die nicht gleichzeitig *ỉmj-r3 prwj-ḥḏ* waren.[238] In der 6. Dynastie gab es auch Nichtwesire mit *ỉmj-r3 ỉzwj ḫkr nswt* Titel, deren hohe Stellung offensichtlich aus der Oberaufsicht über dieses Ressort erwuchs und nicht mit einem Schatzhausvorstehertitel gekoppelt war.[239]

Einfache Schatzhausvorsteher (*ỉmj-r3 pr-ḥḏ*) trugen nur untergeordnete Titel der *ḫkr nswt*-Verwaltung, wie *sḥḏ zš(w) ḫkr nswt* – „Inspektor der Schreiber der königlichen Kostbarkeiten"[240] oder *zš ḫkr nswt* – „Schreiber

236 *Ḫ*ʿ*-ỉnpw*, von Strudwick (1985: Nr. 101) in die 2. Hälfte der 5. Dynastie datiert.

237 Vgl. *Ptḥ-ḥtp* (I.) (PM III^2, 596-597); *Ptḥ-ḥtp* (PM III^2, 653-654); *Snḏm-ỉb; ỉntj* (Strudwick 1985: Nr. 120).

238 *Ptḥ-ḥtp; dšr* (PM III^2, 462-463); *Ptḥ-šps*s (Strudwick 1985: Nr. 52); *Mrj-ttj* (Strudwick 1985: Nr. 63); *Nfr-sšm-sš3t* (PM III^2, 585-586); *S3bw-ptḥ; ỉbbj* (Strudwick 1985: Nr. 117).

239 *Nfr-sšm-ptḥ* (Strudwick 1985: Nr. 87) spätere Karriere; *Nḥrj* (Jequier 1940: fig. 62); vgl. Strudwick (1985: Nr. 117).

der königlichen Kostbarkeiten"[241]. Möglicherweise gehört auch der Titel eines „Vorstehers der Verwaltung der königlichen Kostbarkeiten" (*ỉmj-rꜣ ỉz ḫkr nswt*) in diese Kategorie. Dieser wurde von *Ḏfꜣwj* getragen (Strudwick 1985: Nr. 167; PM III[2], 466), der allerdings sowohl *ỉmj-rꜣ pr-ḥḏ* als auch *prwj-ḥḏ* war, so daß sehr wohl eine Ranggleichheit mit dem *ỉmj-rꜣ pr-ḥḏ* bestanden haben kann.

Alles Gesage läßt darauf schließen, daß die *ỉzwj ḫkr nswt* eine zwar mit dem Schatzhaus eng verbundene, aber diesem nicht untergeordnete, sondern separat verwaltete Institution war.

Vergleichbares gilt für zwei weitere Institutionen: *wꜥbtj* – „die beiden reinen Häuser" und *prwj-nwb* – „die beiden Goldhäuser".[242] Beide waren auf der höchsten Ebene mit den *prwj-ḥḏ* verbunden, während die untergeordneten Chargen auch nur untergeordnete Positionen in den jeweilig anderen Institutionen einnahmen.[243]

Die *wꜥbtj* waren Einrichtungen, in denen insbesondere Ausrüstungsgegenstände für Gräber hergestellt wurden (vgl. Urk. I 36, 15). Außer ihren engen Verbindungen zum Schatzhaus bestanden fast ebenso enge Affinitäten zum Ressort der öffentlichen Arbeiten. Das läßt sich an dem relativ hohen Anteil von *wꜥbt*-Vorstehern ohne *ỉmj-rꜣ prwj-ḥḏ* Titel ablesen und der Struktur ihrer Titulaturen.

Bei den „beiden Verwaltungen der königlichen Kostbarkeiten" (*ỉzwj ḫkr nswt*) handelte es sich allem Anschein nach um eine parallele Einrichtung, und zwar um die der staatlichen Werkstätten, die im Raum der Residenz angesiedelt waren und ein breites Sortiment von Luxuserzeugnissen insbesondere für den Bedarf des Herrschers (*ḫkr nswt*) herstellten, letztlich aber auch für den des Hofes und der höheren Beamtenschaft. Die Betonung des Werkstattaspektes gegenüber dem Speicheraspekt scheint mir u.a. wegen der auch hier erkennbaren engen Beziehung zum Ressort der

---

240 *Nj-kꜣw-ptḥ* (PM III[2], 744-745)

241 *Wr-ỉr.n.j* (PM III[2], 478-479), *Kꜣ(.j)-pw-rꜥ* (PM III[2], 455-456) und *Kꜣ(.j)-dbḥ.n.j* (PM III[2], 276-277).

242 Allem Anschein nach hat es nur ein zentrales „Goldhaus" gegeben, da kein *ỉmj-rꜣ pr-nwb* und auch nur wenige untergeordnete „Goldverwalter" belegt sind. Die duale Schreibweise ist wahrscheinlich gewählt worden, um das Goldhaus als separate Institution zu kennzeichnen, deren Vorsteher mit dem *ỉmj-rꜣ prwj-ḥḏ* auf gleicher Ebene stand.

243 Der *sḥḏ nḫt-ḫrw pr-ḥḏ Msḏrw* z.B. war gleichzeitig *ỉrj-nwb wḏꜣ* – „Hüter des Goldmagazines" (Fischer 1972: 79, fig. 9). Als solcher wird er ein Untergebener des *ỉmj-rꜣ nwb n wḏꜣ m prwj* – „Vorsteher des Goldes, das zum Magazin gehört, in den beiden Verwaltungen" gewesen sein (Edel 1962: 103), der wiederum als einer der wenigen belegten Untergebenen des Ressortschefs mit dem Titel *ỉmj-rꜣ prwj-nwb* anzusehen ist.

öffentlichen Arbeiten gerechtfertigt. Diese wird besonders gut an den Titulaturen derjenigen Vorsteher sichbar, die nicht gleichzeitig *ỉmj-rꜣ prwj-ḥḏ* waren (vgl. Anm. 238). Ob *ỉzwj ẖkr nswt* und *wꜥbtj* die in ihnen hergestellten Erzeugnisse in eigener Regie speicherten und verwalteten oder ob beide nur als Herstellungsort der gewünschten Produkte in den Bitten um Totenopfer erscheinen, ist nicht eindeutig erkennbar. Für die zweite Variante spräche, daß die Särge für die Grabausrüstungen dem Schatzhaus entnommen wurden,[244] obwohl sie doch sicher nicht dort, sondern in der *wꜥbt* hergestellt wurden. Die Herkunft der Öle sowohl aus dem Schatzhaus als auch aus den *ỉzwj ẖkr nswt* läßt auch die erste Möglichkeit zu, indem es sich zum einen um die selbst gespeicherte Eigenproduktion der *ỉzwj ẖkr nswt*, zum anderen um die im Schatzhaus aufbewahrten Abgabelieferungen handeln könnte.

Klar ist jedenfalls, daß sowohl *wꜥbtj* als auch *ỉzwj ẖkr nswt* ihre Rohstoffe nicht ausschließlich über das Schatzhaus bezogen. Zumindest Gold kam aus den *prwj-nwb*. Besondere Rohstoffe, insbesondere solche exotischer Art wie Weihrauch, edle Hölzer, Raubtierfelle, Salböle, waren von Anfang an als „*ẖkr nswt*" eingestuft (vgl. Urk. I 124, 1; 126, 17-127, 2). Auch in den Grabinschriften wird erwähnt, daß nicht alle Bestandteile der Grabausrüstung aus den *prwj-ḥḏ* kamen. Die Inschrift des *Sꜣbnj* (Urk. I 137, 4-8) nennt daneben *wꜥbtj* und *pr-ꜥḥꜣw* – „das Waffenhaus" als parallel liefernde, nicht dem Schatzhaus unterstehende Einrichtungen, da als übergreifende Herkunftsangabe „jeglicher Grabausrüstung" die Residenz (*ẖnw*) erscheint.

Das „Waffenhaus" (*pr-ꜥḥꜣw*) möchte man ansonsten eher als eine Unterabteilung des Schatzhauses ansehen, die direkt dem *ỉmj-rꜣ prwj-ḥḏ* unterstand. Eine Dualschreibung der Institutionsbezeichnung tritt nur bei jenen Vorstehern auf, die nicht gleichzeitig den *ỉmj-rꜣ prwj-ḥḏ* Titel führten und möglicherweise ihre Befehlsgewalt über das Waffenhaus auf diese Weise legitimieren mußten.[245]

Da das Produktionsprofil der *ỉzwj ẖkr nswt* von Ölen über Goldschmuck bis hin zu Perücken reichte[246] und in den *wꜥbtj* „geheime Dinge" (Urk. I 138, 5), die mit dem Grabkult zusammenhängen, hergestellt wurden, muß es

---

244 Vgl. Urk. I 146, 8-13 und Fischer 1966: 57.

245 *Snḏm-ỉb; mḥj* (Strudwick 1985: Nr. 121); *Sšm-nfr* (II) (Strudwick 1985: Nr. 130); *Sšm-nfr* (III) (Strudwick 1985: Nr. 131).
ꜥnḫ-m-ꜥ-kꜣ(.j) (Strudwick 1985: Nr. 31) allerdings nennt in seiner Titulatur nur den einfachen *ỉmj-rꜣ pr ꜥḥꜣw* Titel, ohne gleichzeitig Schatzhaustitel zu tragen. Allzu streng werden die hierarchischen Strukturen und die Unterstellung unter das Schatzhaus wahrscheinlich nicht gewesen sein.

angeschlossen an beide Einrichtungen gesonderte Magazine für besonders geheime oder kostbare Dinge gegeben haben. Für deren Verwaltung waren auch Schatzhausvorstehr (*ỉmj-rꜣ prwj-ḥḏ*) verantwortlich, allerdings an untergeordneter Position. Echte Verfügungsgewalt ging nur von der höchsten Verwaltungsebene aus, für die eine Verbindung des *ỉmj-rꜣ ỉzwj ẖkr nswt*, des *ỉmj-rꜣ wꜥbt(j)* oder des *ỉmj-rꜣ prwj-nwb* Titels mit dem des *ỉmj-rꜣ prwj-ḥḏ* bzw. mehrerer dieser Titel charakteristisch war. Auf diese Weise konnte, bei relativer Selbständigkeit der einzelnen Zweige, auf die Ressourcen der jeweils anderen zurückgegriffen werden. Dadurch wurde ein komplexes Ressort gebildet, zu dessen Kompetenzbereich die Speicherung, teilweise Weiterverarbeitung, Verwaltung und Verteilung aller Einküfte an Abgaben, Erträgen staatlicher Wirtschftsbetriebe (außer Getreide), an Importprodukten und Rohstoffen gehörte.

Das Schatzhaus war integraler Bestandteil dieses Ressortes, nahm darin aber eine Schlüsselposition ein. Das hatte seinen Grund wahrscheinlich darin, daß es als einzige der vier Institutionen direkt an der Abgabeneinziehung beteiligt war, sein Wirkungsbereich nicht auf die Residenz beschränkt war, es mit den von ihm gespeicherten und verwalteten Produkten (Leinen, Öle, Wein, Honig, Hölzer, möglicherweise gehören auch noch andere hinzu) über Produkte verfügte, die nicht ausschließlich die Luxusbedürfnisse von Hof und Beamtenschaft zu befriedigen bzw. die Belieferung der königlichen und privaten Totenkulte zu gewährleisten hatten. Vielmehr hatte es auch eine wichtige Versorgungsfunktionen für die staatlichen Arbeitskräfte zu erfüllen, zu denen sowohl Spezialisten als auch die zur Durchführung der öffentlichen Arbeiten ausgehobenen, ungelernten Hilfskräfte zählten.

Aufgrund fehlender archäologischer Befunde könnte man nur vermuten, daß die enge Verbindung von Schatzhaus, Verwaltung der königlichen Kostbarkeiten, *wꜥbtj*, Goldhaus, Waffenhaus, wie sie sich in den Titulaturen und Texten andeutet, eine bauliche Entsprechung in Form eines gemeinschaftlichen Gebäudekomplexes innerhalb der Residenz fand.

---

246 Vgl. Drenkhahn (1976: 147). Zu den mit *ẖkr nswt* zusammengesetzten untergeordneten Titeln vgl. *ỉmj-rꜣ bỉꜣtj nwb ẖkr nswt* (PM III^2, 456); *bỉꜣtj nwb ẖkr nswt* (PM III^2, 568); Helck (1954: 65-66); Strudwick (1985: 286, Anm. 1).

3 Grundzüge der Provinzialverwaltung

Da die Provinzialverwaltung die mittlere Ebene eines einheitlichen, von der Residenz aus geleiteten Verwaltungsapparates darstellte, war es notwendig, auf die Tätigkeit der Provinzialbeamten bereits im Rahmen der Bearbeitung der Residenzinstitutionen einzugehen. Eine zusammenhängende Betrachtung der Entwicklung der Provinzialadministration scheint mir nichts desto trotz nützlich.

Mit dem Beginn der gemeinhin als „geschichtlich" bezeichneten Periode seit Entwicklung der Schrift ist für Ägypten eine Gliederung des Territoriums in Unterabschnitte belegbar, die in der schriftlichen und bildlichen Hinterlassenschaft durch Gaustandarten bezeichnet wurden, und die wahrscheinlich an ältere territoriale Gliederungsformen anknüpften. Ob es sich bei diesen älteren Formen um Stammesfürstentümer gehandelt hat, oder welche gesellschaftliche Organisationsform ihnen zugrunde lag, wissen wir nicht. Eine gentil-aristokratische Oberschicht von regionaler Bedeutung neben dem Horusherrscher und der in seinem Auftrag handelnden, durch ihn legitimierten und versorgten Beamtenschaft läßt sich zumindest für die geschichtliche Zeit nicht nachweisen.

Seit *Ḏr* sind territoriale Untergliederungen, die mit dem später als allgemeinen Begriff für „Distrikt" (*spꜣt*) verwendeten Logogramm bezeichnet wurden, als Abgabeneinheiten belegbar (vgl. oben S. 16). Über deren administrative Struktur ist nichts bekannt. Erst seit der 3. Dynastie besitzen wir durch das Aufkommen des *ḥḳꜣ spꜣt* und *sšm-tꜣ* Titels für Oberägypten (vgl. Helck 1974: 51) sichere Kenntnis von der Einsetzung königlicher Beamter als Verwalter des nunmehr in große Verwaltungsbezirke untergliederten Landes.[247] Dabei knüpfte die Distriktseinteilung sicher an historisch gewachsene Einheiten an. Darüber hinaus wurden entsprechend der jeweiligen verwaltungstechnischen Erfordernisse neue, künstliche Verwaltungsdistrikte geschaffen bzw. vorhandene weiter untergliedert.

Die Zeit der Einrichtung von *ḥwt*-Anlagen (vgl. oben S. 15) läßt es eher unwahrscheinlich erscheinen, daß sich die Gaue „aus dem Einzugsbereich von königlichen Gütern entwickelt haben" (so Helck 1974: 49). Vielmehr waren die *ḥwt*-Anlagen als Abgabensammelpunkte eingerichtet worden,

---

247 Eine Ausnahme stellen hierbei die Wüstengebiete dar. Diese unterstanden mindestens seit dem Ende der 1. Dynastie (*Ḳꜣj-ꜥ*) direkt der Zentralverwaltung. So nennt die Stele des *Mrj-kꜣ* aus dem Sakkaragrab 3505 (Emery 1958: pls. 23, 39) den Titel eines *ꜥḏ-mr zmjt*.

um durch die ständige Anwesenheit königlicher Beamter (*ꜥḏ-mr* der *ḥwt*-Anlagen) im Lande die Abgabenerfassung zu intensivieren. Sekundär konnte eine *ḥwt*-Anlage zum Hauptort eines Gaues avancieren (z.B. *ḥwt-iḥt*) und somit zum Sitz des Gauverwalters. Ob dem *ꜥḏ-mr* der *ḥwt*-Anlagen in der Frühzeit neben der Sorge um die Abgabenerfassung in bestimmten Gebieten noch andere Aufgaben oblagen, z.B. „die Überwachung des Irrigationssystems" (Martin-Pardey 1976: 31), ist aus den Quellen nicht zu erschließen. In größerem Umfang sicher nicht, da die Einflußnahme der frühzeitlichen Herrscher auf die gesellschaftlichen Verhältnisse noch nicht ein solches Ausmaß erreicht hatte, daß eine entscheidende Zurückdrängung oder gar Außerkraftsetzung der gentilen, örtlichen Selbstverwaltung zu erwarten wäre. Erst für die 3. und v.a. für die 4. Dynastie zeichnen sich in dieser Hinsicht Wandlungen ab. Wie oben schon erwähnt, lassen sich für diesen Zeitraum erstmals echte, vom König eingesetzte Distriktsverwalter nachweisen. Ihre Titel bestehen, wie es auch bei anderen hohen Verwaltungsfunktionen z.B. dem Wesirat der Fall war, aus mehreren Komponenten. Neben dem eigentlichen Verwaltertitel „*ꜥḏ-mr* + Gaubezeichnung" für Unterägypten und *sšm-tꜣ* für Oberägypten, über dessen Funktionsspektrum wir nichts Genaues erfahren, treten Titel, die direkt mit der Verwaltung von Ackerland verbunden sind (*ḥḳꜣ spꜣt* für Ober- und *ḥḳꜣ ḥwt-ꜥꜣt* für Unterägypten), sowie der *imj-rꜣ wp(w)t* Titel als Ausdruck der Entsendung durch die Zentralgewalt und der Pflicht, neben der spezifischen Gauverwalterfunktion „weitere, nicht näher spezifizierte königliche Aufträge auszuführen" (Martin-Pardey 1976: 69).[248]

Die Inschrift des *Mṯn* macht deutlich, daß zu Beginn der 4. Dynastie der Prozeß der Übernahme der realen Verfügungsgewalt über den Boden durch den König in vollem Gange war. Diese Verfügungsgewalt delegierte Pharao in unterschiedlichem Grade an Beamte, so daß verschiedene Besitz- und Verwaltungsformen nebeneinander bestanden. Eine davon, und wahrscheinlich die, welche die unmittelbarste Zugehörigkeit zum königlichen Grundbesitz ausdrückte, kennzeichnete der *ḥḳꜣ ḥwt-ꜥꜣt* Titel. Der *ḥḳꜣ*

---

248 E. Martin-Pardey unternahm später den interessanten Versuch, mit den beiden belegten Graphien *imj-rꜣ wpt* und *imj-rꜣ wpwt*, unterschieden durch eine bzw. drei Buchrollen, auch unterschiedliche Wortbedeutungen zu verbinden, wobei für erstere die Bedeutung „Vorsteher der (Land)teilung" (1984: 244) vorgeschlagen wurde. Daraus als ursprünglichen Aufgabenbereich der Gauverwalter die Registrierung von Land und der dazugehörigen Arbeitskräften abzuleiten, wäre zwar verlockend, dennoch scheinen mir die Titelschreibungen keine ausreichende Basis für weiterreichende Schlußfolgerungen zu bieten, so daß ich bei der traditionellen Übersetzung mit „Vorsteher der Aufträge" bleiben möchte.

ḥwt-ˁ3t war also nicht der Güterverwalter des Distriktes *par excellence*. Für dasselbe Verwaltungsgebiet konnte parallel ein *ḥḳ3 ˁḥt* – „Herrscher der Felder" existieren (Urk. I 2, 3; 2, 7). Generell bezog sich der *ḥḳ3 ḥwt-ˁ3t* Titel weit häufiger auf kleinere geographische Einheiten als auf ganze Distrikte (vgl. Martin-Pardey 1976: 55, Gödecken 1976: 132 Anm. 61).
In der 5. Dynastie wandelten sich die Titulaturen der Gauverwalter. Für Unterägypten wurde der Titel *imj-r3* + Gau eingeführt. Der alte oberägyptische Gauverwaltertitel *ḥḳ3 sp3t* – „Herrscher des Distrikts" verschwand. Der Titel eines *sšm-t3* – „Leiter des Landes" verlohr an Bedeutung und wurde nicht mehr als „abgekürzte Gauverwaltertitulatur" (Martin-Pardey 1976: 89) verwendet. Diese Funktion übernahmen bezeichnenderweise der *imj-r3 wp(w)t* + Gau („Vorsteher der Aufträge des Gaues N.N.") und der *irj-iḫt-nswt* + Gau Titel („der mit den Angelegenheiten des Königs befaßte vom Gau N.N."), so den Dienst für den König und die Erfüllung seiner Befehle in den Vordergrund rückend. In beiden Fällen handelt es sich eigentlich um Titel der Zentralverwaltung, denen durch Beifügung eines Gaunamens ein geographisch bedingter Wirkungskreis zugewiesen wurde. Die Zuordnung von Wirkungskreisen nach sachlichen Gesichtspunkten bestand daneben weiter und begegnet uns z.B. im Titel *imj-r3 wp(w)t ḥtp-nṯr* – „Vorsteher der Aufträge bezüglich des Gottesopfers". Zur oberägyptischen Gauverwaltertitulatur gehörten darüber hinaus eine Reihe von Ressorttiteln, meist *imj-r3 nswtjw* – „Vorsteher der *nswtjw*-Leute", *imj-r3 niwwt m3wt* – „Vorsteher der neuen Siedlungen" und *imj-r3 mnww* – „Vorsteher der mnw" (s.u.).
Möglicherweise haben die Titel *imj-r3 nswtjw* und *imj-r3 niwwt m3wt* den Platz des alten *ḥḳ3 sp3t* eingenommen und vertreten nun das Landwirtschaftsressort.[249] Dabei ist nicht zweifelsfrei zu entscheiden, ob wir in den *niwwt m3wt* „neuerschlossene kleinere Wirtschaftseinheiten" (Martin-Pardey 1976: 79) zu sehen haben, oder diese nur durch organisatorische Zusammenlegung bzw. administrative Akte zu „neuen Siedlungen" wurden. Für letztere Variante spräche das Dekret Koptos D (Goedicke 1967: 137-147, bes. XII), welches das durch „Auswahl von Landanteilen" bestimmter Güte neugegründete *ḥwt Min-srwḏ-nfr-k3-rˁ* als „*niwt m3wt*" bezeichnet

---

249 Der seit der 5. Dynastie für die oberägyptische Provinz vorkommende Titel *ḥḳ3 ḥwt-ˁ3t* ohne weiteren Zusatz gehört wahrscheinlich nicht in dieses Ressort, sondern zu den „Versorgungstiteln", die vom König ebenso wie die Hofrangtitel verliehen wurden, um durch die mit ihnen verbundenen Einkünfte, den Lebensunterhalt und die Totenversorgung der höheren Beamten zu gewährleisten bzw. reicher auszustatten (vgl. Urk. I 145, 1-3, 14; 147, 15-16, so auch Gödecken 1976: 112).

(Koptos G vgl. Goedicke 1967: 128-136). Da dieses Dekret von *Ppj* II. erlassen wurde, könnte hier auch eine sekundäre Entwicklung reflektiert sein, bezogen auf eine Zeit, als keine neuen Ländereien mehr gewonnen werden konnten.
Der *ỉmj-rꜣ nswtjw* war Administrator einer Menschengruppe, die meiner Meinung nach auf Land angesiedelt war, das dem König unmittelbar gehörte.[250] Das Dekret Koptos G (Goedicke 1967: Abb. 10, 128-136) zeigt, daß die *nswtjw* den Status von *mrt* besaßen, die einer dem *pr-šnꜥ* als Versorgungseinrichtung der Residenz unterstehenden Institution durch Aushebung zugeordnet wurden. Möglicherweise war „*nswtjw*" ursprünglich der Sammelbegriff für die Teile der Bevölkerung, welche im Zuge der sog. „inneren Kolonisation" vom König aus ihren alten Dorfgemeinschaften abgezogen wurden und die Arbeitskräfte für die entstehenden neuen Güter stellten (vgl. auch Gödecken 1976: 294-295). Aus dem heimatlichen Gemeindeverband herausgelöst, waren sie nicht mehr ihrer Dorfgemeinde, sondern dem König bzw. den von ihm eingesetzten örtlichen Beamten (*sr*(*w*), *ỉmj*(*w*)-*st*-*ꜥ*) verpflichtet. Das läßt sich bereits für den Beginn der 4. Dynastie belegen. Die *nswtjw* konnten ihren Wohn-, d.h. Dienstort wechseln, mußten diesen Wechsel aber den zuständigen Büros melden.[251] Dieser Vorgang wird dem *ỉj r kj sšm* –"Gehen zu einem anderen Dienst", wie es u.a. auch für die Totenpriester belegt ist,[252] entsprechen, die ihren Dienstwechsel ebenfalls von den zuständigen Beamte genehmigen oder anweisen lassen mußten. Das wird auch bei den *nswtjw* der *Mṯn*-Inschrift der Fall gewesen sein, ohne daß es explizit ausgedrückt wurde. Bei dem „Verkauf" von 200 Aruren Akker durch die *nswtjw* handelte es sich wahrscheinlich um einen Äquivalentenaustausch, der genehmigt wurde, wenn die Interessen der Krone dadurch keine Schmälerung erfuhren (vgl. auch Gödecken 1976: 209).

---

250 Als unterägyptischer Vertreter war es der *zꜣb ḥrj-sḳr ḥḳꜣ ḥwt-ꜥꜣt* im 3. und 4. unterägyptischen Gau, der davon in Kenntnis gesetzt wurde, daß *Mṯn* (Urk. I 2, 6-11) Land von *nswtjw* gekauft hat (vgl. Gödecken 1976: Akte I). *Mṯn* war bekanntlich *ḥḳꜣ ḥwt-ꜥꜣt* desselben Gaues (Urk. I 2, 3). Der *ḥḳꜣ ḥwt-ꜥꜣt* des Distriktes war also nicht der allein Zuständige für die Verwaltung von Ländereien und die Verbindung *ḥwt-ꜥꜣt* und *nswtjw* ist nicht zufällig.
Zur Diskussion um den Begriff „*nswtjw*" vgl. Helck (1954: 81, Anm. 26); Saweljewa (1962: 144-145); Wenig (1963: 68-69); Goedicke (1965: 37-38; 1967: 134-135); Bakir (1952: 29-30); Gödecken (1976: 294-295, Anm. 200) jeweils mit weiterführender Literatur.

251 Vgl. Gödecken 1976: 31, Anm. 46.

252 Vgl. z.B. die Bestimmungen des *Kꜣ*(.*j*)-*m*-*nfrt* (Goedicke 1970: 45, Anm. 28 bzw. Urk. I 13, 14-15).

Während die besprochenen Titel alle aus der Sphäre der Wirtschaft kommen und die Einziehung von Arbeitskräften und Abgaben als Hauptaufgaben der Gaubeamten kennzeichneten,[253] ist im Titel *ỉmj-rȝ mnww* ein militärisches Amt zu vermuten. Wobei mir die Deutung von „*mnww*" als „Wachtürme nach der Wüste hin" (Martin-Pardey 1976: 82) recht plausibel erscheint.

Für die 5. Dynastie wird erkennbar, daß zentrale Verwaltungszweige Unterbeamte nicht nur von Fall zu Fall in die Provinz entsandten, sondern ihnen einen oder mehrere Gaue[254] als ständigen Handlungs- bzw. Verantwortungsbereich zuweisen. Gleichzeitig prägt sich die Tendenz der Konzentration mehrerer Ressortcheftitel in der Hand des Gauverwalters aus. Fraglich bleibt, ob diese Entwicklung Ausdruck verstärkter Einflußnahme der Residenz auf die Belange vor Ort zum Zwecke einer verstärkten Abschöpfung von Mehrprodukt in Form von Produkten und Arbeitskraft sowie der Diversifizierung der Aufgaben der Gauverwalter ist oder ob es sich nur um eine titelmäßige Aufschlüsselung ihrer Verantwortungsbereiche handelt.

Wahrscheinlich unter *Nj-wsr-rꜥ* wurde zunächst für den Wesir (*Kȝ.j*) das Amt des „Vorstehers von Oberägypten" (*ỉmj-rȝ šmꜥw*) als zentrale Leitungsinstanz der Einziehung von Abgaben und Arbeitskräften in diesem Bereich geschaffen, so die Rolle des Wesirs als Chef der Provinzialadministration hervorhebend.

Gegen Ende der 5. Dynastie zeichneten sich mit der Regierungszeit des *Ḏd-kȝ-rꜥ; ꞽIzzj* weitere qualitative Veränderungen ab, ohne daß es zu einem Bruch in der Entwicklung gekommen wäre. Äußeres Anzeichen der Veränderungen war das Aufkommen beschrifteter Gräber in der oberägyptischen Provinz, was sicher nicht nur die Übernahme einer „Residenzsitte" (Martin-Pardey 1976: 79) geschuldet war. In diesem Zusammenhang mindestens ebenso wichtig waren die gewachsenen materiellen und personellen Ressourcen aufgrund intensiverer Abgabenabschöpfung und der sich daraus für die hohen Provinzbeamten ergebenden Möglichkeit, mehr

253 So nennt Dekret Koptos B (Goedicke 1967: 87-116) den *ỉmj-rȝ wpwt*, den *ỉrj-ỉḫt nswt* und den *ỉmj-rȝ nswtjw* unter den Verantwortlichen für die Rekrutierung von Arbeitskräften.

254 So kennen wir z.B. aus der ersten Hälfte der 5. Dynastie einen „Vorsteher der Gaue des mittleren Oberägypten" (*ỉmj-rȝ spȝwt šmꜥw ḥrjw-ỉb*) *Srf-kȝ* aus Sheikh Said (Davies 1901: pls. 4-6, 17), einen „Vorsteher der Gaue Unterägyptens" (*ỉmj-rȝ spȝwt tȝ-mḥw*) *ꜥnḫ-wsr-kȝ.f* (Borchardt 1907: 113), sowie vom Ende der 5. Dynastie einen „Vorsteher der Gaue Oberägyptens" (*ỉmj-rȝ spȝwt šmꜥw*) *Kȝ-pw-ptḥ* (CG 1563, vgl. Helck 1954: 82).

für den Eigenbedarf einzubehalten. Diese Umstände wirkten sich zweifellos auch auf das Selbstbewußtsein der hohen Gaubeamten aus, ohne daß daraus absolute Herrschaftsansprüche und Unabhängigkeitsbestrebungen erwachsen wären. Begräbnisse von hohen Gaurepräsentanten auf dem Residenzfriedhof und die Übernahme von Ämtern an königlichen Pyramidenanlagen waren weiterhin üblich.

Ebenfalls seit *ꞽIzzj* sind die sog. „Provinzwesire" zu belegen, also in der Provinz bestattete Beamte mit Wesirstitulatur. Die Schaffung sowohl des Provinzwesirates als auch des *ỉmj-rꜣ šmꜥw* Amtes war eine Folge derselben Tendenz innerhalb der Entwicklung der Administration. Diese bestand einerseits in der Konzentration der hohen Verwaltungsämter in den Händen einer geringeren Zahl von Beamten, insbesondere in denen des Wesirs, andererseits in der Aufteilung der Pflichten des Wesirs unter mehreren gleichzeitigen Titelinhabern bzw. in der Schaffung neuer regionaler Unterinstanzen. Dadurch wurde eine straffere Zentralisation erreicht. Die Konzentration der Verantwortlichkeiten setzte sich in der Folgezeit bis auf die Gauebene hinab fort. Um die Wende zur 6. Dynastie erschien erstmals der Titel eines „großen Gauoberhauptes" (*ḥrj-tp ꜥꜣ n spꜣt*).

Wie u.a. von K. Baer (1960: 275) herausgearbeitet wurde, erfolgte der Wechsel der Gauverwaltertitulaturen nicht auf einmal, wie in der Folge eines einmaligen administrativen Aktes, sondern ging allmählich, von Süden nach Norden fortschreitend, vor sich, ohne daß für sämtliche Gaue „große Gauoberhäupter" überliefert sind. Bemerkenswerterweise tritt dieser Titel nur in den Titulaturen auf, nie als Selbstbezeichnung innerhalb der Lebensläufe. *Ḳꜣr* von Edfu, *ḥrj-tp ꜥꜣ* des 2. oberägyptischen Gaues, bezeichnet sich und seine Kollegen nur als „Oberhäupter", beschreibt wie er unter den Kindern der „Oberhäupter" erzogen wurde, um dann vom König in den Gau von Edfu entsandt zu werden (vgl. Urk. I 253-255). Neben dem Titel *ḥrj-tp* – „Oberhaupt" trug er den eines *ỉmj-rꜣ ỉt šmꜥw* – „Vorsteher der oberägyptischen Gerste" und eines *ỉmj-rꜣ ḥmw-nṯr* – „Vorsteher der Gottesdiener", eine Titelverbindung, die uns sowohl bei *Hnkw* (*ḥrj-tp* des 12. oberägypt. Gaues) (vgl. Davies 1902b: pl. 24; Urk. I 77, 15) als auch bei dem „großen Gauoberhaupt" *Kꜣ.j-ḥp; ṯtj ỉḳr* von Achmim wiederbegegnet, dessen Sohn ebenfalls „Vorsteher der oberägyptischen Gerste" war (Urk. I 265). Vergleicht man dieses mit der Aufzählung der Gaubeamten in den Koptosdekreten, wo von einem „großen Gauoberhaupt" nicht die Rede ist – wobei auch ansonsten kein *ḥrj-tp ꜥꜣ* des Koptosgaues belegt ist – so kommt man zu dem Schluß, daß die Gauverwalter der 5. Dynastie, welche als *ỉrj-ỉḫt nswt* und *ỉmj-rꜣ wpwt* + Gau in ihren Distrikt entsandt wurden, um dort gleichzeitig einer Reihe wichtiger Ressorts der Zentralverwaltung vorzustehen, in der 6. Dynastie allmählich durch mehrere *ḥrj-*

tp genannte Beamte abgelöst wurden. Diese unterstanden entweder direkt dem „Vorsteher von Oberägypten" oder einer noch dazwischengeschalteten zentralen Gauinstanz, dem aus ihrer Mitte kommenden „großen Gauoberhaupt".[255]

Auch diese *ḥrjw-tp ꜥꜣ* ergänzten ihre Titel gelegentlich in der Manier der Gauverwalter der 5. Dynastie durch spezielle Ressorttitel,[256] am häufigsten trugen sie aber den *ỉmj-rꜣ šmꜥw* und den *ỉmj-rꜣ ḥmw-nṯr* Titel. Funktionen, die vorher meist vom Gauverwalter selbst innegehalten wurden, verteilten sich nun auf eine Reihe von Unterbeamten, die als spezielle *ỉmj(w)-rꜣ wpt, ỉrj(w)-ỉḫt nswt, ỉmj(w)-rꜣ nswtjw* in den Dekreten Koptos B und C (Goedicke 1967: 87-116, 117-127) genannt sind. Daneben agierten in der Provinz weiterhin eine größere Anzahl von Beauftragten verschiedener Verwaltungsressorts der Residenz.[257]

In der 6. Dynastie zeichnet sich alles in allem eine weitere Diversifizierung und tiefere Gliederung der Gauverwaltung ab. Durch die Einführung des „Provinzwesirates" wird, bei gleichzeitigem Bestreben, Macht und oberste Verwaltungsämter in wenigen Händen zu konzentrieren, eine Entlastung des Residenzwesirs erreicht. Dem „Vorsteher von Oberägypten" oblag es, die Tätigkeit der Gauverwalter zu kontrollieren, für die Erfüllung der Pflichten, die die oberägyptischen Gaue gegenüber der Residenz hatten, zu

---

255 Daß sich ein solches „großes Gauoberhaupt" beispielsweise für den Gau von Koptos nicht belegen läßt, könnte mit der Nähe des Amtssitzes des Vorstehers von Oberägypten zusammenhängen.

256 Ich erinnere an den o.g. *Kꜣ.j-ḥp; ṯtj ỉḳr* von Achmim, der „Großes Gauoberhaupt" und „Vorsteher der oberägyptischen Gerste"(*ỉmj-rꜣ ỉt-šmꜥw*) sowie „Vorsteher der beiden Scheunen des Gottesopfers" (*ỉmj-rꜣ šnwtj n ḥtp-nṯr*) war. *Kꜣ.j-ḥp; ṯtj* von Achmim war „Großes Gauoberhaupt" und „Vorsteher der beiden Scheunen (*ỉmj-rꜣ šnwtj*), „Vorsteher der Verwaltung der Vogelteiche" (*ỉmj-rꜣ zš(w)*) sowie „Vorsteher des Schatzhauses" (*ỉmj-rꜣ pr-ḥḏ*) (Newberry 1912: 116-118). *Ṯꜣwtj* von Qasr es-Sayad (Montet 1936: 84-88) war „großes Gauoberhaupt" und „Vorsteher der südlichen Grenzfestung" (*ỉmj-rꜣ ꜥꜣ šmꜥw*).

257 Der in Dendera begrabene *Mn-ꜥnḫ-ppj; mnj* (Zeit *Mr-n-rꜥ*) (Petrie 1900a: I, pls. 1–4, II, pl. 2a; Urk. I 268-270) trug keinen der üblichen Gauverwaltertitel, obwohl mit *Nfr-sšm-ppj; snnj* (Petrie 1900a: I, pl. 7, II, pl. 7a) das Vorhandensein eines „großen Gauoberhauptes" für den Gau von Dendera mindestens seit *Ppj* I. belegbar ist. Nach seinen Titeln war er „Vorsteher jeglicher Vegetation des Gaues" (*ỉmj-rꜣ šn-tꜣ nb n spꜣt*), „Vorsteher aller Vogelfänger des Gaues" (*ỉmj-rꜣ wḥꜥw nb nt spꜣt*) und „Gutsverwalter" (*ḥḳꜣ ḥwt*) der Pyramiden *Ppj*s I. und des *Mr-n-rꜥ*.

Die Dekrete Koptos B und C nennen u.a. noch die „Vorsteher der Phylen von Oberägypten" (*ỉmj(w)-rꜣ zꜣw šmꜥw*) und die „Großen der Zehn von Oberägypten" (*wr(w)-mḏ šmꜥw*).

sorgen, was insbesondere die Koordinierung der Abgabenerfassung und die Organisierung der Arbeitskräfterekrutierung für zentrale Anforderung bedeutete. Daneben konnte der *ỉmj-rꜣ šmꜥw*, wie jeder hohe Beamte, mit der Durchführung von Baumaterialbeschaffungsexpeditionen für die königlichen Bauvorhaben betraut werden.

In den einzelnen Gauen selbst wirkten möglicherweise kollektive Leitungsgremien (*ḥrjw-tp*), die entweder einer übergeordneten Leiterpersönlichkeit (*ḥrj-tp ꜥꜣ*) oder direkt dem *ỉmj-rꜣ šmꜥw* rechenschaftspflichtig waren. Ihre Hauptaufgabe bestand offensichtlich in der Rekrutierung von Arbeitskräften in ihrem Gau entsprechend zentraler Anforderungen und für den Einsatz im Gau selbst, in der Abgabeneinziehung, in der Oberaufsicht über die Viehzucht. Gegebenenfalls waren sie auch für die Leitung und Durchführung militärischer Unternehmungen verantwortlich, je nach Lage des Gaues mehr oder minder häufig. Auch juristische Funktionen innerhalb ihres Herrschaftsgebietes lassen sich erkennen. Teilweise neben ihnen, teilweise in Personalunion mit ihnen, agierten Ressortbeauftragte der Residenzinstitutionen, die wirtschaftliche Ressourcen verwalteten, welche direkt der Residenz unterstanden, bzw. Arbeitkräfte für spezielle Residenzanforderungen zu mobilisieren hatten.

Bei dieser komplizierten Verwaltungsstruktur bestand sicher die Gefahr der Entstehung von Wirren durch Kompetenzüberschneidungen. Insbesondere die Erfassung von Abgaben und Arbeitsleistungen scheint doppelt und dreifach abgesichert gewesen zu sein, was zweifellos nicht ohne Folgen für den Grad der Ausbeutung blieb. Von einer Herausbildung „übermächtiger Gaufürsten", die ihrem Pharao die Gefolgschaft aufkündigten, da ihr Gau langsam zu ihrer privaten Domäne geworden war, läßt sich jedoch nichts erkennen.[258] Grundsätzlich agierten die Provinzialverwalter, wie alle Provinzbeamten vom Provinzwesir bis zum Ackerschreiber, als „verlängerter Arm" der Residenz. Dabei hatten sie genügend Möglichkeiten, für sich persönlich einen großen Anteil am gesellschaftlichen Reichtum zu erlangen.

---

258 Zu diesem Ergebnis kam u.a. auch Kanawati (1977: 78 u.) nach seiner Untersuchung der Entwicklung der materiellen Ressourcen der Gaubeamten am Ende der 6. Dynastie.

4 Bemerkungen zur örtlichen Verwaltung

Die Betrachtung der örtlichen Verwaltungsorgane und ihres Charakters ist nicht unwichtig für die Bestimmung des Entwicklungsstandes des Staates, für das Maß seines Eingreifens in das Leben der Masse der Bevölkerung. Leider sind gerade aus dieser Sphäre, bedingt durch die Genesis unserer Quellen, die wenigsten Zeugnisse erhalten.

Während der ganzen Frühzeit und in qualitativ neuer Weise mit dem Übergang zur monumentalen königlichen Grabarchitektur in der 3. Dynastie waren die Dorfgemeinden einem wachsenden Abgabendruck ausgesetzt. Auch der damit einhergehende Abzug von Arbeitskräften schwächte ihre ökonomische Basis. Die Bereitstellung von Abgaben und Arbeitskräften muß dennoch mehr oder minder freiwillig erfolgt sein, da die Rechtmäßigkeit der Forderungen des Herrschers unbestritten war. Mittel, um ihnen Nachdruck zu verleihen, wird es zweifellos gegeben haben. Trotzdem basierte die Entwicklung nicht auf der Errichtung einer reinen Gewaltherrschaft, führte aber in der Folge zur Übernahme der realen Verfügungsgewalt des Herrschers und damit auch der um ihn konstituierten Beamtenschicht über das Hauptproduktionsmittel Boden und die zu seiner Bearbeitung nötigen Menschen.

Unter *Snfrw* war dieser Prozeß weitgehend abgeschlossen. Was dem seit der Regierungszeit des *Ḏsr* vorausgegangen war, läßt sich nur ungefähr erschließen.

Mit dem *Ḏsr*-Grabkomplex erreichte der für den Bau des Herrschergrabmales betriebene Aufwand eine qualitatitiv neue Stufe. Voraussetzung dafür war eine neue Qualität der Einflußnahme des Zentralgewalt auf das Leben der Menschen. Veränderungen in der Zentrale hatten sich ja schon während der 2. Dynastie angedeutet, als das „Horusgeleit" unter *Nj-nṯr* durch die „Zählung" ergänzt wurde, die Bedeutung der „Grabpaläste" („Domäne") zurückging und die Belieferung des Königsgrabes mehr und mehr vom Schatzhaus als zentraler Instanz der Abgabenerfassung übernommen wurde (s.o. S. 13).

Diese Entwicklung erreicht unter *Ḏsr*, für den letztmalig ein „Grabpalast" belegbar ist, ihren Höhepunkt. Nun kam es auch auf zwei weiteren Ebenen zu einschneidenden Veränderungen. Anknüpfend an historisch gewachsene Einheiten, wurde das Land in große Verwaltungsdistrikte eingeteilt und königliche Beauftragte zu ihre Leitung entsandt (s.o. S. 105). Zur gleichen Zeit wurde das „Horusgeleit" vollständig durch die Zählung ersetzt. Das erfolgte wahrscheinlich im Zusammenhang mit der Übernahme der höheren Gerichtsbarkeit durch die Distriktsverwalter. Sehr wahrscheinlich waren sie es auch, die damals bereits für die Erhebung der Sondersteuern („Zählung der Rinder und des Kleinviehs" für *Snfrw* auf dem „Annalenstein" belegt – vgl. Urk. I 237, 9) und für die Einziehung der Arbeitkräfte aus ihrem Amtsbereich verantwortlich zeichneten. Möglicherweise übernahmen sie auch die Koordinierung der innerhalb des Distriktes zu leistenden Arbeiten.

Die ständige Anwesenheit königlicher Beamter im Lande muß zu einem grundsätzlichen Bedeutungs- und Machtschwund der gentilen dörflichen Leitungsorgane geführt haben. Entscheidenden Anteil hatten daran allerdings die Veränderungen, die sich auf der untersten Verwaltungsebene vollzogen. Die bisherige Sammlung von Abgaben großer Gebiete in einzelnen Abgabesammelpunkten wurde ersetzt durch die Einrichtung einer Vielzahl von königlichen Gütern, deren Verwalter *ḥḳꜣ ḥwt* X bzw. *ḥḳꜣ ḥwt ꜥꜣt* X Titel trugen. *Ḥwt* + Königsname bezeichnete dabei immer das für die Totenkultanlage des betreffenden Königs liefernde Gut. Diesen Gütern waren keine einheitlichen Felderkomplexe, sondern verstreute Dörfer (*nỉwt*) und einzelne Felderanteile zugeordnet. Zumindest im späteren Alten Reich scheint sich der Bedeutungsunterschied von *ḥwt* und *nỉwt* zu verwischen. *ḥwwt* werden mit dem Zeichen für *nỉwt* determiniert. Ein *ḥḳꜣ nỉwt mꜣwt* ist als übergeordneter Gaubeamter für die Lieferung von Nahrungsmitteln aus „jedem *ḥwt* des *pr-šnꜥ*" (Urk. I 131, 4-7) verantwortlich. Die aus 3 Aruren Ackerland bestehende Stiftung „*ḥwt-Mỉn-srwḏ-Nfr-kꜣ-rꜥ*" (auch hier mit „*nỉwt*" determiniert) des *pr-šnꜥ* wird abwechselnd „*pr-šnꜥ pn*", „*nỉwt*" und „*nỉwt mꜣwt*" bezeichnet (vgl. Koptos G und D – Goedicke 1967: 128-136; 137-147; bes. Urk. I 291, 15-16; 296, 7).

Felderanteile wurden in zunehmendem Maße, sei es mit den zu ihrer Bearbeitung nötigen Arbeitskräften, Vieh und Gerätschaften, sei es ohne, königlichen Beamten und Günstlingen überantwortet, die diese als besonderes Privileg auch vererben durften.[259]

Das „Einrichten" der Güter erfolgte ursprünglich wohl auf zweierlei Weise: zunächst durch die Erschließung von neuem, anbaufähigen Boden, womit eine dauerhafte Herauslösung der dazu und zur späteren Bewirtschaftung nötigen Arbeitskräfte aus ihren ursprünglichen Gemeinden verbunden war, die nun königlichen Verwaltern unterstellt waren. Arbeitkräfte und Vieh gewann man aber nicht nur im Lande selbst (Urk. I 236, 14), sondern auch durch Beutezüge in angrenzenden Gebieten (Helck 1975: 33). Für

---

259 Man denke z.B. an die 50 Aruren Acker, die *Nb.s-njt*, die Mutter von *Mṯn*, ihrem Sohn vererben konnte (vgl. Urk. I 2, 9-10) oder die 7 Aruren samt Leuten und Kleinvieh, die ein *ḥḳꜣ ḥwt* X angewiesen wurde, *Mṯn* nebst seinen Kindern zu übergeben (Urk. I 2, 12-14).

Snfrw sind auf dem „Annalenstein" das „Hinwegführen von 7000 Nubiern und 200000 Stück Vieh" verzeichnet (Urk. I 236, 10). Aus Libyen holte man 1100 Gefangene und 13100 Stück Vieh (Urk. I 237, 13), was selbst bei Berücksichtigung übertriebener Angaben von einem bemerkenswerten Arbeitskräftebedarf spricht.

Der zweite Weg der Einrichtung von Gütern, der im Endeffekt ebenso zur Ausschaltung der Autonomie der Dorfgemeinden führte, bestand zunächst in der Unterstellung der Dorfgemeinden unter das nächstliegende königliche Wirtschaftszentrum, so daß die *ḥwt*-Anlagen wohl anfangs weiterhin nur als Abgabesammelpunkte für verschiedene gewachsene Dörfer fungierten, sich ihre Zahl und Verbreitung im Lande allerdings stark vergrößerte. Im Laufe der Zeit wurde daraus ein weitergehendes Unterstellungsverhältnis, das die Einflußsphäre der gentilen örtlichen Leitungsgremien immer stärker einengte, bis diese auch in den gewachsenen Dörfern zur Bedeutungslosigkeit herabsanken und höchstens noch Einfluß auf Angelegenheiten der Gemeinschaft nehmen konnten, die außerhalb der Interessensphäre des Staates lagen. Denkbar wäre die Organisierung der gegenseitigen Hilfe. Leider geben die Quellen darüber keine Auskunft. Bereits die niedere Gerichtsbarkeit lag in den Händen der Gutsvorsteher. Das ist u.a. der biographischen Inschrift des *Nḫbw* (Urk. I 217, 6-7) zu entnehmen, der zwar nicht Verwalter eines staatlichen Gutes, sondern des Großhaushaltes seines Bruders gewesen ist. Das wird jedoch an der Ausübung des Amtes, das er mit „*ḥḳꜣ nỉwt*" beschreibt, nicht viel geändert haben. Seine Hauptaufgabe lag natürlich auf wirtschaftlichem Gebiet, konkret bei der Einziehung der aus den Ländereinen fließenden Einkünfte („*ỉp ỉḫt*") und der Kontrolle der Wirtschaft.

Dem Leiter einer Wirtschaftsanlage stand meist ein kollektives Leitungsgremium zur Seite, die *ḏꜣḏꜣt*, welche v.a. aus Schreibern bestand. Vertreter der Dörfer, in denen wir die Repräsentanten noch vorhandener oder ehemaliger gentiler örtlicher Leitungsgremien vermuten könnten, gehörten nicht dazu. Als solche böten sich auf den ersten Blick nur die in den Grabszenen aus dem Wirtschaftsleben häufig dargestellten *ḥḳꜣw des ḥwt* bzw. *der nỉwt* an. Junker (1938: 90-95) hatte bereits darauf hingewiesen, daß diese von jenen *ḥḳꜣw ḥwt* streng zu unterscheiden sind, die große Herren darstellen und in deren Titel beide Komponenten zu einer untrennbaren Einheit verschmolzen sind. Erstere stechen nicht nur in puncto Kleidung von den Gutsverwaltern ab. Sie ziehen keine Abgaben ab, sondern erscheinen im Gegenteil zur Abrechnung vor der Gutsleitung, werden dabei sogar von den „Haussöhnen" (*zꜣ-pr*) geprügelt und in den Staub gedrückt. In den mit Stöcken bewaffneten „Haussöhnen" haben wir Vertreter jenes Repressionsapparates vor uns, der ansonsten in den Quellen so schwer zu fassen ist (vgl. Fischer 1960). Die Nennung von Schlägen und Versklavung (*b3k*) im „negativen Sündenbekenntnis" der biographischen Grabinschriften (vgl. z.B. Urk. I 217, 4-5) deutet auf effektive Herrschaftsmethoden hin, in denen auch Gewalt je nach Bedarf praktiziert wurde.

Die *ḥḳ3w* werden jedoch nicht nur als Vertreter ihres Gutes oder Dorfes bei der Ablieferung dargestellt. Ihre eigentliche tägliche Funktion bestand in der Beaufsichtigung der Arbeiten. Gegebenenfalls legten sie sogar selbst mit Hand an (Junker 1938: 93). Die Arbeit erfolgte kollektiv in sog. *ỉzwt* und unter Aufsicht. Saatgetreide und Vieh wurden aus dem Zentrum der Wirtschaftseinheit geliefert (*ḥwt* oder *pr-ḏt*) bzw. unterstand diesem. Die Neuvermessung der Ländereien und die Festlegung der Abgabenmenge entsprechend der Landqualitäten in Abhängigkeit von Lage und aktueller Überschwemmungshöhe oblag den Ackerschreibern, die als Angehörige der *pr ḥrj-wḏb* Verwaltung staatliche Beauftragte waren (vgl. oben S. 71ff.).

Neben den *ḥḳ3w* erschienen in vergleichbarer Position die Hirten (LD II 4, 30–31) und die „Vorsteher der Rinderherden" (Davies 1902a: pl. VIII) zur Ablieferung und Abrechnung. Möglich ist, daß die damit angezeigten Verhältnisse ausgeprägter Arbeitsteilung der späteren Phase wirtschaftlicher Entwicklung des Alten Reiches entsprachen und nur eine punktuelle Erscheinung darstellten, abhängig von der Größe der Wirtschaftskomplexe. Unter diesen Bedingungen scheinen die *ḥḳ3w* reine „Gutshofmeister" gewesen zu sein. „Vormänner" im technischen Betrieb des Gutes, die nichts mit der amtlichen Verwaltung zu tun hatten (Junker 1938: 90). Ob sie Nachfahren der „Dorfschulzen" (WB III 170, 23) waren und ihre Bezeichnung mit ursprünglichen Herrschaftsbefugnissen innerhalb ihres Dorfes in Zusammenhang steht bzw. sie weiterhin eine vergleichbare Position einnahmen, da die innere Struktur der Dörfer die Unterstellung unter staatliche Wirtschaftsanlagen und solche hoher Würdenträger nicht angetastet wurde, ist nicht eindeutig zu klären. „*ḥḳ3*" ist gewöhnlich ein Titel bzw. eine Tätigkeitsbezeichnung aus der königlichen Sphäre, die sowohl auf den Herrscher selbst als auch auf seine mit entsprechenden Machtbefugnissen ausgestatteten Beamten angewandt wurde, die administrativen Einheiten, besonders landwirtschaftlich geprägten, vorzustehen hatten (s. o. S. 15).[260] Andererseits wissen wir nichts über die Struktur und Titel der dörflichen Selbstverwaltung. Selbst über die Existenz eines Stammesadels, dessen Machtposition ersteinmal gebrochen sein wollte, ehe sich der frühzeitliche Herrscher als Exponent einer Zentralmacht etablieren konnte, ist aus den Quellen nicht zu entnehmen. Die Zahl der „gewachsenen Dörfer", erkennbar an den „natürlichen" Namensbildungen, nahm jedenfalls bereits während der 4. Dynastie rapide ab (vgl. Jacquet-Gordon 1962) und die Stellung der *ḥḳ3w* muß sich spätestens zu dieser Zeit deutlich gewandelt haben. Innerhalb ihrer Gemeinschaft verfügten sie über ein hohes Sozialprestige, nahmen eine Leitungs- und Aufsichtsfunktion in der landwirtschaftlichen Produktion ein (über weitergehende Kompetenzen wissen wir nichts), vertraten die Gemeinschaft nach außen gegenüber der höhergeordneten Wirtschaftseinheit, der sie für die Abgabeleistung in geforderter Höhe persönlich haftbar waren. Obwohl das Mehrprodukt zum überwiegenden Teil nicht mehr dem Dorf zugute kam, waren sie dadurch an seiner Erzeugung und der Abgabenbereitstellung persönlich interessiert. Dahingestellt muß bleiben, ob nur wegen der ansonsten zu erwartenden Schläge oder auch wegen davon abhängender Belohnung, vielleicht sogar Versorgung. Diese konnte nur durch die Gemeinschaft oder den Dienstherren erfolgen, da die *ḥḳ3w* aus der unmittelbaren Produktion herausgelöst waren. Leider wissen wir davon genausowenig wie darüber, aus welchen Kreisen sie stammten und auf welche Weise sie zu ihrem Amt gelangten: Vererbung, Wahl durch die Gemeindemitglieder oder Einsetzung durch die übergeordnete Gutsleitung? Wenn die *ḥḳ3w* auch nicht mit Sicherheit einfache Gutsangestellte, Angehörige des niederen Aufsichtspersonals der staatlichen und Würdenträgergüter waren, Dorfälteste im Sinne von Exponenten dörflicher Selbstverwaltungsorgane waren sie auf keinen Fall mehr. Vielmehr nahmen sie eine Zwischenstellung ein (so auch Saweljewa 1962: 129) und entwickelten sich im Prozeß der Aushöhlung der Autonomie der Gemeinden und deren schließlicher Aufhebung mehr und mehr zu staatlichen Angestellten, ohne daß sie in die eigentliche herrschende Klasse eingingen, wofür die Fähigkeit, schreiben zu können, eine wichtige Vorbedingung darstellte.

Ob sich die ständig im Wachsen begriffene und sich schließlich zur Klasse entwickelnde herrschende Schicht zunächst allein aus dem Königsclan und später aus sich selbst rekrutierte, oder inwiefern Mitglieder einer gentilen Oberschicht in diese eingingen, ist allein schon wegen fehlender ge-

---

260 Die m.W. älteste Bezeugung des *ḥḳ3*-Titels stammt von einem Siegelmuster des *St-k3* aus der Zeit des *Dn* (Kaplony 1963: Abb. 184) – „*ḥḳ3 sḫn-3ḫ*". In Aufschriften von in der Stufenpyramide des *Ḏsr* gefundenen Gefäßen erscheint der *ḥḳ3*-Titel als *ḥḳ3 sp3t* des 16. oberägyptischen Gaues (vgl. Kaplony 1963: 507). In den Pyramidentexten bezieht sich „*ḥḳ3*" dann als Tätigkeitsbezeichnung auf den König (Pyr. 1678). Auf welche Zeit die Pyramidentexte zurückgehen, wissen wir nicht, somit auch nicht, ob *ḥḳ3* ein ursprünglich mit dem Herrscher verbundener Begriff ist oder, ob er erst sekundär auf diesen angewandt wurde.

nealogischer Angaben nicht zu sagen. Die soziale Mobilität wird auch ohne hemmende „Kastenstruktur“ stark begrenzt gewesen sein, denn persönliche Eignung und Leiterqualitäten konnten sich nur auf der Basis einer entsprechenden Herkunft, die Bildung und die notwendigen sozialen Kontakte vermittelte, erweisen.[261]

261 Voraussetzung für die Beamtenlaufbahn war die Fähigkeit, schreiben zu können. Bei der sonstigen Ausbildung spielte die häusliche die überragende Rolle, in der der Vater den Sohn in der von ihm ausgeübten Tätigkeit unterwies und angestrebt wurde, daß der Sohn als „Stab des Alters“ die Stellvertretung und schließliche Nachfolge im Amt des Vaters antrat.

IV. Grundzüge der Gesellschaftsentwicklung bis zum Ende des Alten Reiches

Im folgenden Kapitel soll versucht werden, die in den vorangegangenen Kapiteln betrachteten Teilaspekte zusammenzufassen und Schlußfolgerungen hinsichtlich der gesellschaftlichen Entwicklung zu ziehen, wie sie sich bis zum Ende des Alten Reiches vollzogen hat. Entsprechend der Themenstellung soll dabei insbesondere die Entwicklung der staatlichen Verwaltung im Mittelpunkt stehen.

1 Die Frühzeit

An der Wende vom 4. zum 3. Jt. v.u.Z. zeichnet sich in der besonders durch Friedhofsfunde belegbaren materiellen Kultur und in den Bestattungssitten eine kulturelle Einheit ab, die von der Deltaspitze bis zum ersten Nilkatarakt reichte. Diese als Negade III bezeichnete Kultur leitete bruchlos in die frühdynastische Zeit über. In ihr hatte sich eine mit dem Falkengott Horus identifizierte, mit überdurchschnittlichem Sozialprestige ausgestattete Herrscherpersönlichkeit herausgebildet, die besonders im kultisch-magischen Bereich in Erscheinung trat, Träger von Außenhandelsaktivitäten war, eine militärische Führungsposition wahrnahm, möglicherweise auch streitschlichtende Funktionen zu erfüllen hatte, und dafür berechtigt war, Abgaben und wahrscheinlich auch bereits Dienstleistungen zu empfangen.
Um sie herum bestand eine in sich differenzierte Schicht aus Familienangehörigen, Würdenträgern und Bediensteten, deren Einkommen und hohe soziale Position durch ihr enges Verhältnis zum Herrscher vermittelt war.
Wie sich die kulturelle Einheit des Negade III herausbildete und ob sie auch mit der Schaffung gesamtgesellschaftlicher Institutionen, abgesehen von der des Horuskönigtums, verbunden war, läßt sich bisher anhand der vorhandenen Quellen nicht greifen.
Die Entwicklung der Schrift, durch die der Übergang zur dynastischen Zeit markiert wird, war eng an den Bedürfnissen des Herrschers und seiner Hofhaltung orientiert und vollzog sich in Wechselwirkung mit deren weiterer Ausprägung.

Die Verwaltung der Thinitenzeit hatte weitgehend noch den Charakter einer Hofverwaltung. Die belegbaren Institutionen dienten primär der materiellen Sicherstellung der Existenz und Wirksamkeit des Herrschers und damit auch der mit ihm verbundenen Schicht, eingeschlossen die Sorge für deren Weiterleben nach dem Tode.

Insbesondere beim „Horusgeleit" kam die Ausübung der Oberhoheit über das Land hinzu, wozu, neben dem Empfang von Geschenken und Huldigungen, auch kultisch-magische und juristische Aktivitäten gehört haben werden. Möglicherweise war das „Horusgeleit" auch mit der Sammlung von wehrfähigen Männern verknüpft, die die persönliche Gefolgschaft des Herrschers bei den militärischen Aktivitäten zu verstärken hatten und vielleicht auch für andere Arbeiten, z.B. den Bau des Herrschergrabes und der damit verbundenen Kultanlagen, eingesetzt werden konnten, so den Ausgangspunkt für die spätere allgemeine Arbeitspflicht bildend.

In diesem Prozeß können lokale Autoritäten – genauer lassen sich diese nicht spezifizieren – als Anführer der entsandten Kontingente in die persönliche Nähe des „Horus" gelangt und am Hofe verblieben sein, so das Würdenträgerreservoir verstärkend, über das der Herrscher verfügen konnte. Vertreter dieser Gruppe könnten die auf der Narmerpalette und auf dem Keulenkopf des Narmer abgebildeten Träger der Symbole gewesen sein, die den späteren Gaustandarten ähneln. Solche Verschmelzungsprozesse von Hofgesellschaft und gentiler Führungsschicht hätten auf jeden Fall eine Verstärkung des Einflusses des „Horus"-Herrschers im Land zur Folge gehabt über seine Legitimierung im kultisch-magischen Bereich und seine militärischen Erfolge hinaus.

Wachsende ökonomische Stärke stand im Wechselverhältnis mit diesen Vorgängen. Sie war zum gewissen Teil Voraussetzung, da der Dienst für den Herrscher auch materiell lukrativ sein mußte und Kriegführen ebenfalls Mittel erforderte, zum gewissen Teil aber auch Ergebnis, denn Krieg erbrachte Beute und sicherte den Zugang zu den Fernhandelsrouten. Steigendes Ansehen und persönliche Macht ließen Abgaben reichlicher fließen.

Die zunehmende ökonomische Stärke der „Horus"-Herrscher wird uns besonders an der Entwicklung ihrer Grabanlagen deutlich.

Die Ausgrabung von Friedhöfen der Thinitenzeit und vor allem der königlichen Begräbnisstätten läßt aber auch etwas anderes augenscheinlich werden: Zur Realisierung seiner wachsenden Hofhaltung und Aktivitäten bedurfte der Herrscher auch einer wachsenden Zahl von Personen, die aus dem unmittelbaren Produktionsprozeß freigestellt und aus seinen Mitteln versorgt werden mußten. Eine zahlenmäßig zunächst noch kleine Schicht von Würdenträgern entstand, die um den Herrscher organisiert war, ihre Befugnisse und hohe soziale Position von seiner Person ableitete und die Keimzelle der späteren herrschenden Klasse bildete.

Anhand der vornehmlich aus den Gräbern der Herrscher und ihrer bevorzugten Würdenträger stammenden Siegelmuster und Topfaufschriften läßt sich die Entstehung von Instanzen erkennen, die sämtlich eng mit den Aktivitäten der Herrscher verbunden waren.

Das System dieser Institutionen wurde in mehreren Etappen ausgebaut und ihre innere Struktur vervollkommnet. Während einige im Laufe der Entwicklung an Bedeutung verloren und schließlich ganz verschwanden – wie „Zeltverwaltung" und „Grabpalastverwaltung" („Domäne"), die nach *Ḏsr* aufgegeben wurden – entwickelten sich andere weiter und leiteten direkt zu den staatlichen Institutionen des Alten Reiches über (Scheune, Schatzhaus, Lebensmittelmagazin). Dabei sind die Bemühungen um Systematisierung und Konzentrierung nicht zu übersehen. Ziel all dieser Veränderungen war letztlich das intensivere und effektivere Erfassen und Verwalten der Naturalleistungen der Gemeinden zur Stärkung der ökonomischen Basis des Horuskönigs, die eine erweiterte Reproduktion der um ihn konstituierten herrschenden Schicht ermöglichte und im gewissen Maße auch zur Voraussetzung hatte.

Ebensowenig wie sich die überragende soziale Stellung des Herrschers aus einer Aufsichts- und Leitungsfunktion in der unmittelbaren Produktion herleiten läßt, sind für die ersten beiden Dynastien Beamte mit entsprechenden Aufgaben nachweisbar.

Über die Art und Weise der Abgabenerfassung lassen sich aus den Quellen nur wenige Hinweise gewinnen. Summarische Herkunftsangaben wie „Oberägypten", „Unterägypten" auf Gefäßen, die in den Herrschergräbern niedergelegt wurden, und die geringe Zahl von *ḥwt*-Anlagen, in denen wir die Konzentrationspunkte der Abgaben eines größeren Einzugsbereiches vermuten können, sprechen für ein noch recht weitmaschiges Abgabensammelsystem (s. o. S. 9 und 15).

Für die Etablierung privaten Bodeneigentums in Form königlicher Güter gibt es während der Frühzeit in Verbindung mit den belegten Institutionen keine klaren Anhaltspunkte.

Instanzen und Würdenträger außerhalb und unabhängig der Sphäre des Horus-Herrschers lassen sich nicht nachweisen, obwohl sie auf dörflicher Ebene noch vorhanden gewesen sein müssen. Das Fehlen entsprechender Belege ist sicherlich auf einen geringen Verbreitungsgrad der Schrift zurückzuführen.

Die gleiche Ursache könnte auch für das Fehlen von Titeln und Institutionen aus dem Bereich der inneren und äußeren Repression, also nach moderner Terminologie Militär und Polizei, verantwortlich sein. Die Existenz solcher Instanzen stellt nach marxistischem Verständnis ein wesentliches Merkmal des Staates dar (s. o. Anm. 9).

Dass es militärische Auseinandersetzungen gegeben hat und dafür entsprechende Truppen rekrutiert worden sein müssen, steht dabei außer Frage. Funktionen aus dem Bereich des Repressionsapparates waren sehr wahrscheinlich in Titeln impliziert, deren genaue Bedeutung wir nicht fassen können oder deren Funktionsspektrum wir nicht vollständig kennen. Militärische Aufgaben könnten z.B. die *ḫrpw ḫ3st* bzw. *ḫrpw zmjt* „Leiter der Fremdland- bzw. Wüstenregion" (Kaplony 1963: Abb. 406) zu erfüllen gehabt haben. Für die Aufrechterhaltung der inneren Ordnung sorgten bis Ende der 2. Dynastie sicherlich noch die dorfgemeinschaftlichen Instanzen selbst. Daneben mag es im Rahmen des „*šms-Ḥr*" auch zur Schlichtung von Streitfällen überörtlicher Bedeutung durch den Horus-Herrscher gekommen sein.

Sehr wahrscheinlich verfügten auch die Abgaben einziehenden Institutionen über geeignete Mittel, um ihren Forderungen gebührenden Nachdruck verleihen zu können.

Der Hauptgrund für die Seltenheit der Titel und das Fehlen von spezialisierten Instanzen aus der Sphäre der inneren und äußeren Repression liegt aber vermutlich in dem noch geringen Entwicklungsgrad der gesellschaftlichen Antagonismen, die zusätzlich durch die ideologische Rechtfertigung der Ansprüche des Herrschers gedämpft wurden.

Die Thinitenzeit stellt einen Entwicklungsabschnitt dar, in dem sich im Wechselverhältnis mit der weiteren Ausgestaltung der Herrscherideologie ein gesellschaftlicher Überbau entwickelte, der auf die Basis der Gesellschaft zurückwirkte und diese nach und nach veränderte, was schließlich in die qualitativen Umgestaltungen der 3. Dynastie mündete. Diese Entwicklung fußte aber letztlich auf der Möglichkeit einer stabilen Erzeugung von Mehrprodukt, die sich auf der Basis der besonderen ökologischen Bedingungen des Niltales und im Ergebnis der Entwicklung der Produktivkräfte in der 2. Hälfte des 4. Jt. v.u.Z. herausgebildet hatte.

2 Die 3. Dynastie

Die gerade skizzierten evolutionären Prozesse der Thinitenzeit bildeten zwar die Grundlage für die revolutionären, sich auf die gesamte Gesellschaft erstreckenden der 3. Dynastie, konnten letztere aber nicht allein auslösen. Der nötige Funke für den Umschlag in eine neue Qualität könnte aus modifizierten Vorstellungen vom Königtum entsprungen sein, u.a.

sichtbar an der nun erfolgenden Zusammenfassung des Nord- und Südgrabes (Saqqara bzw. Abydos) in einer einheitlichen Anlage in Saqqara, womit die memphitische Region zum Zentrum des Reiches wurde – eine Rolle, die sie das ganze Alte Reich hindurch beibehalten sollte. Hier zeigt sich einmal mehr das dialektische Wechselverhältnis von Ökonomie, Ideologie und Politik, dem man wegen der relativen Selbständigkeit von Ideologie und Politik sowie der Kompliziertheit und Komplexität gesellschaftlicher Prozesse natürlich nicht durch die direkte Herleitung aller Erscheinungen in Ideologie und Politik aus der Ökonomie gerecht werden kann. Dennoch waren die veränderten Vorstellungen vom Herrscher, die zur Gewährleistung seiner kultisch-magischen Wirksamkeit für die Gesellschaft ein aus Stein gebautes und so die Ewigkeit überdauerndes Grabmal erforderlich erscheinen ließen, sicherlich in mehr oder minder direkter Form vom Macht- und Prestigegewinn beeinflußt, den der Herrscher während der Frühzeit für sich verbuchen konnte. Gleichzeitig hatten die Produktivkräfte – insbesondere die Werkzeuge, die Technik der Steinbearbeitung, die Bautechnik und Bauorganisation – einen Stand erreicht, der die Umsetzung der durch die Ideologie gesetzten Anforderungen real erscheinen ließ. Die personellen Voraussetzungen dazu waren in gewissem Maße durch die Vergrößerung der herrschenden Schicht um den Horuskönig während der Frühzeit ebenso vorhanden. Auf dieser Grundlage konnte die neue, durch die Ideologie gesetzte Motivation Auslöser für qualitative Veränderungen der ganzen Gesellschaft werden, die Produktionsverhältnisse[262] eingeschlossen.

Der Übergang zur monumentalen Bauweise der königlichen Grabanlagen verlangte zunächst die Fähigkeit zu ingenieurtechnischen und organisatorischen Leistungen neuer Dimension sowie gesteigerte Möglichkeiten, Mehrprodukt und Arbeitskräfte zu mobilisieren.

In diesen Zusammenhang ist die Einführung des Wesirates zu stellen, ein Amt, dessen Träger alle für den Pyramidenbau notwendigen Aktivitäten zu koordinieren hatte und dessen besonders enge Bindung zum Ressort der „Arbeiten des Königs“ das ganze Alte Reich über erhalten blieb. Die notwendige Erhöhung des Aufkommens an Naturalleistungen und Arbeitskräften wurde durch die Entsendung von königlichen Verwaltern in das nun in große administrative Einheiten unterteilte Land, die Umwandlung

---

262 „Produktionsverhältnisse“ verstanden als Gesamtheit der gesellschaftlichen Beziehungen, welche die Menschen im Prozeß der Produktion, des Austausches und der Verteilung der materiellen Güter eingehen; wobei unter diesen die Eigentumsverhältnissen die bestimmende Rolle spielen (Buhr/Kosing 1974: 231-232).

der Dörfer in abgabepflichtige Domänen und ihre Ergänzung durch solche auf neugewonnenem Ackerland erreicht (s.o. S. 114). Schon für die 3. Dynastie muß damit gerechnet werden, daß die Funktionen des „Horusgeleites“ durch die neuen Verwaltungsstrukturen wahrgenommen wurden, so daß an seiner statt zu Beginn der 4. Dynastie in den „Annalen“ nur noch die „Zählung“ als Form der Erhebung von Sondersteuern erscheint.

3 Die 4. Dynastie

Die verbesserte Quellenlage der 4. Dynastie läßt die neue Qualität der administrativen Durchdringung des Landes erkennen. Diese zeigte sich sowohl auf zentraler Ebene in Gestalt von neuen oder in ihrem Wirkungsbereich erweiterten Residenzinstitutionen (*pr ḥrj-wḏb*, Scheune, Schatzhaus) als auch auf mittlerer, d.h. Gauebene, die eine weitere Ausprägung bei fortgeführter Untergliederung der Gaue erfuhr, und auf unterster Ebene in Person der königlichen Gutsverwalter.
Die aus der Frühzeit übernommenen Institutionen wiesen nun zu Beginn der 4. Dynastie eine stärkere hierarchische Untergliederung auf, die in Ansätzen bereits die des späteren Alten Reiches erkennen läßt (*ỉmj-rꜣ* wurde beispielsweise als Vorstehertitel einführt).
Nach der Wesirstitulatur zu urteilen, die als einzigen weiteren Amtstitel nur den des „Vorstehers aller Arbeiten des Königs“ (*ỉmj-rꜣ kꜣt nbt nt nswt*) enthielt, lagen Scheune und Schatzhaus, und damit die Verwaltung der materiellen Ressourcen, nicht in seinem unmittelbaren Amtsbereich. In der zweiten Hälfte der 4. Dynastie erfuhr das Amt des „Vorstehers aller Arbeiten des Königs“ durch sein Verschwinden aus der Wesirstitulatur und das Übergehen auf einen Nichtwesir eine rangliche Gleichstellung mit den andern Ressortcheftiteln, auch wenn es zunächst noch stärker an „Königssöhne“ gebunden blieb. Gleichzeitig wurde das Schatzhausressort durch die Einführung des Titels *ỉmj-rꜣ prwj-ḥḏ* – „Vorsteher der beiden Schatzhäuser“ aufgewertet, der das Schatzhaus nun als eine komplexere Institution kennzeichnet, die einer allgemeinen Oberaufsichtsinstanz bedurfte. Auf dieselbe Weise geschah das im Falle des „Lebensmittelamtes“ (*st-ḏfꜣ*), das mit der eingeführten dualen Titelform *ỉmj-rꜣ stj-ḏfꜣw* – „Vorsteher der beiden Lebensmittelämter“ nun über eine eigene Oberaufsicht verfügte und damit als selbständige Institution neben das Schatzhaus trat.
Ob der Wesir eo ipso oberster Chef aller Verwaltungszweige war und er durch die skizzierte Entwikkung nur entlastet werden oder ob diese Pozesse seinen Einfluß verkleinern sollten und in den Zusammenhang einer Zu-

rückdrängung der „Königssöhne" von der Macht zu stellen sind, läßt sich anhand der Quellen nicht entscheiden. Auf jeden Fall kehrte der *imj-rꜣ kꜣt nbt nt nswt* Titel um die Wende zur 5. Dynastie bei den ersten beiden Wesiren nichtköniglicher Abstammung in die Wesirstitulatur zurück. Die anderen Systematisierungsbestrebungen waren ebenfalls nicht so durchgreifend und konsequent, daß eine gleichartige Verwaltungsstruktur für alle Zweige durchgesetzt wurde. Und die Titelbelege reichen auch nicht aus, um eine durchgängige Kompetenzteilung zwischen einem die täglichen Geschäfte und einem die Oberaufsicht führenden Titelträger zu belegen. Große Schritte in Richtung einer solchen Art Durchorganisierung der Verwaltung wurden erst im Verlaufe der 5. Dynastie getan.

Wie läßt sich nun diese gern als „Zeitalter der größten Machtentfaltung der Zentralgewalt" bezeichnete 4. Dynastie generell und besonders in Hinblick auf den Entwicklungsstand ihrer Verwaltung einschätzen? Richtig ist zweifellos, daß sowohl die Ideologie als auch die Verwendung der materiellen Ressourcen in außerordentlich starkem Maße auf den Herrscher und die Gewährleistung seines Weiterlebens nach dem Tode und damit den Erhalt seiner kultisch-magischen Wirksamkeit ausgerichtet waren. Ob die nach *Ḫw.f.wj* abnehmenden Pyramidenmaße und die Übernahme des *zꜣ-rꜥ* Titels als Zeichen einer relativierten Positionsbestimmung des Königtums zu werten sind, muß fraglich bleiben, dokumentiert die „echte" Pyramide doch von Anfang an Beziehungen zum Sonnenkult, und die Form des Königsgrabmales wurde zunächst auch noch nicht geändert. Eine sich im Machtkampf mit dem Herrscher durchsetzende *rꜥ*-Priesterschaft, die aus Gründen des persönlichen Machtgewinns an einer geschmälerten Stellung des Königs interessiert und so als Triebkraft dieser Entwicklung gewirkt haben könnte, läßt sich ebenfalls nicht ausmachen. Veränderungen in der Ideologie, zumal in einer so religiös geprägten, haben nachträglich meist nur sehr schwer nachvollziehbare Ursachen. Der angezeigte Machtverlust des Herrschers – sollte es sich wirklich um einen solchen gehandelt haben – begünstigte keine irdische Menschengruppe, sondern einen imaginären Gott, und wäre schon aus diesem Grunde nur sehr relativ, beeinträchtigte er doch nicht die reale Stellung Pharaos in der Gesellschaft.

Der Pyramidenbau hatte nach *Ḫw.f.wj* eine seiner Aufgaben bereits größtenteils erfüllt. Es stellte das gesamtgesellschaftliche Interesse dar, das die maximale Abschöpfung des gesellschaftlichen Mehrproduktes bis hin zur Umstrukturierung des Landes als in allgemeinem Interesse stehend gerechtfertigt erscheinen ließ, einschließlich Aufhebung der Selbständigkeit der Dorfgemeinden und Entzug des Bodens als ihrem Hauptproduktionsmittel. Als sich die bäuerlichen Produzenten ihrer veränderten Lage mehr oder minder deutlich bewußt wurden, waren sie durch die Zurückdrängung der Befugnisse der dorfgemeinschaftlichen Selbstverwaltung und die Besetzung der regionalen Leitungsebenen durch königliche Beamte aller Mittel zur Gegenwehr beraubt. Als konfliktdämmende Momente wirkten allerdings die Anerkennung der Rolle des Herrschers als Herr des gesamten Landes, seiner materiellen Ressourcen und der menschlichen Arbeitskraft aufgrund seiner ihm zugesprochenen gesellschaftserhaltenden Funktion. Hinzu kam, daß die Effektivitätssteigerung, die durch den ständigen Abzug von Arbeitskräften, erhöhten Abgabendruck sowie die im Verlaufe des Alten Reiches fortschreitende Spezialisierung der landwirtschaftlichen und handwerklichen Produktion hervorgerufen wurde, sicher nicht in vollem Maße abgeschöpft wurde. Das Interesse der Produzenten an einer Produktionssteigerung blieb erhalten. Im Vergleich zur Thinitenzeit kam es nicht zu einer allgemeinen Senkung des Lebensstandards. Ein gewisses stabiles Existenzniveau als Grundlage für ein Bevölkerungswachstum blieb bestehen, so daß Ägypten für Einwanderer von außen immer noch sehr attraktiv erschien.

Der Pyramidenbau war somit objektiv Mittel zur Etablierung und Festigung von Ausbeutungsverhältnissen, zur Ausbildung und Weiterentwicklung ihrer organisatorischen, verwaltungstechnischen Grundlagen und Struktur sowie zur Erweiterung ihrer personellen Voraussetzungen.

Das Selbstbewußtsein der Bevölkerungsschicht um Pharao, die sich gerade als Klasse[263] konstituiert hatte, war ebenso wie ihre zahlenmäßige Stärke im Vergleich zu späteren Zeit noch relativ gering. Ihr hoher Status und Versorgungsgrad erwuchs nicht primär aus einer Aufsichts- oder Verwaltungsfunktion in der unmittelbaren Produktion, sondern war durch die Stellung zu Pharao vermittelt. Kollektive Ausbeutungsverhältnisse dominierten ebenso wie institutionelle Gebundenheit des Eigentums. Tendenzen, Besitzrechte mit königlicher Erlaubnis in Eigentumsrechte umzuwandeln, waren erst in Ansätzen vorhanden. Bereits zu Beginn der 4. Dynastie hatte die Ablösung der Direktversorgung der Würdenträger

---

263 Soziale „Klassen" verstanden im Sinne der Leninschen Klassendefinition als „große Menschengruppen, die sich voneinander unterscheiden nach ihrem Platz in einem geschichtlich bestimmten System der gesellschaftlichen Produktion, nach ihrem (größtenteils in Gesetzen fixierten und formulierten) Verhältnis zu den Produktionsmitteln, nach ihrer Rolle in der gesellschaftlichen Organisation der Arbeit und folglich nach der Art der Erlangung und der Größe des Anteils am gesellschaftlichen Reichtum, über den sie verfügen. Klassen sind Gruppen von Menschen, von denen die eine sich die Arbeit der anderen aneignen kann infolge der Verschiedenheit ihres Platzes in einem bestimmten System der gesellschaftlichen Wirtschaft" (Buhr/Kosing 1974: 153).

durch die Übertragung von Lieferungen bestimmter Güter bzw. die amtsgebundene Zuweisung von Ackerland mit den zu seiner Bewirtschaftung nötigen Arbeitskräften, Vieh und anderen Produktionsmitteln einen beachtlichen Stand erreicht. Das enge verwandtschaftliche Verhältnis zum Herrscher prädestinierte noch zur Übernahme höchster Verwaltungsfunktionen, insbesondere im Ressort der öffentlichen Arbeiten. Voraussetzung war es in dieser Phase jedoch nur für das Wesirat. Und auch hier lief die Entwicklung auf eine Verdrängung der Mitglieder der königlichen Familie von der Macht, ihre Beschränkung auf den höfischen und kultischen Bereich unter Beibehaltung der höchsten Rangtitel hinaus, indem die Bezeichnung „*z3-nswt*" an Nichtprinzen verliehen wurde. Thronwirren könnten den Herrscher dazu veranlaßt haben, unter formeller Beibehaltung der Tradition oder auf die magische Kraft des Wortes vertrauend, Machtpositionen nur mit ihm persönlich ergebenen Beamten zu besetzen (s. o. Anm. 22).

Vergleicht man die Gauverwaltung der 4. Dynastie mit der aus späterer Zeit, so muß man eindeutig einen niedrigeren Entwicklungsstand konstatieren. Viele Aufgaben, insbesondere wohl die, die mit der Aushebung von Arbeitkräften für zentrale Bauvorhaben zusammenhingen, wurden von Residenzbeamten ausgeführt, welche zu diesem Zwecke in die Provinz entsandt wurden.

Von den drei in der Residenz begrabenen Beamten der 4. Dynastie, die auch in der Gauverwaltung tätig waren,[264] auf eine generell engere Bindung dieser Beamtengruppe an die Residenz zu schließen, ihre Versetzbarkeit zum machterhaltenden Prinzip zu erklären und alles zusammen einer bodenständigeren Gaubeamtenschaft ab der 5. Dynastie gegenüberzustellen, scheint mir nicht ratsam.[265] E. Martin-Pardey (1976: 74-78) hat m.E. sehr zu Recht darauf hingewiesen, „daß alle Zeugnisse von uns bekannten uäg. Provinzialbeamten – auch aus späterer, durch 'Dezentra-

---

264 Es handelt sich um *Pḥ-r-nfr* (Junker 1939); *Mṯn* (Urk. I 1-7) und *ʾIzj* (Strudwick 1985: Nr. 17). Während der Amtsbereich von *Mṯn* ausschließlich auf die unterägyptische Provinz beschränkt war (zur Deutung der oberägyptischen Gauverwaltertitel in seiner Grabinschrift vgl. Gödecken 1976), *Pḥ-r-nfr* sowohl eine Residenz- als auch eine Provinzkarriere durchmachte, fällt *ʾIzj* eigentlich aus der Betrachtung heraus, war er doch nicht für einen Gau zuständig, sondern für alle Distrikte Ober- und Unterägyptens, was ihn zu einem echten Vertreter der Residenzverwaltung und einen Vorläufer des „Vorstehers von Oberägyptens" macht (ein vergleichbarer Titel für Unterägypten ist aus späterer Zeit nicht belegt). Seine übrigen Titel rechtfertigen ebenfalls eine solche Einordnung.

265 Vgl. Steindorff 1909: 883; Kees 1933: 584–587; Fischer 1968: 338–39.

lisation' gekennzeichneter Zeit – aus dem Residenzbereich stammen, ..." (1976: 77), daß in Oberägypten unbeschriftete Gräber existieren, die in das frühe Alte Reich gehören, und daß diese Gräber gerade gegen eine unzulässige Verallgemeinerung der Versetzbarkeit von Beamten als allgemein geübte Praxis im Dienste besserer Kontrollmöglichkeiten sprechen. Wahrscheinlich bestand aber zwischen Unterägypten und der Residenz bereits von Anfang an ein anderes, engeres Verhältnis als zwischen ihr und Oberägypten, was in späterer Zeit auch an dem fehlenden unterägyptischen Pendant zum *imj-r3 šmʿw* sichtbar wird. Die Ursache für dieses Phänomen könnte in der größeren territorialen Komplexität des Deltas und seiner räumlichen Nähe zur Residenz zu suchen sein, kann aber ebenso in der unterschiedlichen geschichtlichen Entwicklung wurzeln und mit dem ursprünglichen Status von Unterägypten als erobertes Land zusammenhängen. Die mit dem *imj-r3 wpwt* Titel der Gauverwalter verbundene Verpflichtung, „neben der eigentlichen administrativen Tätigkeit im Gau ... weitere, nicht näher spezifizierte königliche Aufträge auszuführen" (Martin-Pardey 1976: 69), kann nicht als Ausdruck einer besonders starken Einflußnahme der Zentralgewalt auf die Provinzialverwaltung in der 4. Dynastie gewertet werden, waren es doch gerade dieser und der *irj-iḫt nswt* Titel, die, ergänzt durch das Gauemblem, die charakteristischsten Ämter eines Gauverwalters in der 5. Dynastie darstellten (Martin-Pardey 1976: 89) und in der 6. Dynastie als Titel untergeordneter Gaubeamter weiterbestanden.

Trotz der erfolgten zahlenmäßigen Vergrößerung der Beamtenschaft ist unsere Quellenlage für die 4. Dynastie wegen fehlender Funde aus dem Delta, wegen der unbeschrifteten Gräber aus Oberägypten und der geringen Aussagekraft der vorhandenen Belege über die Kompetenzen der Gaubeamten so schwach, daß Vergleiche mit besser belegten Zeitabschnitten wenig fundiert sind.

Für die Residenz sieht das wenig anders aus. Die geringe Anzahl überlieferter Inhaber von Verwaltungsämtern reicht nicht einmal aus, um wenigstens für die wichtigsten Institutionen eine geschlossene Reihe von Ressortchefs rekonstruieren zu können, so daß wir mit einer beträchtlichen „Dunkelziffer" von Beamten rechnen müssen. Eine Ausnahme bildet hier nur das Wesirat und mit ihm das Ressort der öffentlichen Arbeiten. Die materiellen Ressourcen verwaltenden Institutionen wie Scheune, Schatzhaus, *iz n ḫkr nswt*, *st-ḏf3w* und *pr ḥrj-wḏb* sind demgegenüber nur spärlich belegt. Ob und inwiefern der Wesir zu dieser Zeit in deren Tätigkeit involviert war, ist aus seiner Titulatur nicht ersichtlich. Der bürokratische Apparat war erst in Ansätzen ausgebildet und noch relativ schwach entwickelt, sowohl was Umfang als auch innere Differenzierung; Spezialisierung und Zentralisation anbelangt. Sein Kernstück war wahrscheinlich die königliche Kanzlei, der zunächst nur das *pr-mḏꜣt* als älteste mit Dokumenten befaßte Spezialinstanz beigeordnet war. Die Rechtsansprüche verbriefenden *ꜥ-nswt* Urkunden wurden wohl noch dezentral gelagert (s. o. S. 53f.).

Über das Gerichtswesen erfahren wir aus zeitgenössischen Quellen überhaupt nichts – was zwar kein Beleg für dessen Nichtexistenz ist, jedoch auch keine Aussagen zuläßt – über den Modus der Abgabeneinziehung fast nichts. Da in der 4. Dynastie alle drei grundsätzlichen Verwaltungsebenen bestehend aus Zentral-, Distrikts- und Güterverwaltung bereits vorhanden waren, scheint es nicht zwingend, in bezug auf die Abgabeneinziehung von einer grundsätzlich anderen Kompetenzteilung auszugehen, zumal den bereits bei *Mṯn* (Urk. I 4, 16) genannten *sr-ꜥ-nswt* Dokumenten im Prozeß der Einziehung von Abgaben und Arbeitskräften grundsätzlich die gleiche Funktion zukam wie sie für die *srw-ꜥ* Dokumente der 6. Dynastie bezeugt ist (s. o. S. 58). Möglich wäre sogar, daß in der 4. Dynastie die Rolle der Distriktsverwaltung bei der Abgabeneinziehung eine größere und selbständigere war als nach dem Ausbau der Aktenverwaltung in der Residenz in der Mitte der 5. Dynastie. Aber das muß weitgehend Spekulation bleiben.

Jedenfalls gab es sowohl in der 4. als auch in der 5. und 6. Dynastie Gaubeamte, die neben den Gauverwaltertiteln auch Titel von Residenzinstitutionen trugen bzw. solche, die ausschließlich Angehörige von Residenzinstitutionen mit festumrissenem Wirkungskreis in der Provinz waren. In welchem Verhältnis letztere zur Verwaltungsspitze ihres Gaues standen, ist unbekannt.

Alles in allem scheint es nicht geraten, einen zu großen Gegensatz zwischen den Gegebenheiten der 4. auf der einen und der 5. und 6. Dynastie auf der anderen Seite zu konstruieren, oder die relativ größere Zentralisation der 4. Dynastie als Ausdruck einer hohen Qualität zu werten und sie einer von vornherein mit negativem Vorzeichen versehenen fortschreitenden relativen Dezentralisation in späterer Zeit entgegenzusetzen.

Die 3. und 4. Dynastie bildeten die Anfangsphase der Herausbildung einer Staatsverwaltung. Dementsprechend archaisch waren die Verhältnisse. Die Grundstrukturen, einmal angelegt, wurden nun vervollkommnet, durch neue Institutionen erweitert, feste Hierarchien zwischen und innerhalb der Institutionen prägten sich erst langsam aus, die Titelformen waren noch nicht so stark standardisiert. Man gewinnt den Eindruck, daß vieles noch experimentellen und ad hoc Charakter trug. Die Beamtenschaft war zahlenmäßig immer noch relativ gering und hat sich erst langsam, in Korrelation mit wachsenden Aufgaben, vergrößert. Verwandtschaftliche

Verhältnissen zu Pharao spielten noch eine große Rolle. Da die Entstehung des Staates und seiner Institutionen in enger Wechselwirkung mit dem Übergang zur monumentalen königlichen Grabarchitektur erfolgte und maßgeblich durch dessen Erfordernisse geprägt war, nahm das Ressort der öffentlichen Arbeiten einen entsprechend hervorragenden Platz ein. Wegen des weiten Bedeutungsspektrums des Begriffes *k3t* – „Arbeit" war der Aufgabenbereich seines Vorstehers wahrscheinlich nicht nur auf die Organisation des Pyramidenbaues beschränkt, sondern erstreckte sich auch auf alle weiteren im Interesse der Zentralgewalt liegenden Arbeiten, wie Neulandgewinnung oder Arbeiten auf staatlichen Ländereien. Die sog. „innere Kolonisation" ist übrigens ein Beleg dafür, daß die Entstehung des Staates im Alten Ägypten mit dem Übergang von der reinen Mehrproduktabschöpfung von den ansonsten im wesentlichen unbeeinträchtigt weiterexistierenden Dorfgemeinden zur direkten Einflußnahme auf die Sphäre der Produktion verbunden war und sich dieser Staat in gewissem Maße auch an der Organisierung der realen Produktionsbedingungen beteiligte, was allerdings nicht die Schaffung eines großangelegten Be- und Entwässerungssystems bedeutete.

4 Die 5. Dynastie

Der Übergang von der 4. zur 5. Dynastie spiegelt Kontinuität. Prozesse erreichten am Anfang der 5. Dynastie ihren Höhepunkt bzw. wurden fortgeführt, die in der 2. Hälfte der 4. Dynastie begonnen hatten.

Die Monumentalität der Pyramiden nahm ab, der Aufwand für Bau und Ausstattung von Göttertempeln in Gestalt der neu entstehenden Sonnenheiligtümer wurde größer. Daß diese Vorgänge eindimensional als Relativierung der Macht Pharaos zu bewerten sind, muß allerdings bezweifelt werden (s. o. S. 125). Von der ökonomischen Seite aus betrachtet, waren die Sonnenheiligtümer Teil der Gesamtwirtschaft. Sie erhielten laut Aussage der Abusirpapyri Zuwendungen aus dem „Staatshaushalt" und lieferten ihrerseits an königliche Totentempel (Posener-Kriéger/de Cenival 1968: pl. 33–34). Ihre Ressourcen gingen dem Herrscher nicht verloren. Die Übertragung von Priesterämtern an Sonnenheiligtümern war, wie dieselbe an Pyramidentempeln, wichtiges Mittel der Beamtenversorgung. Was den baulichen Aspekt anbelangt, verringerten sich bei den Pyramiden der 5. Dynastie zwar Bauvolumen und Größe der verwendeten Blökke, die Dekoration wurde jedoch aufwändiger, so daß eine gleichzeitige Verlagerung der Prioritäten auf die Arbeit spezialisierter Handwerker zu konstatieren ist. Die gesellschaftlichen Strukturen, die die Einziehung von Abgaben und Arbeitskräften ermöglichten, waren einmal geschaffen und funktionierten nun mehr und mehr unabhängig vom Pyramidenbau. Die ihnen zugrundliegenden gesellschaftlichen Verhältnisse wurden trotz geringerer Pyramidengrößen nicht mehr infrage gestellt.

In bezug auf die Verwaltung spiegelt sich die Fortsetzung der Entwicklung der 4. Dynastie in der 5. zunächst in der Verdrängung der „echten Königssöhne" aus den Verwaltungsämtern wider.[266] Nachdem anfangs die Tatsache, *z3-nswt* zu sein, noch für die Übernahme hoher Verwaltungsämter von Bedeutung war, dem aber durch Verleihung dieser Bezeichnung an Personen nichtköniglicher Abstammung Rechnung getragen wurde, kam es in der 1. Hälfte der 5. Dynastie zur vollständigen Auflösung dieser Bindungen, so daß nach der Untersuchung von B. Schmitz (1976: 26) ab *S3ḥw-rꜥ* mit Sicherheit kein Verwaltungsbeamter mehr den *z3-nswt* Titel führte. Die Durchbrechung dieses Prinzips deutet sich erst wieder für die Regierungszeit des *ꜣIzzj* an. Die königlichen Verwandten wurden zwar auf den kultischen und höfischen Bereich abgedrängt, behielten jedoch ihren hohen Rangtitel, während die Verwaltungsbeamten bis hinauf zum Wesir – alle nunmehr nichtköniglicher Abstammung – in der Regel nicht mehr so hohe Rangtitel aufzuweisen hatten. Da Rangtitel etwas mit Versorgungsansprüchen zu tun hatten – wie die Biographie des *Ḳ3r* belegt, der den *ḥ3tj-ꜥ* Titel als *ḥtp-di-nswt* verliehen bekam (Urk. I 147, 15-16) – war die Tatsache der Verdrängung der königlichen Familie aus den Machtpositionen in der Verwaltung nicht mit dem Ziel verbunden, ihren Anteil am gesellschaftlichen Reichtum zu schmälern, oder gar dessen Abhängigkeit von einer engen Bindung an Pharao in Frage zu stellen.

Die zweite Tendenz, die 5. Dynastie prägte und mit der eben genannten verbunden war, bestand in der Weiterentwicklung der Verwaltung durch Ausbau und Systematisierung ihrer Struktur und einer damit verbundenen adäquaten Vergrößerung der Beamtenschaft (vgl. auch Strudwick 1985: 338). Im Ressort der öffentlichen Arbeiten wurde zuerst die ab der Mitte der 5. Dynastie dann auch für Scheune und Schatzhaus übliche Dreiteilung der Verwaltungsspitze eingeführt, und zwar durch die Wiederaufnahme des Titels „Vorsteher aller Arbeiten des Königs" (*imj-r3 k3t nbt nt nswt*) in die Wesirstitulatur, die parallele Vergabe dieses Titels an einen Nichtwesir und die Einführung eines untergeordneten „Vorstehers der Arbeiten des Königs" (*imj-r3 k3t nt nswt*) (vgl. Strudwick 1985: 231-232).

---

266 Zu den möglichen Hintergründen dieser Politik s. o. S. 127, vgl. auch Strudwick (1985: 338-339).

Unter *Nfr-ỉr-kꜣ-rꜥ*, der nach K. Baer (1960: 296) das erste Mal für die Einführung eines standardisierten Systems von Rangtiteln sorgte, begann auch die Neuformierung und der Ausbau der Aktenverwaltung. Die Leitung dieses in der Verwaltung des Alten Reiches eine Schlüsselstellung einnehmenden Zweiges oblag von nun an dem neu eingeführten Amt des „Vorstehers der Schreiber der königlichen Dokumente" (*ỉmj-rꜣ zš(w) ꜥ(w)-nswt*), das parallel von einem Wesir und einem Nichtwesir innegehalten wurde.

Ebenfalls seit *Nfr-ỉr-kꜣ-rꜥ* läßt sich durch dessen Dekret für den Tempel in Abydos (Goedicke 1967: Abb. 2) die Existenz des *ḥwt-wrt* nachweisen, einer Institution, die die Funktion eines zentralen Gerichtshofes zu erfüllen hatte (vgl. Strudwick 1985: 188-190). Fortgeführt wurde der Prozeß der Vergrößerung und Systematisierung der Verwaltung bis in die Regierungszeit des *Nj-wsr-rꜥ*, in der sich die neue Qualität ihrer Organisation am augenscheinlichsten in der Titulatur des bedeutenden, später zum Wesir berufenen Beamten *Kꜣ.j* (vgl. Strudwick 1985: Nr. 136) widerspiegelt. Der Aufbau der Wesirstitulatur läßt den Wesir nun wirklich als den Beamten erkennbar werden, in dessen Händen die Fäden aller wichtigen Verwaltungsbereiche zusammenliefen.

Das Justizressort erlebte im Ergebnis der regulären Übernahme seiner Leitung durch den Wesir, der den Titel eines „Vorstehers der 6 Großen Häuser" (*ỉmj-rꜣ ḥwwt-wrt 6)* führte, und den ihm untergebenen „Vorsteher des Großen Hauses" (*ỉmj-rꜣ ḥwt-wrt*) eine neue Stufe seiner Institutionalisierung.

Die Aktenverwaltung wurde ausgebaut und durch die Schaffung der „Verwaltung Verträge enthaltender Akten" (*pr ẖrj-ḫtm(t)*) weiter spezialisiert.

Die „Verwaltung der *mrt*-Leute" (*ỉzwj nw mrt*) entwickelte sich zu einer eigenständigen Institution.

Der Beamtenstab des *pr ḥrj-wḏb* vergrößerte sich stark.

Die in der 4. Dynastie noch unstandardisierten Titel zur Bezeichnung des obersten Beamten der Scheunenbehörde wurde durch die Einführung des „Vorstehers der beiden Scheunen" (*ỉmj-rꜣ šnwtj*) abgelöst und die Leitungsstruktur der des Schatzhauses angeglichen. Hier wurde der Titel „Vorsteher der beiden Schatzhäuser" (*ỉmj-rꜣ prwj-ḥḏ*) nun auch vom Wesir übernommen. Da sowohl die Verleihung des *ỉmj-rꜣ prwj-ḥḏ* als auch des *ỉmj-rꜣ šnwtj* Titels an Nichtwesire von nun an zur Ausnahme und zum Zeichen besonderer Gunst wurde, erfolgte die Dreiteilung der Ressortleitung in Scheune und Schatzhaus – Wesir und Nichtwesir mit dem Titel der Oberaufsicht sowie untergeordneter Vorsteher mit eng auf das Ressort begrenzten Kompetenzen (*ỉmj-rꜣ pr-ḥḏ* bzw. *ỉmj-rꜣ šnwt*) – nicht mit derselben Konsequenz wie im Ressort der öffentlichen Arbeiten.

Auch in bezug auf die Provinzialverwaltung lassen sich für die 5. Dynastie Veränderungen erkennen. Das Aufkommen mit Inschriften versehener Gräber in der oberäg. Provinz verändert zwar die Quellensicht, kann aber ebensowenig wie die wahrscheinlich unter *Nj-wsr-rꜥ* zunächst für den Wesir selbst erfolgte Einführung des Amtes eines „Vorstehers von Oberägypten" (*ỉmj-rꜣ šmꜥw*) (*Kꜣ.j* – Strudwick 1985: Nr. 136) als Anzeichen für wachsende Unabhängigkeitsbestrebungen der Gauverwalter gewertet werden (s. o. S. 109, Martin-Pardey 1976: 78-80). Die Schaffung dieses Amtes war Ausdruck der weiteren Qualifizierung der Verwaltung durch den Ausbau ihrer Strukturen. Die Aufnahme des *ỉmj-rꜣ šmꜥw* Titels in die Wesirstitulatur kehrte dessen Stellung als Koordinator der Einziehung von Abgaben und Arbeitkräften in ganz Oberägypten hervor. In dem vom Schatzhausvorsteher *ꜣIzj* aus der 4. Dynastie getragenen Titel eines *sšm-tꜣ spꜣwt šmꜥw* – „Leiter des Landes der Distrikte von Oberägypten" – dem übrigens ein schwer deutbarer, aber sich auf ganz Unterägypten beziehender Paralleltitel gegenüberstand – könnte bereits ein früher Vorläufer des *ỉmj-rꜣ šmꜥw* erkennbar sein.[267]

Auch die nun veränderten, mehrere Ressortcheftitel enthaltenden Gauverwaltertitulaturen, deren bedeutendste Elemente *ỉrj-ỉḫt nswt* und *ỉmj-rꜣ wpwt* + Gau darstellten, weisen ihre Träger durchaus als Beamte der Zentralgewalt mit gaubezogenem Wirkungskreis aus.

Neue bedeutende Veränderungen in der Verwaltung deuten sich während der Regierungszeit des *Ḏd-kꜣ-rꜥ/ꜣIzzj* an. Daß sich gegen Ende der 5. Dynastie Veränderungen innerhalb der Ideologie vollzogen, ist u.a. daran erkennbar, daß seit *ꜣIzzj* keine Sonnenheiligtümer mehr gebaut und mit *Wnjs* die Wände der Räumlichkeiten in den Pyramiden mit den sog. Pyramidentexten ausgestaltet wurden. Unter *ꜣIzzj* unterlag das Rangtitelsystem erstmals seit seiner Einführung einer Veränderung (vgl. Baer 1960: 297). Der *zꜣ-nswt* Titel kommt erneut in den Titulaturen von Verwaltungsbeamten vor. Alte „Prinzentitel" und obskure religiöse Titel wurden bevorzugt. Helck (1954: 133) hatte u.a. daraus als Grundtendenz der folgenden Epoche ein wachsendes Streben nach persönlicher Unabhängigkeit abgeleitet, das zur Zersetzung der Verwaltung geführt haben soll. Die u.a. auch an diese Vorstellung geknüpfte Theorie von der Herausbildung mächtiger Gaufürstengeschlechter, die die Unabhängigkeit erstrebten, ist ja mittlerweile durch eine ganze Reihe von Untersuchungen entkräftet worden.[268]

---

267 *ꜣIzj* (Strudwick 1985: Nr. 17).

268 Stellvertretend sei hier nur die Arbeit von Kanawati (1977: 66-67, 70) genannt.

Welches Licht wirft nun die Entwicklung der Verwaltung aus heutiger Sicht auf diese Vorgänge. Gegen Ende der 5. Dynastie nahmen tatsächlich Prozesse ihren Anfang, die weit in die 6. Dynastie hinein wirkten. Während sich die Tendenz der Konzentrierung der Verantwortlichkeiten auf das Wesirat weiter bedeutend verstärkte, wurde der in der ersten Hälfte der 5. Dyn. erfolgte Ausbau der Leitungsebenen in den Ressorts wieder zurückgenommen. Auch die nun absehbare Ausbildung einer eigenständigen Verwaltungseinheit Oberägypten, die mit der Schaffung des Amtes eines „Vorstehers von Oberägypten" wahrscheinlich schon unter *Nj-wsr-rꜥ* ihren Anfang genommen hatte und nun durch die Entstehung des Provinzwesirates fortgesetzt wurde, relativierte nur das Ausmaß der Reduzierungen innerhalb der Residenzadministration, kompensierte diese aber nicht. Die Aufwertung des Wesirates ging mit der Erhöhung der Zahl von Titelträgern einher, die eine Kompetenzteilung zwischen zwei gleichzeitig amtierenden Residenzwesiren und einem oberägyptischen Provinzwesir wahrscheinlich macht (vgl. Strudwick 1985: 339). Auf der anderen Seite verringerte sich die Zahl der unmittelbar unter dem Wesir stehenden hohen Verwaltungsbeamten, deren Amtsbefugnisse darüber hinaus in wachsendem Maße auf ein Ressort begrenzt wurden.

Das bisher neben dem Wesir auch von einem Nichtwesir innegehaltene Amt des *ỉmj-rꜣ zš(w) ꜥ(w)-nswt* ging von letzterem nun auf den Provinzwesir über. Während die Leitung des juristischen Ressortes und des der öffentlichen Arbeiten ausschließlich im Kompetenzbereich der Residenz verblieb, weist die Übernahme des erstgenannten Amtes, das für die organisatorische Vorbereitung der Einziehung von Abgaben und Arbeitskräften so bedeutsam war, dem Provinzwesir einen dem entsprechenden Wirkungskreis zu.

Nach *ꜣIzzỉ* scheint die Verwaltung der *mrt*-Leute aufgehört zu haben, als selbständige Institution zu existieren. Ihre bisherigen Aufgaben wurden wahrscheinlich vom *pr ḥrj-wḏb* mit übernommen.

Unter *ꜣIzzỉ* erfolgten ebenfalls Veränderungen im Modus der „Güteraufzüge" in den Gräbern v.a. der mittleren und niederen Beamtenschaft. Dabei wurden die bisher vorherrschenden „ursprünglichen Dorfnamen" und Neugründungen von Königen und Würdenträgern durch solche ersetzt, die aus dem Namen des Grabinhabers und einer Komponente bestanden, aus der die Art der erwarteten Lieferung ersichtlich ist. In der 6. Dynastie wurde der Übergang zu dieser Art fiktiver Güteraufzüge fortgesetzt. Man brauchte dem nicht viel Bedeutung beizumessen, entwickelte sich doch auch der Darstellungskanon der königliche Baudenkmäler weiter (Gödekken 1976: 335), wenn nicht gerade „bei hohen Beamten mit einem mit Verwaltung von Land verbundenem Amtsauftrag" noch Dorfaufzüge der alten

Art vorkämen (Gödecken 1976: 334). Hinzu kommt, daß sich während der 6. Dynastie ein rapider Einkommensschwund der mittleren und niederen Beamtenschaft abzeichnet, so daß der veränderte Modus der Güteraufzüge gerade in diesen Kreisen für ein Abgehen von der direkten Zuweisung von Ländereien bzw. von Abgaben oder Abgabenanteilen bestimmter Güter sprechen könnte und damit für eine Rückkehr zur Direktversorgung insbesondere der Residenzbeamten aus zentralen Speichern (vgl. auch Gödecken 1976: 336).

5 Die 6. Dynastie

In der 1. Hälfte der 6. Dynastie kam es zu bedeutenden Veränderungen auf dem Gebiet der Lebensmittelverwaltung. Einfache Scheunen- und Schatzhausvorsteher verschwanden. Die Zahl der in der Residenz begrabenen *ỉmj-rꜣ prwj-ḥḏ* bzw. *ỉmj-rꜣ šnwtj* erhöhte sich, ohne jedoch die der Wesire mit entsprechenden Titeln zu erreichen. Entsprechende Titelträger erschienen nun auch in der Provinz. Trotz der Erhöhung der Anzahl gleichzeitig amtierender Wesire blieb die derjenigen mit *ỉmj-rꜣ prwj-ḥḏ* bzw. *ỉmj-rꜣ šnwtj* Titel konstant. Ein festes Schema der Kompetenzteilung zwischen den Wesiren in der Residenz läßt sich dennoch nicht erkennen. Ob die Reduzierung der unteren Vorsteherchargen eine Entwicklung darstellte, die mit der allgemein zu konstatierenden Einkommenssenkung der mittleren und niederen Beamtenschaft zusammenhing und dem damit verbundenen Unvermögen, ein anspruchsvolles, dekoriertes Grab zu finanzieren (so Kanawati 1977: 39), oder ob diese Zeugnis einer realen Verwaltungsreform war (so Strudwick 1985: 340), läßt sich nicht zweifelsfrei entscheiden. Dafür, daß sich hier echte Konzentrationsbestrebungen innerhalb dieser wichtigen Verwaltungszweige abzeichnen, spricht die parallel erfolgte Reduzierung der weisungsbefugten Instanzen innerhalb der gesamten Lebensmittel- und Ackerverwaltung. *St-ḏfꜣw* und *wsḫt* wurden etappenweise abgebaut. Die Residenzinstitution *wsḫt* – eigentlich „Breite Halle" – war ebenfalls mit der Ausgabe von Lebensmitteln befaßt und erscheint in den Opferlisten als Ort, aus dem Lebensmittel für das Totenopfer geliefert werden.[269] Der *wḏ-mdw n ḥrj-wḏbw* Titel verschwand. Wahrscheinlich kam es zur Konzentration der Verantwortlichkeiten auf das *pr ḥrj-wḏb*. Gleichzeitig erlangte das *pr-šnꜥ* erweiterte Bedeutung (s. o. S. 80).

---

269 Vgl. u.a. Petrie 1898: pl. VIII; LD II 92e; Pyr. 214, 807, 905.

Der Ausbau der Verwaltung in der oberägyptischen Provinz wurde in der 6. Dynastie sukzessive weitergeführt, sowohl auf übergeordneter Provinzebene als auch auf Distriktsebene. Die erkennbar werdenden Bestrebungen, Verantwortlichkeiten zu konzentrieren, betrafen auch letztere. Hier erschienen, sich langsam von Süden nach Norden hin ausbreitend, „Große Gauoberhäupter" (*ḥrj-tp ꜥꜣ*) an der Spitze der Gauverwaltung. Konzentration der Verantwortlichkeiten bedeutete damit für die Provinzialverwaltung gleichzeitig Ausbau der Verwaltung durch Einführung einer neuen Leitungsebene, denn einige der für die Gauverwaltung der 5. Dynastie typischen Funktionen (z.B. *ỉmj-rꜣ nswtjw* – „Vorsteher der *nswtjw*-Leute") wurden nun von einer Reihe untergeordneter Gaubeamter wahrgenommen.

Was die übergeordnete Provinzebene betrifft, läßt sich zumindest für die 2. Hälfte der 6. Dynastie die Existenz einer selbständigen oberägyptischen Verwaltungszentrale wahrscheinlich machen, in der der Provinzwesir residierte, der ihm untergeordnete „Vorsteher von Oberägypten", welcher sich ab *Mr-n-rꜥ* erstmals auch in der Provinz bestatten ließ, sowie Vertreter von Residenzinstitutionen wie *ỉmj-rꜣ prwj-ḥḏ* bzw. *ỉmj-rꜣ šnwtj* mit einem sich auf ganz Oberägypten erstreckenden Amtsbereich und in der möglicherweise speziell für Oberägypten zuständige Aktenbüros konzentriert waren. Da Provinzwesire żwar fast durchgängig den Titel *ỉmj-rꜣ zš(w) ꜥ(w)-nswt* – „Vorsteher der Schreiber der königlichen Dokumente" trugen, aber nur selten den Titel eines „Vorstehers der beiden Schatzhäuser" bzw. „Vorstehers der beiden Scheunen" (*ỉmj-rꜣ prwj-ḥḏ* bzw. *ỉmj-rꜣ šnwtj*), in sogar nur einem Fall den Titel eines „Vorstehers aller Arbeiten des Königs" (*ỉmj-rꜣ kꜣt nbt nt nswt*) und nie den Titel eines „Vorstehers der 6 Großen Häuser" (*ỉmj-rꜣ ḥwwt-wrt* 6), zeichnet sich als ihr Hauptbetätigungsfeld die Organisierung der Einziehung von Abgaben und Arbeitskräften ab.

Im Laufe der Regierungszeit *Ppj*s II. vergrößerte sich die Zahl der in der Provinz tätigen *ỉmj(w)-rꜣ prwj-ḥḏ* bzw. *ỉmj(w)-rꜣ šnwtj* ohne Wesirstitel, was anzeigen könnte, daß die Konzentration der Verantwortlichkeiten auf den Wesir wieder etwas zurückgenommen wurde. In bezug auf das Scheunen- und Schatzhausressort traf das auch für die Residenz zu. Für die öffentlichen Arbeiten läßt sich allerding genau das Gegenteil feststellen. Die Leitung dieses Ressortes lag ungefähr seit *Ppj* II. wieder ausschließlich beim Residenzwesir (s. o. S. 41f.). Die Praktizierung der obersten Justizgewalt ging auch weiterhin ausschließlich von der Residenz aus. Der Ausbau der Provinzialverwaltung führte demnach nicht zur vollen organisatorischen Gleichstellung mit der Residenzverwaltung und Aufweichung der Zentralgewalt. Die Dominanz des Residenzwesirs und

die Verfügung der Zentrale über die Ressourcen Oberägyptens wurde nicht in Frage gestellt.
Alles in allem läßt sich aus den Quellen bis weit in die Regierungszeit *Ppj*s II. keine Desorganisation der Verwaltung erschließen. Die Veränderungen innerhalb der Administration erfolgten nicht plan- und ziellos. Die Zentralisation blieb trotz Ausbau der Provinzialverwaltung gewahrt. Auch die „Kumulierung administrativer und militärischer Macht in der Provinz in Verbindung mit unzulänglichen militärischen Machtmitteln des Königs in der Residenz", die nach R. Müller-Wollermann (1986: 96) „eine Bedrohung ersten Ranges für den Erhalt und die Einheit des Staates" bedeutet haben soll, kann m.E. kaum als Krisenfaktor gewirkt haben. Weder die Akkumulation militärischer noch ökonomischer Macht in der Provinz führte zu Infragestellung der ideologisch begründeten Stellung Pharaos, zu Unabhängigkeitsbestrebungen oder gar zur Anwartschaft von Gauoberhäuptern auf den Thron. Die militärische Macht der Provinz kann ohnehin nur relativ gewesen sein. Ein stehendes Heer gab es auf Distriktsebene ebensowenig wie auf zentraler. In der Residenz befand sich das zentrale Waffenlager (*prwj-ʿḥ3w*). Grundlage der Einziehung von Arbeitskräften, d.h. auch der wehrfähigen Männer, war allerhöchste Weisung, zumindest die des Provinzwesirs. Der Einsatz der Ausgehobenen unterlag in erster Linie der Entscheidung des „Vorstehers aller Arbeiten". Ein Amt, das besonders eng an die Residenz und den Residenzwesir geknüpft war.
Sicher zurecht wird von verschiedenen Seiten betont, daß die Ursache für den Zusammenbruch des Alten Reiches komplexer Natur war.[270] Der Hauptwiderspruch, den die Gesellschaft in ihrer damaligen Form und v.a. ihr Exponent nicht lösen konnte, erwuchs m. E. nicht primär aus der Art und Weise der Entwicklung der Verwaltung, sondern aus dem Mißverhältnis zwischen der sich in ihrer Gesamtheit vergrößernden herrschenden Klasse – deren Versorgung, wegen der schwachen Ausprägung des individuellen Privateigentums an Hauptproduktionsmitteln, Pharao zu organisieren hatte – und der Verringerung des anbaufähigen Bodens, der Erträge und damit des mobilisierbaren Mehrproduktes durch die Verschlechterung der klimatischen Bedingungen.
Dafür, daß die Beamtenschaft als solche sich im Verlaufe der 6. Dynastie im Verhältnis zu den Erfordernissen der Verwaltung inadäquat vergrößert hätte, gibt es keine echten Anhaltspunkte. Was ständig anwuchs, war der Teil der herrschenden Klasse, der nicht unmittelbar mit Funktionen innerhalb der Landesverwaltung betraut war. Wer einmal in die Oberschicht hin-

---

270 Vgl. z.B. Martin-Pardey 1976: 150; Janssen 1978: 230; Müller-Wollermann 1986.

eingeboren war, ging höchstens im Falle eines Amtsvergehens aller seiner Privilegien verlustig und wurde in die Klasse der bäuerlichen Produzenten zuückgestuft. Bei den Nachkommen, die dem Vater nicht in das Amt folgen konnten – und das sind die meisten gewesen – erfolgte keine Degradierung solchen Ausmaßes.

Dem Wachstum der herrschenden Klassen stand kein adäquates Wachstum ihres Einkommens gegenüber, das zumindest ein gleichbleibendes Versorgungsniveau gesichert hätte. In diesen Zusammenhang ist die Inflation der Rangtitel einzuordnen, die kaum aus einem anarchischen Machtstreben der Beamtenschaft erwuchs, sondern eher aus dem Versuch, das eigene Einkommensniveau zu halten. Schwindende Ressourcen und damit verbundene geringere Amtsbezüge sollten durch höhere Rangtitel kompensiert werden (vgl. auch Kanawati 1979: 353). Auch während der 6. Dynastie spielte der Titel und verbunden damit die Stellung zu Pharao die Hauptrolle bei der Vermittlung von Einkommensansprüchen. Die Entstehung eines Besitzadels, bestehend aus Familien, die über viele Generationen nachvollziehbar immer mehr Land in ihren Besitz gebracht hätten, auf dieser Basis die Oberhoheitsrechte Pharaos schließlich zurückweisen konnten und so als treibende Kraft bei der Zurückdrängung der Zentralgewalt wirkten, aus ihrem Zusammenbruch Nutzen zogen und eigene Herrschaftansprüche begründeten, läßt sich nicht erkennen. Selbst höchste Residenz- ebenso wie Provinzbeamte zeigten wachsendes Interesse, als *ḫntj-š* einer königlichen Pyramide – vorzugsweise der des regierenden Herrscher – unmittelbaren Zugang zum Bodenbesitz zu erlangen und auf dieser verfügungsmäßig eingeschränkten Basis ein Einkommen über den eigenen Tod hinaus zugesichert zu bekommen, das der Familie und einem eigenen Totenopfer zugute kommen konnte. Die Festigung der institutionellen Gebundenheit des Hauptproduktionsmittels Boden erfolgte auch ansonsten, d.h. Pharao vergab Land vorzugsweise an Göttertempel, königliche Totentempel – Kulte von Amtsvorgängern, u.a. auch von solchen aus der 4. Dynastie, wurden großzügig neu ausgestattet – oder in Verbindung mit Güterverwaltertiteln. In einigen Fällen läßt sich sogar eine effektive Mehrfachnutzung von Stiftungen verfolgen (s. o. S. 80f.). Wenn die punktuelle Überlieferung nicht ein falsches Bild entstehen läßt, manifestierte sich hier eine Politik, die dem Schwinden der Bodenfonds durch die Verschlechterung der ökologischen Bedingungen Rechnung trug, die Verfügungsgewalt des Herrschers über die verbleibenden Flächen aufrechterhalten sollte und gleichzeitig Mittel war, den Versorgungsansprüchen der Oberschicht so gut es ging gerecht zu werden und deren Unterstützung zu sichern. In der Realität gelang es nicht, den Einkommensverfall aufzuhalten. Dieser läßt sich an den im Verlaufe der 6.

Dynastie sinkenden Grabgrößen insbesondere der mittleren und niederen Beamtenschaft deutlich verfolgen. Auf die vorangegangene Veränderung im Modus der Güteraufzüge gegen Ende der 5. Dynastie wurde bereits oben (S. 134) hingewiesen.

Das Verschwinden der privatrechtlichen Inschriften aus den Gräbern der 6. Dynastie (vgl. Goedicke 1970: 193) könnte zumindest auf die Einschränkung der Möglichkeit hinweisen, zum Zwecke der Einrichtung einer Totenstiftung über Ackerland zu verfügen, so daß auch hier die Lukrativität einer Stellung als *ḫntj-š* einer Pyramidenstadt auf der Hand liegt. Zugriff auf institutionell gebundenen Landbesitz – und darum handelt es sich ja beim Boden einer Pyramidenstadt – als Auslöser für die Herausbildung eines „Verlangens nach individueller Freiheit“ (Helck 1986: 26) anzusehen und solche „veränderte Geisteshaltung“ (Martin-Pardey 1976: 203) für die Zersetzung der staatlichen Strukturen des Alten Reiches verantwortlich zu machen, halte ich nicht für überzeugend. Was sich anhand der Quellen verfolgen läßt, ist das Erstarken des Selbstbewußtseins der Beamtenschaft, das in Ansätzen das entstehende Klassenbewußtsein der herrschenden Klasse widerspiegelt, aber gleichzeitig die Anerkennung Pharaos als ihren Repräsentanten einschloß. Seine Herrschaft war in starkem Maße auf Akzeptanz gegründet, die ihn bezüglich der herrschenden Klasse zur Sicherstellung ihrer standesgemäßen Versorgung verpflichtete. Daß Pharao zu seiner persönlichen Legitimation die Loyalität der herrschenden Schicht und insbesondere die Unterstützung ihrer einflußreichsten Kreise brauchte, legt die Untersuchung Kanawatis (1975) nahe, der für fragliche Perioden (Thronwechsel) eine Einkommenssteigerung der höchsten Beamten wahrscheinlich macht. Auch die oben bereits erwähnte Titelentwertung ist möglicherweise als Anzeichen einer Auseinandersetzung innerhalb der herrschende Klasse um den Anteil am Mehrprodukt zu werten, um die Aufrechterhaltung des bisherigen Konsumniveaus unter den Bedingungen seines absoluten Rückganges. Daß sich die Beamten die Rangtitel ihrer bisherigen Vorgesetzten nach eigenem Gutdünken zulegen konnten, scheint mir wenig wahrscheinlich.[271] Pharao versuchte eher auf irgendeine Weise, den Ansprüchen seiner Beamten zu entsprechen, allen gerecht zu werden, stieß aber an die objektiven Grenzen der materiellen Möglichkeiten. Wie diese Auseinandersetzungen innerhalb der herrschenden Klasse in der Realität geführt wurden, läßt sich schwer sagen. Klar ist, daß auch Pharao seinen

---

271 Zur Ablehnung dieser von Helck vertretenen These vgl. Müller-Wollermann 1986: 60.

Konsumstandard nicht aufrecherhalten konnte, während oder indem er den seiner Klassengenossen senkte. Über Machtmittel, die eine Erhöhung der Mehrproduktsabschöpfung von den unmittelbaren Produzenten über ein bestimmtes, noch für legitim gehaltenes Maß hinaus ermöglicht hätten, verfügte der Staat andererseits ebensowenig. War die Verstärkung des Abgabendruckes und die Verfeinerung seiner administrativen Grundlage das ganze Alte Reich hindurch wichtiges Mittel der Produktivitätssteigerung gewesen, so waren diese Möglichkeiten an seinem Ende erschöpft. Darauf, schnell und in qualitativ neuer Weise in die Organisation der Produktionsbedingungen einzugreifen, die Produktivkräfte den Erfordernissen anzupassen, war der Staat offensichtlich nicht eingerichtet.

V. Schlußbetrachtung

Obgleich in den vorangegangenen Kapiteln bereits auf Entwicklungslinien bei der Herausbildung des Staates im Alten Ägypten und dessen Triebkräfte Bezug genommen wurde, soll in diesem Abschnitt noch einmal explizit auf die im Einführungskapitel aufgeworfenen Fragen (s. o. S. 6) eingegangen werden.

1 Zu den Voraussetzungen und Triebkräften der Staatsentstehung in Ägypten

Die primäre Bedeutung der Mehrprodukterzeugung für die Staatsentstehung sowie der sich auf ihrer Grundlage entwickelnden Einkommensunterschiede, die unter den Bedingungen des fehlenden individuellen Privateigentums an Boden durch Distributionsregeln vermittelt wurden, möchte ich auch für Ägypten unterstreichen (vgl. Sellnow 1981: 447-448). Nur auf dieser Basis konnte es zu einer Ausbildung gesellschaftlicher Widersprüche kommen, die schließlich antagonistischen Charakter annahmen.

Als Stimuli für die stabile Mehrprodukterzeugung können neben ökologische auch ideologische Faktoren gewirkt haben. Ägypten als Stromtalkultur wies durch die jährliche Überschwemmung und die damit einhergehende Ablagerung fruchtbaren Nilschlammes ökologische Besonderheiten auf. So wurde einerseits die Aktivität der Menschen nicht durch eine überreiche Flora und Fauna und ein entsprechendes natürliches Nahrungsangebot gehemmt, andererseits ließ sich mit relativ geringem und zeitlich begrenztem Aufwand eine ausreichende Versorgung und darüber hinaus ein Mehrprodukt sichern. Die allmähliche Entwicklung der Produktivkräfte wurde gefördert und so die Grundlage für dessen Stabilität und Wachstum gelegt.

Zu den ideologischen Faktoren ist zunächst einmal die Herausbildung entsprechender Jenseitsvorstellungen zu zählen. Seit dem 5. Jt. v.u.Z. (Badari und Negade) „wird deutlich, daß ein stetig zunehmender Teil des gesellschaftlichen Reichtums als Beigabe mit den Toten bestattet wurde oder als Arbeitsleistung in die Anlage des Grabes einging und damit einer völlig unproduktiven Verwendung zugeführt wurde“ (Endesfelder 1980:

51). Allein die Möglichkeit einer unproduktiven Verwendung ist Hinweis für eine stabile Mehrprodukterzeugung. „Spätestens im Negade II sind deutliche Unterschiede zwischen den einzelnen Bestattungen eines Friedhofes sowie auch zwischen den Friedhöfen verschiedener Orte festzustellen. Allerdings sind die Unterschiede zwischen armen und reichen Gräbern zwar eindeutig, aber es ist keinesfalls so, daß eine kleine Anzahl reicher einer großen Anzahl ärmerer Gräber gegenübersteht“ (Endesfelder 1980: 51). Für Ägypten ist zu betonen, daß die Klassenbildung nicht auf der Grundlage von Reichtumsunterschieden im Ergebnis der Arbeitsteilung innerhalb der Gemeinden einsetzte. Hier verlief die Entwicklung auf dem von Engels (1973: 166-167) bereits im „Anti Dühring“ skizzierten Weg über die Usurpierung gesellschaftlicher Amtstätigkeit und zwar auf überregionaler Ebene, die sich auf den kultisch-magischen, den militärischen Bereich und wahrscheinlich auf die Schlichtung von Streitfällen erstreckte. Mit der gegen Ende des 4. Jt. erkennbar werdenden Herausbildung einer überregionalen Autorität in Gestalt des „Horus“-Herrschers wurde das Produktionsziel in immer stärkerem Maße durch seine und die Ansprüche der sich um ihn konstituierenden privilegierten Schicht mitbestimmt. Das wird für uns besonders an dem wachsenden Aufwand für Bau und Ausstattung des Herrschergrabes und der Gräber seiner Familienangehörigen und Würdenträger sichtbar.

Gesellschaftliche Amtstätigkeit ermöglichte es, die Distributionsregeln im eigenen Interesse zu beeinflussen und so einen immer größeren Anteil am gesellschaftlichen Reichtum zu erlangen. Ökonomische Stärke hatte zuzüglich zu erfolgreicher Amtsausübung wiederum macht- und prestigesteigernde Wirkung. Grundlage blieb jedoch die Anerkennung der Bedeutung des Horus für den Bestand der Gemeinschaft. Wir müssen davon ausgehen, daß die beanspruchten Abgaben und Arbeitsleistungen von den Gemeinden mehr oder minder freiwillig erbracht wurden, da der Herrscher aufgrund seiner im Köngsdogma verankerten Stellung als Herr des Landes, seiner natürlichen Ressourcen und der Arbeitskraft seiner Bewohner berechtigt war, diese zu fordern. Schien doch den Menschen ihr Leben und die Fruchtbarkeit des Landes einzig und allein vermittelt durch das Wohlwollen der überirdischen Kräfte und die kultisch-magische Wirksamkeit des Horus, so daß hieran die widerspruchsdämpfende Rolle der Ideologie besonders deutlich zum Ausdruck kommt.

Dafür, daß den Gemeinden am Ende der 2. Dynastie die Verfügungsgewalt über das Hauptproduktionsmittel Boden bereits entzogen war, gibt es keine Anhaltspunkte. Zunächst vergrößerte sich nur der Abgabendruck. Zu seiner Realisierung waren Veränderungen im institutionellen Überbau erforderlich. Aussagen darüber, inwieweit in diesem Zusammenhang auch

das Instrumentarium zur Ausübung außerökonomischen Zwanges vervollkommnet wurde, lassen die Quellen leider nicht zu.
Während einige Institutionen aufhörten zu bestehen, wurden andere neu geschaffen, entwickelten sich weiter und leiteten später direkt zu den staatlichen Institutionen des Alten Reiches über. Ihre Hauptaufgabe bestand in der intensiveren und effektiveren Erfassung und Verwaltung der Naturalleistungen zur Stärkung der ökonomischen Basis des Horuskönigs. Diese ermöglichte u.a. eine erweiterte Reproduktion der um ihn konstituierten herrschenden Schicht und hatte sie in gewissem Maße auch zur Voraussetzung. Hieraus erwuchs eine wichtige Triebkraft zur Beschleunigung der gesellschaftlichen Differenzierung. Diese, in Verbindung mit dem institutionellen Instrumentarium zur immer intensiveren Abschöpfung des von den unmittelbaren Produzenten auf der Basis einer beschleunigten Produktivkraftentwicklung erarbeiteten Mehrproduktes, bereitete den Übergang zur Klassengesellschaft und zum Staat vor, konnte den Umschlag in eine neue Qualität jedoch nicht allein auslösen. Der auslösende Punkt entsprang modifizierten Vorstellungen vom Königtum. Hierin wird das dialektische Wechselverhältnis von Ökonomie, Ideologie und Politik besonders gut deutlich (s. o. S. 123). Die Entwicklung der Produktivkräfte war, insbesondere was ihren bearbeitungstechnologischen und Werkzeuganteil anbetrifft, der Staatsentstehung zeitlich vorangegangen, ist also unbedingt zu den Triebkräften zu rechnen. Der Beitrag des Staates zur Weiterentwicklung auf diesem Gebiet lag v.a. im arbeitsorganisatorischen Bereich (z.B. Initiierung der inneren Kolonisation und damit der Vergrößerung der Anbaufläche), in der Stimulierung der Produktion durch Erhöhung des Abgabendruckes und in der Konzentration und Kontrolle der handwerklichen Arbeit. Die Produktivkraft „Große Kooperation" wurde entwickelt, jedoch primär für Bauvorhaben im unproduktiven Bereich eingesetzt. Der Zusammenhang zwischen „Großer Kooperation" und Staatsentstehung war keinesfalls linear in dem Sinne, daß letztere die Folge ersterer war. Zwischen beiden bestand ein enges Wechselverhältnis. Voraussetzung für die Realisierung des Pyramidenbaues war die Fähigkeit zu ingenieurtechnischen und arbeitsorganisatorischen Leistungen sowie zur Mobilisierung von Mehrprodukt und Arbeitkräften in neuer Dimension. Dazu waren sowohl Veränderungen an der Basis als auch im Überbau der Gesellschaft nötig. In dem Maße, wie diese Bedingungen geschaffen werden konnten, schritt auch der Pyramidenbau voran. (Die schrittweise Vergrößerung der Stufenmastaba des *Ḏsr* hing sicher nicht ausschließlich mit bautechnischen, architektonischen oder kultischen Erwägungen zusammen.) In diesem Prozeß wurden Erfahrungen bei der Organisierung der Tätigkeit großer Menschenmengen gesammelt, das institutionelle Instru-

mentarium erweitert. Der Pyramidenbau stellte gleichzeitig das gesamtgesellschaftliche Interesse dar, für das den Menschen die gravierenden, unmittelbar in ihre Lebenslage eingreifenden Veränderungen zunächst gerechtfertigt erschienen. Der Pyramidenbau war somit äußerer Anlaß und objektives Mittel zur Festigung von Ausbeutungsverhältnissen, zur Weiterentwicklung ihrer organisatorischen Grundlagen und Strukturen sowie zur Erweiterung ihrer personellen Voraussetzungen. Umgekehrt wurde er erst durch diesen Prozeß ermöglicht.

2 Zur Dialektik von Staats- und Klassenentstehung

Ein ebensolches dialektisches Wechselverhältnis, wie es für die „Große Kooperation" und Staatsentstehung skizziert wurde, bestand auch zwischen dem Staatsentstehungsprozeß und der Herausbildung antagonistischer Klassen.

Im Laufe der Frühzeit ließ sich verfolgen, wie im Zusammenhang mit Prestigegewinn und wachsenden materiellen Möglichkeiten des „Horus"-Herrschers eine in sich differenzierte – wenn auch zahlenmäßig noch schwache – Oberschicht aus Familienmitgliedern, Würdenträgern, Beamten und Bediensteten entstand, die sich im Zuge des Ausbaues der Verwaltung immer mehr vergrößerte. Es muß damit gerechnet werden, daß auch Mitglieder der in den Quellen nur schwer greifbaren örtlichen gentilen Oberschicht in den Kreis um den Herrscher Eingang fanden, so daß dessen Stellung auch von dieser Seite her eine Untermauerung erfuhr. Die privilegierte Position und der überdurchschnittliche Versorgungsgrad dieser Schicht erwuchs offenbar nicht aus einer Funktion im Rahmen der Organisation der Produktion und der Produktionsbedingungen, sondern wurde durch ihre Stellung zum Herrscher bzw. den Dienst für ihn vermittelt. Diese Menschengruppe, die sich durch die Aneignung unbezahlter Mehrarbeit der unmittelbaren Produzenten erweitert reproduzierte, stand bereits im objektiven Gegensatz zur Masse der einfachen Gesellschaftsmitglieder – wenn es subjektiv auch durchaus noch nicht so empfunden worden sein muß – und bildete so die Keimzelle der späteren herrschenden Klasse (vgl. auch Endesfelder 1980: 214-215).

Im Rahmen der äußerlich durch den Übergang zur monumentalen königlichen Grabarchitektur markierten und in starkem Maße durch dessen Bedürfnisse geprägten, tiefgreifenden Veränderungen der Gesellschaft während der 3. Dynastie begann der Herrscher, seine im Königsdogma verankerte Stellung als Eigentümer des ganzen Landes in unmittelbarer

Weise zu realisieren. Der Charakter der Verwaltung wandelte sich von einer, die fast ausschließlich den königlichen Haushalt und dessen Einkünfte zu organisieren hatte, zu einer echten Staatsverwaltung, die die gesamte Gesellschaft durchdrang. Entscheidend dafür war, daß den Dorfgemeinschaften die Verfügungsgewalt über den Boden entzogen und ihre Selbständigkeit durch die Einteilung des Landes in große Distrikte, die Entsendung von königlichen Beauftragten und Gutsverwaltern zu ihrer Verwaltung zunächst untergraben und später völlig aufgehoben wurde (s. o. S. 113ff.). Der Boden wurde als Königsland gleichzeitig kollektives Eigentum der herrschenden Klasse, da die aus ihm fließenden Einkünfte in abgestufter Weise der Versorgung ihrer Mitglieder zugute kamen. Individueller Zugang zum Boden wurde grundsätzlich nur durch ein Amt vermittelt, obgleich Individualisierungstendenzen auf der Basis ausdrücklicher Privilegierung durch den Herrscher bereits für die späte 3. Dynastie erkennbar sind.

Mit der direkten Übernahme der Verfügungsgewalt des Herrschers über das Hauptproduktionsmittel Boden konstituierte sich die an ihn als ihren Exponenten gebundene Oberschicht zur herrschenden Klasse (s. Anm. 263). Diese erfuhr in diesem Prozeß eine zahlenmäßige Vergrößerung, da die Verfügungsgewalt nur durch den Ausbau des administrativen Apparates, die Einführung neuer Leitungsebenen realisiert werden konnte. Sie unterschied sich nunmehr von der Klasse der unmittelbaren Produzenten durch ihre gesellschaftliche Stellung, durch ihre Stellung zu den Produktionsmitteln, durch ihre Rolle in der gesellschaftlichen Organisation der Arbeit, durch die Art der Erlangung und die Größe des Anteils am gesellschaftlichen Reichtum, was sie in die Lage versetzte, sich die Arbeit der letzteren in geronnener und lebendiger Form aneignen zu können. Mittel dazu war der Staat. Die Pflicht zum Dienst für Pharao galt zwar prinzipiell durchgängig für alle Mitglieder der Gesellschaft, doch bot eine gehobene soziale Position bessere Möglichkeiten, Pflichten zu delegieren. Darüber hinaus erfolgte der konkrete Einsatz entsprechend der Qualifikation, so daß sich der Charakter der Pflichtarbeit aus der sonstigen Funktion ergab (s. Anm. 99).

Es war also die ideologisch gestützte Funktion des „Horus"-Herrschers und die damit verbundene gesellschaftliche Amtstätigkeit, die seine ökonomische Stärke – und somit auch die der um ihn konstituierten Oberschicht – vermittelte, wobei diese neben erfolgreicher Amtstätigkeit wiederum stärkend auf die Machtposition zurückwirkte. Das erlaubte dem Herrscher schließlich – in Verbindung mit einem durch die Ideologie gesetzten gesamtgesellschaftlichen Anliegen (Pyramidenbau) – eine gesellschaftliche Umstrukturierung vorzunehmen, die Basis und institutionellen

Oberbau gleichermaßen betraf und die konkrete Ausgangsposition für die Herausbildung von Klassengesellschaft und Staat bildete. Beides vollzog sich in Ägypten in einem einheitlichen, sich wechselseitig bedingenden Prozeß, so daß es hier nicht notwendig erscheint, die Klassen- von der Staatsentstehung zu separieren und erstere zeitlich früher anzusetzen (so Sellnow 1981: 446).

3 Zur neuen Qualität der gesellschaftlichen Organisationsform im Alten Reich

Eng mit der eben erörterten Problematik hängt die Frage nach den Merkmalen und ihrer Wichtung zusammen, die es uns gestatten, von einer neuen Entwicklungsetappe der Gesellschaftsentwicklung zu sprechen und einen Trennungsstrich zwischen vorstaatlicher und staatlicher Phase zu ziehen, wohl wissend, daß die Änderung gesellschaftlicher Verhältnisse keine Sache des Augenblickes ist – insbesondere unter altorientalischen Bedingungen mit ihren zählebigen Traditionen – daß auf eine lange Formierungsphase ein relativ schneller Sprung folgte, dem sich wiederum eine lange Reifephase anschloß.

Eine solche Frage läßt sich dabei nicht ohne Kennzeichnung der Funktionen des Staates und der Tätigkeitsbereiche seiner Institutionen beantworten, wobei erstere eine Kategorie höherer Ordnung verkörpern, da sie sich zwar hauptsächlich durch die Tätigkeit der Institutionen realisieren, jedoch nicht nur in den konkreten Verwaltungsaufgaben von Einzelinstitutionen oder Gruppen, sondern auch in deren Gesamtwirken, im ganzen Charakter ihrer Tätigkeit. Das neue staatliche Wesen der gesellschaftlichen Organisation Ägyptens manifestierte sich aus meiner Sicht zunächst in folgenden Hauptgesichtspunkten:

- In der Klassenspaltung der Gesellschaft mit den damit verbundenen Konsequenzen für die Eigentums- und Besitzverhältnisse; und eng damit zusammenhängend,
- in der Ausweitung der Verwaltung in bezug auf Zahl der Institutionen und ihrer Beamten, Durchdringung der Gesellschaft, Vergrößerung des Funktionsspektrums, im Doppelcharakter ihrer Tätigkeit (s. u.);
- in der Einteilung des Landes nach dem Territorialprinzip;
- in den Veränderungen innerhalb der Ideologie (obgleich sich diese am langsamsten durchsetzten, sie nicht auf direktem Wege aus der Ökono-

mie ableitbar sind und sich uns ihre unmittelbaren Ursachen meist verschließen).

An dieser Stelle möchte ich mich auf die Erörterung des 2. Punktes beschränken, da insbesondere die Entwicklung der Ideologie, der Besitz- und Eigentumsformen sowie ihrer konkreten Realisierungsvarianten den Rahmen für eine eigene umfangreiche Betrachtung abgeben würden.

Wenn wir auch leider gerade für die 3. Dynastie über eine sehr schwache Quellengrundlage verfügen, läßt sich doch unter Hinzuziehung der Belege der frühen 4. Dynastie als bemerkenswerte Veränderung bezüglich der Administration ihr Ausgreifen auf die Provinz konstatieren, indem das vormals vorhandene weitmaschige Netz von Abgabensammelpunkten durch ein engmaschigeres und in der Folge weiter untergliedertes Netz von Gauen ersetzt wurde, in denen vom König eingesetzte Gau- und Güterverwalter tätig waren. Damit schaltete sich der Staat auf viel intensivere und direktere Weise in die Verhältnisse an der Basis der Gesellschaft und das Leben der Menschen ein, womit die Einschränkung der Wirkungsmöglichkeiten der gentilen örtlichen Organe einherging, diese zur Bedeutungslosigkeit herabsanken und die Menschen über kein echtes Gegengewicht und Mittel zur Einflußnahme auf die staatlichen Institutionen verfügten. Mit der Erweiterung der Wirkungssphäre der Administration wandelte sich deren Charakter von einer Hofverwaltung zu dem einer echten Landesverwaltung. Der Herrscher brauchte zur Unterstützung seiner Amtstätigkeit insbesondere auf dem Gebiet der Rechtsprechung und der öffentlichen Arbeiten einen Stellvertreter, den Wesir. Die Organisation der öffentlichen Arbeiten wurde wegen der neuen Dimension dieser Aufgabe ein neuer, wichtiger Verwaltungsbereich. Der Pyramidenbau spielte hier sicherlich die Hauptrolle. Aber auch Arbeiten in Verbindung mit der Erschließung von Neuland, die sog. „innere Kolonisation", fielen in dieses Ressort. Leider wissen wir nichts über die Art und Weise ihrer Organisierung, ob sie ausschließlich von der Zentrale aus oder auch in lokaler Regie geleitet wurden.

Im Verlaufe des AR läßt sich dann der Ausbau der Verwaltung auf allen Ebenen weiterverfolgen, wobei es während der ersten Hälfte der 5. Dynastie besonders zur Weiterentwicklung und Systematisierung der Residenzverwaltung kam. Funktionen, die bisher von Einzelpersonen wahrgenommen wurden, erfuhren mehr und mehr eine Institutionalisierung. In der Folgezeit wurde in bedeutendem Maße die Distriktsverwaltung erweitert, insbesondere indem eine spezielle, für Oberägypten zuständige Verwaltungsebene geschaffen wurde, an deren Spitze der Provinzwesir stand. Allmählich wurde die Verwaltungsstruktur in den einzelnen Gauen vervollkommnet, ohne daß diese dabei zum Abbild der Residenzverwaltung auf niederem hierarchischem Niveau wurde.

Marx (1963: 397) hatte bereits im „Kapital“ aus dem Doppelcharakter der Arbeit der Oberaufsicht und Leitung „in allen Produktionsweisen, die auf dem Gegensatz zwischen dem Arbeiter als dem unmittelbaren Produzenten und dem Eigentümer der Produktionsmittel beruhen“, einen ebensolchen Doppelcharakter für die „Arbeit der Oberaufsicht und allseitigen Einmischung der Regierung despotischer Staaten“ abgeleitet, indem diese beides einbegreift: „sowohl die Verrichtung der gemeinsamen Geschäfte, die aus der Natur aller Gemeinwesen hervorgehen, wie die spezifischen Funktionen, die aus dem Gegensatz der Regierenden zu den Volksmassen entspringen“ (ebenda), d.h. dem Staat wohnt nicht nur ein Unterdrückungs-, sondern auch ein gesellschaftsorganisierendes Moment inne.

Die Funktion „Verrichtung der gemeinsamen Geschäfte“ bringt ein gewisses, für alle Mitglieder der Gesellschaft gemeingültiges Interesse zum Ausdruck. „Ein gemeinsames Interesse besteht u.a. darin, die elementaren Existenzbedingungen auf dem erreichten Niveau der sozialen Entwicklung zu bewahren: Dazu gehört ein bestimmte Normalisierung der materiellen Produktion, die Koordination der verschiedenen gesellschaftlichen Gebiete, die Wahrung bestimmter allgemeiner Regeln in den zwischenmenschlichen Beziehungen usw.“ (Mamut 1982: 193). Das gewisse allgemeingültige Interesse und die darauf beruhenden gemeinsamen Geschäfte, die vom Staat verrichtet werden, „ergibt sich daraus, daß sich die sozialen Klassen und Gruppen gleichzeitig auf ein und demselben Territorium befinden, in eine gesellschaftliche kombinierte Tätigkeit einbezogen sind und Teile eines sozialen Gesamtkörpers darstellen, die annähernd ein und dieselbe historische und kulturelle Tradition geerbt haben usw.“ (Mamut 1982: 193). Wichtig ist festzuhalten, daß sich beide Hauptfunktionen des Staates nicht separat voneinander realisieren, der Staat sich nicht von der vorstaatlichen Periode vordergründig dadurch abhebt, daß den alten Institutionen neue, speziell für Repression verantwortliche an die Seite gestellt wurden. Zwischen beiden Hauptfunktionen gibt es „zahlreiche Berührungs- und Kreuzungspunkte“ (Mamut 1982: 196).

In Ägypten während der Periode des Alten Reiches realisierte sich dieser Doppelcharakter im wesentlichen in fünf Aufgabenbereichen, die natürlich keiner realen Ressorteinteilung entsprechen und auch nicht streng voneinander getrennt verwirklicht wurden:

1. Organisierung der Einziehung, Verwaltung und Umverteilung von Mehrprodukt und Arbeitskräften;
2. Sicherung der kultischen Erfordernisse für die Existenz der Gemeinschaft;
3. Gewährleistung der Einhaltung gesellschaftlicher Normen;
4. produktionsorganisierende Funktion;
5. Schutzfunktion nach außen.

Zu 1. Organisierung der Einziehung, Verwaltung und Umverteilung von Mehrprodukt und Arbeitskräften

Für die erstgenannte Aufgabe, die enge Beziehungen mit allen anderen genannten Aufgaben aufweist, war eine große Anzahl von Institutionen zuständig. Den Dreh- und Angelpunkt bildete die Aktenverwaltung, deren höchste Funktion (*ỉmj-rꜣ zš(w) ꜥ(w)-nswt*) einen besonders exponierten Platz in der Wesirstitulatur einnahm. Die in ihr geführten und verwalteten Akten mit Angaben zu allen abgabepflichtigen Institutionen bzw. Produktionseinheiten und Ansprüchen Dritter dienten als Grundlage für die Erstellung von Unterlagen für die aktuelle Einziehung von Steuern, Abgaben und Arbeitkräften.
Hierher gehörten auch die verschiedene Gaubeamten, die die konkrete Realisierung zu übernehmen hatten.
Zu den Institutionen der Umverteilung sind solche wie das *pr ḥrj-wḏb, st-ḏfꜣ, wsḫt* zu zählen. In anderen, wie Scheune, Schatzhaus, verquickten sich Speicher-, Verwaltungs- und Umverteilungsfunktionen.
Das ganze Ressort der öffentlichen Arbeiten war mit dem Einsatz der eingezogenen Arbeitskräfte befaßt, wozu nicht nur Pyramiden- und Tempelbau gehörten, sondern auch Rohstoffbeschaffung, Handel (der von Raubzug nicht immer zu trennen ist), Erhalt und Ausbau der Infrastruktur (z.B. Bau von Schifffahrtkanälen) oder Neuerschließung von Land durch Meliorationsmaßnahmen, Organisation der handwerklichen Produktion, die selbst wiederum eng mit dem Schatzhaus und den „Kammern der königlichen Kostbarkeiten" (*ỉzwj n ẖkr nswt*) verbunden war. Die so gewonnen Mittel und Produkte kamen wiederum dem Staatshaushalt zugute. In abgestufter Weise dienten sie der Versorgung Pharaos, seines Hofes, der Beamtenschaft, im Leben wie nach dem Tode, kurz der ganzen um ihn konstituierten herrschenden Klasse und damit dem Erhalt seiner Wirksamkeit für die Gesellschaft, die die Menschen subjektiv als notwendig für ihre Existenz ansahen.

Zu 2. Sicherung der kultischen Erfordernisse für die Existenz der Gemeinschaft

Hier knüpft der zweitgenannte Aufgabenkreis direkt an. Tempel- und Pyramidenbauten bzw. der Unterhalt der damit vorhandenen Kulte gehörten unverzichtbar zu den gesellschaftserhaltenden Momenten, waren aber auch Teil des materiellen Reproduktionsprozesses der Gesellschaft und wirkten auf die Legitimation des Herrschers, seiner Klasse und deren Sozialprestige fördernd zurück. Insbesondere der Pyramidenbau mit seiner als bedeutend für die gesamte Gesellschaft angesehenen Funktion war objektiv Mittel zur Etablierung und Festigung von Ausbeutungsverhältnissen, zur Ausbildung und Weiterentwicklung ihrer organisatorischen Grundlagen und Strukturen.

Zu 3. Gewährleistung der Einhaltung gesellschaftlicher Normen

Der dritte Punkt Rechtsprechung – Sorge für die Einhaltung der gesellschaftlichen Normen – ist ebenfalls mit der ersten Aufgabe des Staates eng verbunden, ging es doch hier in beträchtlichem Maße um die Gewährleistung von Rechtsansprüchen, die zumindest ursprünglich vom König verliehenen worden waren, und einer ihnen gemäßen Distribution. Nicht zufällig bestand deshalb eine besonders enge Verbindung zwischen juristischem Ressort und Aktenverwaltung. Und z.B. die „Breite Halle" (*wsḫt*) war eine Stätte, aus der Brot für das Totenopfer geliefert wurde (vgl. Pyr. 214c, 866a, 905b), ihre Beamten sind dabei aber besonders aus juristischem Kontext bekannt.
Grundsätzlich scheinen es v.a. Amtsvergehen und Delikte, die das Eigentum staatlicher Einrichtungen beeinträchtigten, gewesen zu sein, zu deren Ahndung staatliche Machtmittel eingesetzt wurden.
Um die Ablieferungen in der geforderten Höhe durchsetzen zu können, verfügten offensichtlich die dafür zuständigen Institutionen selbst über die personellen Voraussetzungen. Zu diesem ansonsten nur schwer greifbaren Repressionsapparat gehörten z.B. die sogenannten „Hausöhne" (*zꜣ-pr*).
Richter und andere juristische Amtsträger waren Staatsbeamte, auf deren Auswahl das Volk keinen Einfluß ausübte, deren Gewogenheit aber natürlich durch „kleine Zuwendungen" beeinflußt werden konnte.
Im übrigen waren die gesellschaftlichen Normen des Zusammenlebens, deren Einhaltung auch im Kleinen die Gerichtsherren zu unterstützen gehalten waren, noch stark von späturgemeinschaftlichen Vorstellungen von Recht und Unrecht beeinflußt, und es galt als erstrebenswertes Ziel, „zwei

Gerichtsparteien so zu trennen, daß beide Seiten zufrieden waren" (vgl. z.B. Urk. I 217, 6-7).

Zu 4. Produktionsorganisierende Funktion

Auch auf die produktionsorganisierende Funktion des ägyptischen Staates wurde im Zusammenhang mit dem ersten Punkt bereits eingegangen (s. S. 149). Diese ergibt sich nicht aus einer ursprünglichen Ableitung der exponierten Rolle der Oberschicht aus ihrer Funktion in der Leitung der Produktion, sondern in erster Linie aus dem im Rahmen der Herausbildung des Staates entstandenen Staatseigentum am Hauptproduktionsmittel Boden, aber auch aus dem staatlichen Monopol über die Bodenschätze und den Außenhandel sowie der Bedeutung des Staates als Hauptakkumulator von Mehrprodukt und, damit eng zusammenhängend, auch von menschlichem Arbeitsvermögen.
Trotz dieser unleugbaren Rolle des Staates kann man nicht davon ausgehen, daß während des AR das Eingreifen des Staates notwendige Voraussetzung für die Sicherung der realen Produktionsbedingungen in der Landwirtschaft in großem Maßstabe war.
Der Staat bestimmte mit seinem Streben nach maximaler Mehrproduktabschöpfung das Produktionsziel. Er sorgte in Gestalt seiner Beamten für die Neuvermessung des Landes nach der Überschwemmung, legte dementsprechende Abgaben fest, stimulierte die Ausweitung der bebauten Ackerfläche, stellte Saatgut, Arbeitsgeräte, Vieh (ob das bereits durchgängig so war, ist jedoch leider nicht sicher feststellbar), kontrollierte die Ernte. Der Einsatz von Arbeitkräften zum Bau von Be- und Entwässerungskanälen erfolgte aber noch nicht in großem Stile. Nur so läßt sich erklären, warum der Staat auf verschlecherte ökologische Bedingungen nicht reagieren konnte.
Die eingezogenen Arbeitkräfte waren vor allem für Bauarbeiten im nichtproduktiven Bereich verwendet worden. Das eingezogene Mehrprodukt, ebenso wie die anderen staatlichen Einkünfte aus Außenhandel, Krieg, Rohstoffbeschaffung und spezialisiertem Handwerk, kamen v.a. den Luxus- und Repräsentationsbedürfnissen bzw. den Grabausstattungen der herrschenden Klasse zugute. Ihre direkte Umsetzung für Produktionssteigerung und Weiterentwicklung der Produktivkräfte war unter den damaligen Bedingungen wohl auch gar nicht denkbar.

Zu 5. Schutzfunktion nach außen

Der letztgenannte Aufgabenbereich des Staates schließlich spielte im AR keine besonders große Rolle. Die Bedrohung von außen beschränkte sich auf gelegentliche Beutezüge nomadisierender Wüstenbewohner. Auseinandersetzungen mit Nichtägyptern wurden aber zweifellos auch durch die allmählichen Inkorporierung des Deltas, insbesondere seiner Randzonen, in das ägyptische Staatsgebiet provoziert. Der Schutz der Grenzen, für den sowohl Gaubeamte als auch spezielle Angehörige der Residenz (z.B. der „Vorsteher der Horusweges" – *ỉmj-r3 w3t-Ḥr* (Fischer 1959: 261)) zu sorgen hatten, war meist zugleich mit der Sicherung der Handelswege und damit auch der Einkünfte verbunden. Ein stehendes Heer existierte im AR nicht. Die Organisierung von Kriegszügen wurde direkt durch Pharao veranlaßt, erfolgte ansonsten aber in der Art und Weise der Rekrutierung für öffentliche Arbeiten. Zwischen Titeln von militärischen Führern und Expeditionsleitern wurde nicht unterschieden, so daß sich schon hierin die enge Verbindung mit dem Ressort der öffentlichen Arbeiten zeigt. Ob der Wesir als „Vorsteher aller Arbeiten des Königs" par excellence auch die Oberaufsicht über militärische Unternehmungen und Grenzbefestigungen ausübte, ist aus den Quellen der AR nicht zu entnehmen. Als direkter Leiter einer militärischen Aktion tritt er jedenfalls nicht in Erscheinung. Dafür wurden vom König hochrangige Beamte eingesetzt – aber nicht solche höchsten Ranges. Der Wesir war sicher wegen der Vielfalt seiner Pflichten ohnehin unabkömmlich. Er kontrollierte jedoch u.a. auch das zentrale Waffenlager (*prwj-ʿḥ3w*). Eine allgemeine Volksbewaffnung existierte also als Äquivalent zum stehenden Heer nicht. Allerdings war der Stand der damaligen Waffentechnik auch nicht derart, daß besonders schlagkräftige Waffen allein durch ihren Wert den Mitgliedern der herrschenden Klasse vorbehalten sein konnten und von daher eine militärische Machtakkumulation vorgelegen hätte. Spezialisierte Truppen in kleinem Maßstabe hat es zwar t.w. zur Begleitung von Expeditionen gegeben (vgl. Fischer 1959: 269), sicher auch zum Schutz des Pharao und für andere Bedürfnisse der Residenz (man denke nur an die vielseitig einsetzbaren *nfrw* und *ỉdw*), Kenntnisse im Umgang mit den damals gebräuchlichen Waffen erwarb jedoch auch der einfache Ägypter bei der Jagd, was offensichtlich genügte, um den Anforderungen des Heeresdienstes gerecht zu werden. Die bei den Unternehmungen nach den ägyptischen Selbstzeugnissen reichlich eingebrachte Beute kam ebenso wie der Erlös der Fernhandelsexpeditionen ohne Frage Pharao als ihrem Auftraggeber und Ausstatter zu. Er war es, der bestimmte, wer aus diesem Fonds wie zu belohnen war.

Betrachtet man sich die Art und Weise der Realisierung der Tätigkeitsbereiche des Staates zusammenfassend, so wird deutlich, daß seine gesellschaftsorganisierende und gesellschaftserhaltende Funktion immer verbunden war mit dem Ziel, die Gesellschaft selbst als Klassengesellschaft zu erhalten bzw. erweitert zu reproduzieren. Der Staat war also bereits hier seinem Wesen nach das entscheidende politische Machtinstrument in den Händen der herrschenden Klasse zur Durchsetzung ihrer Interessen. Diese Funktion realisierte sich besonders unvermittelt unter den speziellen Bedingungen Ägyptens mit seiner institutionellen Gebundenheit des Bodeneigentums, die den Zugang zu ihm abhängig machte vom Amt bzw. der in Rangtiteln fixierten Stellung zum Exponenten des Staates, wo herrschende Klasse und Beamtenschaft nahezu dekkungsgleich waren.

Anhand der Institutionen ist erkennbar, daß ihr größter Teil direkt oder indirekt mit der Umverteilung des gesellschaftlichen Reichtums befaßt war bzw. diese organisierte. Das geschah jedoch nicht, um „das Volk als Ganzes in ausreichender Menge mit den wesentlichen Gütern, seien sie importiert oder im Lande produziert, zu versorgen“ (Service 1977: 291), sondern, um den unmittelbaren Produzenten immer größere Teile des von ihnen geschaffenen Mehrproduktes zu entziehen, zugunsten eines überdurchschnittlich großen Anteils der Mitglieder der herrschenden Klasse. Die Erfüllung dieser Aufgabe war im AR der Weg, auf dem sich die Funktion des Staates als Machtinstrument am ausgeprägtesten realisierte. Die Anerkennung dieser Tatsache enthebt uns der Notwendigkeit, die Existenz des Staates an das Vorhandensein eines ausgeprägten, institutionell separierten Repressionsapparates zu binden. Dadurch erhöht sich allerdings die Bedeutung des Kriteriums der Existenz von Klassen, und der damit verbundenen Differenzierung hinsichtlich der Stellung zu den Produktionsmitteln, für die Abgrenzung der staatlichen von der vorstaatlichen Phase.

Da auch für die Frühzeit eine irgendwie geartete Möglichkeit der Einflußnahme des Volkes auf die Institutionen im Umfeld des Herrschers nicht erkennbar ist, deren Tätigkeit bereits damals durch einen Doppelcharakter gekennzeichnet war, und auch das Kriterium einer Ausweitung der Beamtenschicht viele quantitative Elemente enthält, möchte ich die Bedeutung der von Sellnow (1983: 39-40) herausgearbeiteten Merkmale für eine Abgrenzung der vorstaatlichen von der staatlichen Phase aus Ägyptologischer Sicht ebenfalls unterstützen. Sellnow weist darauf hin, daß sich die verschiedenen politischen Institutionen zu einem System verbunden und völlig von den Volksmassen getrennt haben müssen, so daß letzteren keine direkten Einflußmöglichkeiten auf politische Entscheidungen blieben. Dieser Umstand war in Ägypten mit dem Ausgreifen der an den Herrscher gebundenen Administration auf das Land und deren dortigen ständigen Etablierung, mit der Zurückdrängung und schließlich Aufhebung der dörflichen Selbstverwaltung gegeben. Dieser Prozeß muß sich in der Hauptsache in der 3. Dynastie vollzogen haben, reifte aber in einer historisch längerwährenden Periode weiter aus. Sellnows drittes Kriterium: die Stabilität und Unumkehrbarkeit des entstandenen politischen Herrschaftssystems, die den Menschen bei Bewußtwerden der Veränderungen nicht die Möglichkeit zur Gegenwehr auf der Grundlage der Reste der Gentilordnung ließ, wurde vom ägyptischen Staat des AR ebenfalls erfüllt, bedeutete der Niedergang der Zentralgewalt an seinem Ende doch nicht die Rückkehr zu vorstaatlichen Verhältnissen.

4 Zum archaischen Charakter des altägyptischen Staates

Ging es im vorangegangenen Abschnitt v.a. um die Merkmale, die die gesellschaftliche Organisationsform des AR von der der vorstaatlichen Phase abheben, so stand der Staat in dieser Periode am unmittelbaren Anfang einer Jahrtausende währenden staatlichen Entwicklung und muß folglich auch Merkmale einer Frühphase aufweisen. Dazu möchte ich zählen:

1. Den geringen Grad der Ausprägung gesellschaftlicher Antagonismen. Dafür gibt es eine ganze Reihe objektiver und subjektiver Ursachen: Ausbeutungsverhältnisse setzen sich in einem historisch langen Zeitraum, über viele Generationen durch. Reichtumsunterschiede sowie Verhältnisse der Herrschaft und Unterordnung waren den Menschen bereits aus der Auflösungsperiode der Urgesellschaft vertraut, so daß der qualitativ neue Charakter der entsprechenden gesellschaftlichen Verhältnisse den einzelnen Menschen nicht bewußt wurde. Diese neue Qualität wurde durch die Dominanz des institutionellen Eigentums an den wichtigsten Produktionsmitteln gegenüber dem individuellen und durch eine Ideologie zusätzlich verschleiert, nach der die Wirksamkeit des „Horus“-Herrschers insbesondere im kultischen Bereich als notwendig für die Existenz der Gemeinschaft erschien und somit keine Mittel zu scheuen waren, wenn es galt, diese Wirksamkeit im Leben wie nach dem Tode zu erhalten. Damit war auch die Legitimation der Ansprüche der um den Herrscher konstituierten herrschenden Klasse verbunden, die ihren überdurchschnittlichen Versorgungsgrad in erster Linie aus ihrem engen Verhältnis zum Herrscher ableitete. Die Ausbeutung wurde allmählich verschärft. Dabei hatte sich der Staat an eine obere Grenze bezüglich seiner Forderungen zu halten, die noch als einigermaßen legitim galt. Auch Despotie war nicht gleichbedeutend mit

Willkür. Urgemeinschaftliche Traditionen wirkten besonders in der Rechtsauffassung noch lange nach. Pharao galt als guter, gerechter Herr. An der Rechtmäßigkeit seiner Handlungen wurde allein schon wegen seiner göttlichen Natur nicht gezweifelt. Seine Herrschaft gründete sich also in bedeutendem Maße auf Akzeptanz. Über Mittel und Möglichkeiten, „nicht zu akzeptieren", verfügte die Mehrheit des Volkes jedoch ohnehin nicht. Das allein verbliebene Mittel Flucht wurde erst im Mittleren Reich in bedeutenderem Maßstab genutzt, blieb doch den unmittelbaren Produzenten über weite Strecken ein im Gegensatz zu den Nachbarvölkern relativ hoher Lebensstandard erhalten, der durch eine relativ stabile Versorgung gekennzeichnet war, wenn diese auch nicht dem wachsenden Maß der geleisteten Arbeit entsprach.

2. Aus diesem relativ schwach entwickelten und noch sekundär gedämpften Klassenantagonismus ergab sich der schwache Institutionalisierungsgrad der staatlichen Repression.
3. Die Verwaltung wurde erst allmählich qualitativ und quantitativ ausgebaut. Wie dieser Prozeß voranschritt, ließ sich gerade in der Administration des AR gut zeigen. Die persönliche Entscheidung und das Eingreifen des Herrschers spielte noch eine große Rolle. Vieles hatte ad hoc Charakter. Eine feste Ressorteinteilung bestand nicht. Die entscheidende Befehlsgewalt ging wegen der Verquickung der Ressorts von Beamten aus, in deren Titulaturen die höchsten Titel mehrerer Verwaltungszweige enthalten waren. Ein enges verwandtschaftliches Verhältnis zum Herrscher prädestinierte über einen weiten Zeitabschnitt zur Übernahme hoher Verwaltungsfunktionen. Die Hierarchie der Institutionen innerhalb der Gesamtadministration war nur schwach ausgeprägt.
4. Ergänzend zu den vorher genannten Punkten wäre noch die vorwiegend unproduktive Verwendung des Mehrproduktes, der geringe Entwicklungsgrad der Warenproduktion und der Geldwirtschaft zu nennen.

Abschließend läßt sich feststellen:
Die dialektisch-historische Auffassung vom Wesen des Staates läßt sich auch am Beispiel des ägyptischen Staates während der Epoche des Alten Reiches verifizieren, so daß das Alte Ägypten nicht zur Stützung der These von der Existenz zweier wesentlich unterschiedlicher Formen des Staates herangezogen werden kann, deren eine Form („früher Staat") keinen Klassencharakter und keine Unterdrückungsfunktion aufgewiesen haben soll.

Das allgemeingültige Wesen des Staates realisierte sich jedoch durchaus in unterschiedlicher Weise, u.a. auch in Abhängigkeit von seinem Reife-

grad. Nur in diesem Sinne ist die gesellschaftliche Organisationsform des Alten Reiches als „früher Staat“ zu kennzeichnen.
Die im Einleitungskapitel herausgestellten Merkmale der Altorientalischen Klassengesellschaft sind auch zur Charakterisierung des altägyptischen Staat geeignet. Zwischen Staatsentstehung und Herausbildung der Klassen bzw. der „Großen Kooperation“ bestand ein enges Wechselverhältnis. Die neue Produktivkraft „Große Kooperation“ wurde jedoch in erster Linie für den Pyramidenbau und nicht für die Schaffung eines breitangelegten Bewässerungsnetzes entwickelt, hatte zwar einen großen Einfluß auf die Veränderung der gesellschaftlichen Strukturen, diente aber nicht so sehr der Erhöhung der Produktivität in der Landwirtschaft.
In bezug auf die Dorfgemeinschaften als Produktionseinheiten muß herausgestellt werden, daß ihr Wesen im Verlaufe und im Ergebnis der Staatsentstehung eine grundlegende Wandlung erfuhr, so daß der Begriff Dorfgemeinschaft nicht mehr mit der gentilgesellschaftlichen Qualität dieses Begriffes identisch war.

Abkürzungsverzeichnis

AOF	Altorientalische Forschungen, Berlin
AR	Altes Reich
ÄA	Ägyptologische Abhandlungen, Wiesbaden
ASAE	Annales du service des antiquités de l'Égypte, Cairo
ASE	Archaeological Survey of Egypt, London
AV	Archäologische Veröffentlichungen, Deutsches Archäologisches Institut, Abt. Kairo, Bd. 1-3 Berlin, Bd. 4ff. Mainz
BdE	Bibliothèque d'Étude, Institut Français d'Archéologie Orientale, Le Caire
Bln.	Inventarnummern laut H. Schäfer – „Ägyptische Inschriften aus den Königlichen Museen zu Berlin Bd. 1, Inschriften der ältesten Zeit und des Alten Reiches", Leipzig 1901
BIFAO	Bulletin de l'Institut français d'archéologie orientale du Caire, Cairo
BM	Inventarnummern laut „Hieroglyphic Texts from Egyptian Stelae, etc. in the British Museum", 9 vols. 1911–1970
CdE	Chronique d'Égypte, Brüssel
CG	Inventarnummern laut Borchardt, L. – „Statuen und Statuetten von Königen und Privatleuten". Catalogue Général d'Antiquités Égyptiennes (CG 1–1294), Berlin 1911–1934; „Denkmäler des Alten Reiches außer den Statuen", Catalogue Général des Antiquités Égyptiennes (CG 1295–1808), Berlin 1937, 1964
CRIPEL	Cahier de recherches de l'Institut de papyrologie et égyptologie de Lille, Lille
CT	de Buck, A./Gardiner, A.H. – „The Egyptian Coffin Texts", Oriental Institute Publications, 7 vols., Chicago 1935–1965
EAZ	Ethnographisch-Archäologische Zeitschrift, Berlin
EEF	Egypt Exploration Fund, memoirs, London
GM	Göttinger Miszellen, Göttingen
HÄB	Hildesheimer Ägyptologische Beiträge, Hildesheim

LAAA Annals of Archeology and Anthropology, Liverpool

JEA Journal of Egyptian Archeology, London

JNES Journal of Near Eastern Studies, Chicago

JSSEA The Journal of the Society for the Study of Egyptian Antiquities, Toronto

LD Lepsius, R. – „Denkmäler aus Aegypten und Aethiopien – Text“, 5 Bde., E. Naville (Hrsg.), bearb. v. K. Sethe, Leipzig 1897–1913

LÄ Lexikon der Ägyptologie, Hrsg. W. Helck und W. Westendorf, Wiesbaden, 1975–1986

MÄS Münchener Ägyptologische Studien, Berlin - München

MEW Marx-Engels-Werke, Dietz Verlag Berlin

MDAIK Mitteilungen des Deutschen Archäologischen Instituts, Abteilung Kairo, Wiesbaden - Mainz

MIO Mitteilungen des Instituts für Orientforschung, Berlin

OIP Oriental Institute Publications, The University of Chicago, Chicago

OLA Orientalia Lovaniensia Analecta, Löwen

PM Porter, B./Moss, R., „Topographical Bibliography of Ancient Egyptian Hieroglyphic Texts, Reliefs and Paintings“, 7 vols. 2nd edition Oxford 1960ff. (Vol. III 1974)

Pyr. Sethe, K. – „Die Pyramidentexte“, 3 Bde., Leipzig 1908-1922

RdE Revue d'Égyptologie, Kairo, ab Bd. 7 Paris

SAK Studien zur Altägyptischen Kultur, Hamburg

SBAW Sitzungsberichte der Bayerischen Akademie der Wissenschaften, Phil.-hist. Abt., München

Urk. I Sethe, K. – „Urkunden des ägyptischen Altertums“, Abt. 1: „Urkunden des Alten Reichs“, Leipzig 1933

WB Wörterbuch der Ägyptischen Sprache, Hrsg. A. Erman und H. Grapow, 4. Aufl. Berlin 1982 (5 Bde. u. Belegstellen)

WVDOG Wissenschaftliche Veröffentlichungen der Deutschen Orientgesellschaft, Berlin - Leipzig

WZKM Wiener Zeitschrift für die Kunde des Morgenlandes, Wien

ZÄS Zeitschrift für ägyptische Sprache und Altertumskunde, Leipzig - Berlin

Literatur

Arnold, D.
1984 Stichwort „Pyramidenbau“, In: LÄ V, Sp. 1

Atzler, M.
1981 Untersuchungen zur Herausbildung von Herrschaftsformen in Ägypten, HÄB 16

Baer, K.
1960 Rank and Title in the Old Kingdom, Chicago
1966 A Deed of Endowment in a letter of the time of Ppjj I?, ZÄS 93: 1-9

Bakir, A.M.
1952 Slavery in Pharaonic Egypt, ASAE Suppl. 18, Kairo

Beckerath, J. v.
1956 *Šmsj-ḥrw* in der ägyptischen Vor- und Frühzeit, MDAIK 14: 1-10

Bissing, v., F.W.
1911 Die Mastaba des Gemnikai, Bd. II, Berlin

Blackman, A.M.
1953 The Rock Tombs of Meir, vol. V, London

Boochs, W.
1981 [*ḫtm r ḫtmt*] als juristischer Terminus in der Hauskaufurkunde, GM 52: 19-24

van den Boorn, G.P.F.
1982 On the date of the 'Duties of the Vizier', Orientalia 51: 369-381

Borchardt, L.
1907 Das Grabdenkmal des Königs Ne-user-reʿ, WVDOG 7
1909 Das Grabdenkmal des Königs Nefer-ir-ke3-re', WVDOG 11
1913 Das Grabdenkmal des Königs Sahu-reʿ, Bd. II, WVDOG 14

Budge, E.A.W. (Hrsg.)
1911 Hieroglyphic Texts from Egyptian Stelae, etc. in the British Museum, vol. I, London

Buhr, M./Kosing, A.
1974 Kleines Wörterbuch der Marxistisch-Leninistischen Philosophie, Berlin

Capart, J.
1907 Une rue de tombeaux à Saqqara, 2 T., Brüssel

Chèhab, M.
1969 Noms de Personalités Égyptiennes decouvertes au Liban, Bulletin du Musée de Beyrouth XXII: 1-46, Paris

Claessen, H.J.M. & Skalnik, P. (Hrsg.)
1978 The Early State, New Babylon. Studies in the Social Sciences, vol. 32, The Hague, Paris, New York

Daressy, M.G.
1916 La Nécropole des Grands Prètres d'Héliopolis sous l'Ancien Empire, ASAE 16: 194-199

Davies, N. de G.
1901 The Rock Tombs of Sheikh Said, ASE 10
1902a The Rock Toms of Deir el-Gebrâwi, vol. I, ASE 11
1902b The Rock Toms of Deir el-Gebrâwi, vol. II, ASE 12

Drenkhahn, R.
1976 Die Handwerker und ihre Tätigkeiten im Alten Ägypten, ÄA 31

Drioton, E.
1943 Description sommaire des chapelles funéraires de la VIe dynastie récemment découverts derrière le mastaba de Mérérouka à Saqqara, ASAE 43: 487-514

Duell, P.
1938 The Mastaba of Mereruka, 2 vols., OIP 31, 39

Dunham, D.
1938 The biographical Inscriptions of Nekhebu in Boston and Cairo, JEA 24: 1-8

Edel, E.
1953 Inschriften des Alten Reiches II, Die Biographie des *Kꜣj-gmjnj*, MIO 1: 210-226
1954 Inschriften des Alten Reiches II, Die Biographie des Gaufürsten von Edfu, Jzj, ZÄS 79: 11-17
1955 Altägyptische Grammatik, Analecta Orientalia 34, Bd. I, Rom
1958 Inschriften des Alten Reiches VII, VIII, IX, ZÄS 83: 3-18
1962 Zur Lesung und Bedeutung einiger Stellen in der biographischen Inschrift *Sꜣ-rnpwt*'s I., ZÄS 87: 96-107
1966 Inschriften des Alten Reiches XII, Zwei bisher mißverstandene Erbschaftsbestimmungen in Verträgen mit Totenpriestern, ZÄS 92: 96-99

Eggebrecht, A. et al.
1984 Das Alte Ägypten. 3000 Jahre Geschichte und Kultur des Pharaonenreiches. München

Emery, W.B.
1939 Excavations at Saqqara. Hor-Aha. Excavations at Saqqara 1937-1938, Kairo
1949 Great Toms of the First Dynasty, vol. I, London
1954 Great Toms of the First Dynasty, vol. II, London
1958 Great Toms of the First Dynasty, vol. III, London

Endesfelder, E.
1980 Beobachtungen zur Entstehung des ägyptischen Staates, (Diss. B, unpubl.), Berlin
1982 Bemerkungen zur Entstehung und zum Charakter des Beamtentums im alten Ägypten, AOF IX: 5-11

Engels, F.
1972 Der Ursprung der Familie, des Privateigentums und des Staates, MEW 21: 25-152
1973 Herrn Eugen Dührings Umwälzung der Wissenschaft (Anti-Dühring), MEW 20: 16-152

Fakhry, A.
1961 The monuments of Sneferu at Dahshur, vol. II, The Valley Temple, Kairo

Firth, C.M./Gunn, B.
1926 Teti Pyramid Cemeteries, Excavations at Saqqara, 2 vols., Cairo

Firth, C.M./Quibell, J.E.
1935 The Step Pyramid, Excavations at Saqqara 4, 2 vols., Cairo

Fischer, H.G.
1959 A Scribe of the Army in a Saqqara Mastaba of the Early Fifth Dynasty, JNES 18: 233-277
1960 Old Kingdom Inscriptions in the Yale Gallery, Mio 7: 299-315
1961 The Inspector of the *sḫ* of Horus, Nby, Orientalia 30: 170-175
1964 Inscriptions from the Coptite nome. Dynasties VI-XI, Analecta Orientalia 40, Rom
1966 An Old Kingdom Monogram , ZÄS 93: 56-69
1968 Dendera in the Third Millennium B.C. down to the Theban Domination of Upper Egypt, Locust Valley
1972 Offerings for an Old Kingdom Granary Official, Bulletin of the Detroit Institute of Arts 51: 69-80
1976 Egyptian Studies I: Varia, New York

Franke, D.
1973 Ein Beitrag zur Diskussion über die asiatische Produktionsweise, GM 5: 63-72

Fraser, G.
1902 The Early Tombs at Tehneh, ASAE 3: 67-76, 121-130

Gardiner, A.H.
1927 An Administrative Letter of Protest, JEA 13: 75-78
1938 The Mansion of Life and the Master of the King's Largess, JEA 24: 83-91

Goedicke, H.
1956 Juridical expressions of the Old Kingdom, JNES XV, 1: 27-32

1956a Zu *imj-r3 šmʿ* und *tp-šmʿ* im Alten Reich, MIO 4: 1-10
1959 A fragment of a biographical inscription of the Old Kingdom, JEA 45: 8-10
1960 Die Stellung des Königs im Alten Reich, ÄA 2
1965 Bemerkungen zum Siegelzylinder Bln. 20659, ZÄS 92: 32-38
1967 Königliche Dokumente aus dem Alten Reich, ÄA 14
1970 Die privaten Rechtsinschriften aus dem Alten Reich, Beihefte zur WZKM 5

Gödecken, K.B.
1976 Eine Betrachtung der Inschriften des Meten im Rahmen der sozialen und rechtlichen Stellung von Privatleuten im Alten Reich, ÄA 29

Grdseloff, B.
1943 Notes sur deux monuments inédits de l'Ancien Empire, ASAE 42: 107-125
1948 Remarques concernant l'opposition à un rescrit du Vizir, ASAE 48: 505-512
1951 Le „bois", cachet officiel des gouverneurs, ASAE 51: 153-157

Guhr, G.
1984 Das Wesen der militärischen Demokratie bei Morgan sowie bei Marx und Engels, EAZ 25: 229-256

Gunn, B.
1925 A Sixth Dynasty Letter from Saqqara, ASAE 25: 242-255
1928 Inscriptions from the Step Pyramid Site III: Fragments of Inscribed Vessels, ASAE 28: 153-174

Gutgesell, M.
1982 Die Struktur der pharaonischen Wirtschaft – eine Erwiderung, GM 56: 95-109
1983 Die Entstehung des Privateigentums an Produktionsmitteln im Alten Ägypten, GM 66: 67-80

Harari, A.
1950 Contribution à l'étude de la Procédure judiciaire dans l'Ancien Empire égyptien, Kairo

Hassan, S.
1932 Excavations at Giza, vol. I, Oxford, Kairo
1943 Excavations at Giza, vol. IV, Oxford, Kairo
1944 Excavations at Giza, vol. V, Oxford, Kairo
1950 Excavations at Giza, vol. VI[3], Oxford, Kairo
1953 Excavations at Giza, vol. VII, Oxford, Kairo

Helck, W.
1950 Das Horusgeleit, Archiv Orientálni 18: 120-142, Prag
1954 Untersuchungen zu den Beamtentiteln des ägyptischen Alten Reiches, Ägyptologische Forschungen 8, Glückstadt
1957 Bemerkungen zu den Pyramidenstädten im Alten Reich, MDAIK 15: 96-111
1958 Zur Verwaltung des Mittleren und Neuen Reiches, Probleme der Ägyptologie 3, Leiden, Köln
1963 Entwicklung der Verwaltung als Spiegelbild historischer und soziologischer Faktoren, In: Le Fonti indirette della storia Egiziana, Studi Semitici 7: 59-80, Rom
1972 Zu den „Talbezirken" in Abydos, MDAIK 28, 95-100
1974 Die altägyptischen Gaue, Beihefte zum Tübinger Atlas des Vorderen Orients, Reihe B (Geisteswissenschaften) Nr. 5, Wiesbaden
1974b Altägyptische Aktenkunde des 3. und 2. Jahrtausends v. Chr., Münchner Ägyptologische Studien 31, München - Berlin
1975a Wirtschaftsgeschichte des Alten Ägypten im 3. und 2. Jt. v. Chr., Handbuch der Orientalistik 1, 5, Leiden, Köln
1975b Stichwort „Dienstanweisung für den Wesir", In: LÄ I, Sp. 1084
1986 Politische Gegensätze im alten Ägypten, HÄB 23

Herrmann, J.
1982 Militärische Demokratie und die Übergangsperiode zur Klassengesellschaft, EAZ 23: 11-27
1984 Einführung in Engels' Schrift Der Ursprung der Familie, des Privateigentums und des Staates, Berlin

Iskander, Z. (reedit.)
1975 The Mastaba of *Neb-kaw-Ḥor*, Selim Hassan – Excavations at Saqqara 1937-1938, vol. 1, Kairo

Jacquet-Gordon, H.
1962 Les nomes des domaines funéraires sous l'Ancien Empire, Kairo
Jähne, A./Njammasch, M.
1978 Einige Merkmale des Privateigentums in frühen Klassengesellschaften des Orients und der Antike, EAZ 19: 461-500

Janssen, J.J.
1978 The Early State in Ancient Egypt, In: Claessen & Skalnik 1978: 213-234
1979 The Role of the Temple in the Egyptian Economy during the New Kingdom, In: Lipinski, E. (ed.), State and Temple Economy in the Ancient Near East, vol. II, Leuven: 505-515
1981 Die Struktur der pharaonischen Wirtschaft, GM 48: 59-77

Jequier, G.
1929 Tombeaux de Particuliers contemporaines de Pepi II, Fouilles Saqqara, Kairo
1940 Le Monument funéraire de Pepi II, t. III, Fouilles Saqqara, Kairo

Junker, H.
1934 Grabungen auf dem Friedhof des Alten Reiches bei den Pyramiden von Giza, Bd. II, Wien, Leipzig
1938 Grabungen auf dem Friedhof des Alten Reiches bei den Pyramiden von Giza, Bd. III, Wien, Leipzig
1939 *Pḥrnfr*, ZÄS 75: 62-74
1940 Grabungen auf dem Friedhof des Alten Reiches bei den Pyramiden von Giza, Bd. IV, Wien, Leipzig
1941 Grabungen auf dem Friedhof des Alten Reiches bei den Pyramiden von Giza, Bd. V, Wien, Leipzig
1943 Grabungen auf dem Friedhof des Alten Reiches bei den Pyramiden von Giza, Bd. VI, Wien, Leipzig
1950 Grabungen auf dem Friedhof des Alten Reiches bei den Pyramiden von Giza, Bd. IX, Wien, Leipzig
1951 Grabungen auf dem Friedhof des Alten Reiches bei den Pyramiden von Giza, Bd. X, Wien, Leipzig

Kaiser, W.
1959 Einige Bemerkungen zur ägyptischen Frühzeit: I. Zu den *šmsw-ḥr*, ZÄS 84: 119-132

1960 Einige Bemerkungen zur ägyptischen Frühzeit: I. Zu den *šmsw-ḥr* (Fortsetzung), ZÄS 85: 118-137

Kanawati, N.
1975 The Financial Ressources of the Viziers of the Old Kingdom and the Historical Implications, In: Acts du XXIXe Congrès international des Orientalistes, vol. 2 du Sect. Égyptologique, Paris: 57-64
1977 The Egyptian Administration in the Old Kingdom: Evidence on its Economic Decline, Warminster
1979 The Provincial Movement in the Sixth Dynasty of Egypt, In: Acts of the First International Congress of Egyptology, Schriften zur Geschichte und Kultur des Alten Orients 14, Berlin: 353-358
1980 Governmental Reforms in Old Kingdom Egypt, Warminster

Kaplony, P.
1962 Die *njswtjw* im Alten Reich, ZÄS 88: 73-74
1962a Gottespalast und Götterfestungen in der ägyptischen Frühzeit, ZÄS 88: 5-16
1963 Die Inschriften der ägyptischen Frühzeit, 3 Bde., ÄA 8
1964 Die Inschriften der Ägyptischen Frühzeit. Supplement, ÄA 9
1968 Steingefässe mit Inschriften der Frühzeit und des Alten Reichs, Fondation Égyptologique Reine Élisabeth = Monumenta Aegyptiaca 1, Brüssel

Kees, H.
1933 Beiträge zur altägyptischen Provinzialverwaltung und der Geschichte des Feudalismus, II: Unterägypten, In: Nachrichten der Akademie der Wissenschaften in Göttingen, Phil.-hist. Kl., Göttingen: 579-598
1940 Beiträge zur Geschichte des Vezirats im alten Reich, In: Nachrichten von der Gesellschaft der Wissenschaften in Göttingen, Phil.-hist. Kl. 4 nr. 2: 39-54
1977a Der Götterglaube im Alten Ägypten, 3. Aufl., Berlin
1977b Totenglauben und Jenseitsvorstellungen der Alten Ägypter, 3. Aufl., Berlin

Kemp, B.
1966 Abydos and the Royal Tombs of the First Dynasty, JEA 52: 13-22

1982 Old Kingdom, Middle Kingdom and Second Intermediate Period in Egypt, In: J. Desm. Clark (ed.), The Cambridge History of Africa. Volume I: From the Earliest Times to c. 500 BC., Cambridge

Krader, L.
1968 Formation of the state, Englewood Cliffs

Kubbel, L.
1982 Ideologie und Ritual bei der Herausbildung einer obersten Macht beim Übergang zur frühen Klassengesellschaft, EAZ 23: 63-72

Lauer, J.-P./Lacau, P.
1965 Le Pyramide à degrés, V: Inscriptions à l'encre sur les vase, Kairo

Mackay, E./Petrie, W.Fl.
1929 Bahrein and Hemamieh, British School of Archaeology in Egypt 47, London

Mamut, L.
1982 Karl Marx als Staatstheoretiker, Moskau

Mariette, A.
1889 Les Mastabas de l'Anciens Empire, Paris

Martin-Pardey, E.
1976 Untersuchungen zur ägyptischen Provinzialverwaltung des Alten Reiches, HÄB 1
1984 Gedanken zum Titel, SAK 11: 231-251

Marx, K.
1953 Grundrisse der Kritik der Politischen Ökonomie, Berlin
1960 Die britische Herrschaft in Indien, MEW 9: 127-133
1961 Einleitung zur Kritik der politischen Ökonomie, MEW 13: 615-642
1963 Das Kapital, Bd. I, MEW 23

Menu, B.
1982 Recherches sur l'histoire juridique, économique et sociale de l'ancienne Egypte, o.O.

Menu, B./ Harari, I.
1974 La notion de propriété privée dans l'Ancien Empire Égyptien, CRIPEL 2: 125-154.

Meyer, Ed.
1913 Geschichte des Altertums I, 2; 3. Aufl., Stuttgart, Berlin

Montet, P.
1936 Les tombeaux dits de Kasr el-Sayad, Kêmi 6: 81-129, Paris

Morenz, S.
1969 Prestige-Wirtschaft im alten Ägypten, SBAW, Heft 4

Moussa, A.M./Altenmüller, H.
1971 The Tomb of Nefer and Ka-hay, Old Kingdom Tombs at the Causeway of King Unas at Saqqara, AV 5
1977 Das Grab des Nianchchnum und Chnumhotep, AV 21

Mrsich, T.
1968 Untersuchungen zur Hausurkunde des Alten Reiches. Ein Beitrag zum altägyptischen Stiftungsrecht, MÄS 13

Müller-Wollermann, R.
1986 Krisenfaktoren im ägyptischen Staat des ausgehenden Alten Reichs. Diss. Eberhard-Karl-Universität Tübingen, Tübingen

Newberry, P.E.
1894 El Bersheh I, 2 vols., London
1912 The inscribed Tombs of Ekhmîm, LAAA 4: 99-120

o.A.
1976 Dialektischer und historischer Materialismus, Lehrbuch für das marxistisch-leninistische Grundlagenstudium, Berlin

Ogdon, J.R.
1984 Apropos the inscription of Leiden statue D. 94, JSSEA 14: 23-24

Pasemann, D.
1973 Die Kategorie der ökonomischen Gesellschaftsformation in der Herausbildung und Entwicklung der materialistischen Geschichtsauffassung Karl Marx', Dissertationsschrift Martin-Luther-Universität Halle, Halle

Perepelkin, J.A.
1955 Sistem drevnego zarstva, (russ.) (Das System des Alten Reiches), In: Bsemirnaja istorija, (russ.) (Weltgeschichte), Kap. V, 160-173, Moskau
1960 Dom Schnau' w Starem Zarstwje, (russ.) („Das *šnꜥw*-Haus im Alten Reich"), Moskau

Petrie, W.Fl.
1898 Deshasheh: 1897, EEF 15, London
1900a Dendereh: 1898, EEF 17, London
1900b The royal tombs of the first dynasty, vol. 1, EEF 18
1907 Gizeh and Rifeh, British School of Archaeology in Egypt 13, London

Pirenne, J.
1934 Histoire des Institutions et du Droit privé de l'Ancien Égypte, vol. II, Brüssel

Posener-Kriéger, P.
1976 Les archives du Temple funéraire de Néferirkarê-Kakai (Les Papyrus d'Abousir), Traduction et Commentaire, 2 vols., BdE 65

Posener-Kriéger, P./de Cenival, J.-L.
1968 Hieratic Papyri in the British Museum, Fifth Series, The Abusir Papyri, London

Postowskaja, N.M.
1962 O Funkzijach *Pr Ḥrj-Wḏb Rḫjt Mrt* w Egiptje w Epochu Drewnego Zarstwa (russ.) („Zur Funktion des *pr ḥrj-wḏb rḫjt mrt* in Ägypten während der Epoche des Alten Reiches"), Kratkije Soobschtschenija Instituta Narodow Asii, Drewni Wostok 46: 158-173

Quibell, J.E.
1908 Excavations at Saqqara, 1905-1914, vol. II, Kairo

Römer, M.
1977 Zum Problem von Titulatur und Herkunft bei den ägyptischen 'Königssöhnen' des Alten Reiches, (Dissertationsdruck) Berlin

Saleh, M.
1977 Three Old Kingdom Tombs at Thebes, AV 14

Saweljewa, T.N.
1962 Agrarny Stroi w Period Drewnego Zarstwa (russ.) („Das Agrarsystem während der Periode des Alten Reiches"), Moskau

Schäfer, H.
1902 Ein Bruchstück altägyptischer Annalen, Berlin

Scharff, A.
1922 Ein Rechnungsbuch des königlichen Hofes aus der 13. Dynastie, ZÄS 57: 51-68

Schenkel, W.
1975 Stichwort „Be- und Entwässerung", In: LÄ I, Sp. 776-781
1978 Die Bewässerungsrevolution im Alten Ägypten, Mainz

Schmitz, B.
1976 Untersuchungen zum Titel *sꜣ-njswt* 'Königssohn', Habelts Dissertationsdrucke. Reihe Ägyptologie, 2, Bonn

Schott, S.
1965 Aufnahmen vom Hungersnotrelief aus dem Aufweg der Unaspyramide, RdE 17: 7-13

Sellnow, I.
1981 Zur Konzeption des 'frühen Staates', EAZ 22: 443-452
1983 Gentile und politische Institutionen im Prozeß der Staatsentstehung, EAZ 24: 25-48
1984 Über den Beginn antagonistischer Widersprüche und die Frühformen sozialer Auseinandersetzungen, EAZ 25: 508-522

Sellnow, I. et al.
1978 Weltgeschichte bis zur Herausbildung des Feudalismus, Veröffentlichungen des Zentralinstitutes für Alte Geschichte und Archäologie der Akademie d. Wiss. der DDR 5, 2. Aufl., Berlin

Service, E.
1977 Ursprünge des Staates und der Zivilisation. Der Prozeß der kulturellen Evolution, Frankfurt/M.

Simpson, W.K.
1976 The Offering Chapel of Sekhem-ankh-ptah in the Museum of Fine Arts Boston, Boston

Smith, W.S.
1949 A History of Egyptian Sculpture and Painting in the Old Kingdom, Second Edition, Oxford

Smither, P.C.
1942 An Old Kingdom letter concerning the rimes of count Sabni, JEA 28: 16-19

Sofri, G.
1972 Über asiatische Produktionsweise, Frankfurt/M.

Stadelmann, R.
1981 Die *ẖntjw-š*, der Königsbezirk *š n pr-ꜥꜣ* und die Namen der königlichen Grabanlagen der Frühzeit, BIFAO Suppl. 81: 153-164
1981b La ville de Pyramide à l'ancien Empire, RdE 33: 67-77

Steindorff, G.
1909 Die ägyptischen Gaue und ihre politische Entwicklung, Leipzig
1913 Das Grab des Ti, Leipzig

Strudwick, N.
1981 The overseer of Upper Egypt *ny-kꜣw-ỉzzỉ*, GM 43: 69-71
1984 Some Remarks on the Disposition of Texts in the Old Kingdom Tombs with particular reference to the False Door, GM 77: 35-49
1985 The Administration of Egypt in the Old Kingdom, London

1985a Three Monuments of Old Kingdom Treasury Officials, JEA 71: 43-51

Treide, D.
1983 Zur Methode der Formationsanalyse, EAZ 24: 121-136

Treide, D./Treide, B.
1984 Das Konzept der militärischen Demokratie und einige Fragen der ethnographischen Forschung, EAZ 25: 380-407

Trigger, B.G./Kemp, B.J./O'Connor, D./Lloyd, A.B.
1983 Ancient Egypt. A Social History, Cambridge

Vandier, J.
1936 Quatre stèles inédites de la fin de l'Ancien Empire et de la première époque intermédiaire, RdE 2: 43-64

Verner, M.
1977 The Mastaba of Ptahshepses. Reliefs I/1, Abusir I. Prag

Weil, A.
1908 Die Veziere des Pharaonenreiches, Strassburg

Weissgerber, K.
1983 Zur Entwicklung und zum System der Auffassungen von K. Marx über dei ursprünglichen Gemeinwesen und ihre Auflösung (1845-67), EAZ 24: 103-120

Wenig, St.
1963 Ein Siegelzylinder mit dem Namen Pepi's I, ZÄS 88: 66-69

Zauzich, K.-Th.
1975 Stichwort „Akten“ In: LÄ I, Sp. 124

Zibelius, K.
1982 Zur Entstehung des altägyptischen Staates, GM 53: 63-73

Königsnamen

Personennamen

Titel